PETER THILO HASLER

ALLES, WAS SIE ÜBER ANLEIHEN WISSEN MÜSSEN

Attraktive Renditen erzielen und Risiken perfekt managen

FBV

Bibliografische Information der Deutschen Nationalbibliothek
Die Deutsche Nationalbibliothek verzeichnet diese Publikation in der Deutschen Nationalbibliografie. Detaillierte bibliografische Daten sind im Internet über http://dnb.d-nb.de abrufbar.

Für Fragen und Anregungen
info@finanzbuchverlag.de

1. Auflage 2020

Nymphenburger Straße 86
D-80636 München
Tel.: 089 651285-0
Fax: 089 652096

Redaktion: Ulrich Wille
Korrektorat: Hella Neukötter
Umschlaggestaltung: Karina Braun
Satz: Bernadette Grohmann, Röser MEDIA GmbH
Druck: CPI books GmbH, Leck
Printed in Germany

ISBN Print 978-3-95972-344-2
ISBN E-Book (PDF) 978-3-96092-630-6
ISBN E-Book (EPUB, Mobi) 978-3-96092-631-3

Inhalt

Vorwort und Danksagung

Das 2014 im FinanzBuch Verlag erschienene Buch *Unternehmensanleihen – simplified: Hohe Rendite und Risiko perfekt im Griff* erscheint nach sechs Jahren in stark erweiterter und gründlich überarbeiteter Form und unter neuem Titel. Wenn sich auch an der ursprünglichen Zielsetzung nichts geändert hat, das Umfeld der Anleihemärkte ist heute – insbesondere auf dem Gebiet der Mittelstandsanleihen – ein anderes. Diese Veränderungen möchte ich in dieser neuen Auflage aufnehmen. Zusätzlich motivierend für die Neuauflage war das positive Feedback, das ich nach dem Erscheinen des ersten Buches erhalten habe. Besonders hat es mich gefreut, wenn Anleger die Praxistipps ausprobiert haben und damit systematisch ihren Anlageerfolg verbessern konnten.

Das Grundgerüst des Buches ist unverändert geblieben. Bei der Vorbereitung ging es deshalb – neben der Beseitigung kleiner Fehler und Unklarheiten – primär um Aktualisierungen und Verbesserungen in der Darstellung der komplexen Zusammenhänge, beispielsweise durch eine Überarbeitung der angegebenen Praxisbeispiele. Einige Abbildungen wurden überarbeitet, einige Formeln kamen hinzu. Eine Orientierungshilfe bot mir dabei die konstruktive Kritik aus zahlreichen Anregungen, die – soweit sie nicht in gegenläufige Richtungen wies – nach sorgfältiger Prüfung weitgehend umgesetzt wurde.

Das Buch richtet sich an alle Anleger, die im Rahmen ihrer Weiterbildung, aber auch in der langfristigen Kapitalanlage, mit Anleihen zu tun haben.

Abschließend möchte ich das Vorwort dazu nutzen, all denen zu danken, die einen direkten und indirekten Beitrag zum Gelingen des

Buches geleistet haben. Zunächst geht mein Dank an all die Vermögensverwalter und Fondsmanager, von deren praktischem Wissen ich bei der Erstellung dieses Buches profitieren konnte. Ohne sie für das Endergebnis verantwortlich machen zu wollen, danke ich für alle Fachgespräche, Vorschläge und Hinweise insbesondere René Assion von der Reuss Private Deutschland AG, Markus Lemkis von der KJL Capital GmbH, Dr. Jochen Felsenheimer von der Xaia Investment GmbH, Roger Peeters von der pfp Advisory GmbH und Ernst G. Wittmann von der Panaceus GmbH.

Ferner danke ich allen Korrekturlesern für ihre unschätzbaren Dienste. Hervorheben möchte ich schließlich auch die angenehme Zusammenarbeit mit Georg Hodolitsch vom FinanzBuch Verlag, dessen Motivation die Erstellung dieses Buches zu einem kurzweiligen Prozess gemacht hat.

Schließlich möchte ich meine Dankbarkeit gegenüber meiner Frau Susanne für ihren Zuspruch und ihre Unterstützung aussprechen.

München, im Juni 2020

Peter Thilo Hasler

1.

Anleihen gehören in jedes Depot

»Es gibt tausend Möglichkeiten, sein Geld auszugeben, aber nur zwei, es zu erwerben: Entweder wir arbeiten für Geld – oder das Geld arbeitet für uns.«

Bernard Mannes Baruch (1870–1965), US-amerikanischer Investor und Präsidentenberater

Bei der Anlage ihres Vermögens sind die Menschen in Deutschland einfach gestrickt. Ihre Strategie ist die eines sicherheitsmaximierenden Sparers. Vermögen wird bei Banken (meist in Form niedrig verzinslicher kurzfristiger Einlagen) und bei Versicherungen (meist in Form von Kapitallebensversicherungen) angelegt. Der Anlagestil ist meistens streng defensiv: Mit Aktien konnten sich die Anleger hierzulande nie richtig anfreunden. Befeuert von gebetsmühlenartig wiederholten Beteuerungen (auch der politischen Entscheidungsträger), haben die deutschen Kapitalanleger und Kapitalanlegerinnen sogar ein unbestimmtes Gefühl der Angst vor den Unwägbarkeiten der Börse. Gleichzeitig sind die Kenntnisse über die Möglichkeiten der Kapitalanlage begrenzt – und zwar unabhängig vom Ausbildungsstand: Den Zahnarzt, der sein Vermögen in geschlossenen Schiffsfonds oder überteuerten Ostimmobilien wegen einer windigen Beratung verzockt – es gibt ihn wirklich! Nicht nur für ihn hat Geldanlage häufig mehr mit

Spekulation zu tun als mit einer seriösen, langfristigen Spar- und Anlagestrategie.

Einen kräftigen Beitrag zu dieser Grundhaltung hat über die vergangenen Jahrzehnte die Finanzindustrie geleistet, der es hierzulande immer noch nicht gelungen ist, ein stimmiges Anlagekonzept für den Privatanleger zu entwickeln, mit dem dieser sein Vermögen managen kann. In den vergangenen Jahrzehnten hat sich der Wertpapierservice klassischer Geschäftsbanken sogar zurückentwickelt: Unter dem Deckmantel der Finanzmarktregulierung werden die Bedürfnisse von Millionen von Menschen, die sich im Rahmen ihrer Existenz- und Alterssicherung mit ihrer Zukunft befassen wollen, kurzerhand ignoriert. Kein Wunder, dass die meisten Kundenbetreuer schon mit der Auswahl des Finanzprodukts überfordert sind. Noch nicht einmal die grundlegende Entscheidung, ob eine Aktie oder eine Anleihe die sinnvollere Geldanlage wäre, kann von vielen Bankexperten eindeutig beantwortet werden: Wenn sie nicht ohnehin überteuerte Fondsprodukte anbieten, verkürzen Vermögensberater die notwendige Diskussion an dieser Stelle gerne mit einem Zitat von André Kostolany, dem ungarischen Börsen- und Finanzexperten, der diesbezüglich meinte: »Wer gut schlafen will, kauft Anleihen, wer gut essen will, bevorzugt Aktien.«[1]

Dabei fiel der Grandseigneur des deutschen Kapitalmarktes zwei veritablen Fehlinterpretationen zum Opfer: Zum einen interpretierte er Anleihen im Gegensatz zu Aktien als ›sicher‹, zum anderen als langweilig. Zu Unrecht, denn Anleihen sind zunächst alles andere als sicher. Die an den Kapitalmärkten geltende Grundregel, dass höhere Renditen ex post nur durch Inkaufnahme höherer Risiken erzielt werden können, gilt grundsätzlich auch für Anleihen, wenn sie denn überhaupt Gültigkeit hat. Auch von Langeweile kann bei Anleihen keine Rede sein. Waren sie vielleicht vor Jahrzehnten noch einfach strukturierte Instrumente der Verschuldung, weisen sie heute zahllose Merkmale auf, die von ewig laufenden Hybridbonds mit eigenkapitalähnlichen Eigenschaften ohne Rückzahlungsanspruch über variabel verzinste Anleihen mit Stufenzinselementen bis hin zu komplexen indexorientierten Produkten mit Inflationsschutz reichen.

Auch was die Rendite anbelangt, hat sich viel getan. Von Staatsanleihen mit negativer Effektivverzinsung bis zu Unternehmensanleihen mit einer Nominalverzinsung im zweistelligen Prozentbereich ist für jede Risikoeinstellung etwas zu haben.[2] Bei einer durchschnittlichen Laufzeit von fünf Jahren erzielt der Anleger mit einem 7-Prozenter, unter Berücksichtigung von Zinseszinseffekten, auf sein eingesetztes Kapital eine Gesamtrendite von gut 40 Prozent. Lässt man die Schwankungsbreite der beiden Wertpapiere unberücksichtigt, aus der sich für die Aktie naturgemäß ein höheres Risiko ableiten lässt als für die Anleihe, müsste sich auch die Aktie des Unternehmens um mindestens diesen Betrag erhöhen, um eine vergleichbare Performance zu erzielen. Betrachtet man jedoch die jahresdurchschnittlichen Kurse des Leitindex DAX, dann ist ein solcher Anstieg während der vergangenen 50 Jahre nur 17-mal gelungen; 33-mal hätte der Investor im Fünfjahreszeitraum mit einer solchen Hochzinsanleihe besser gelegen. So gesehen sollte es auch mit dem Erwerb von Anleihen gelingen, sich ab und zu ein gutes Essen zu gönnen.

Auf jeden Fall aber fügen Anleihen dem Depot Stabilität hinzu. Häufig unterschlagen wird ferner, dass Fremdkapitalgeber im Insolvenzfall besser dran sind als Eigenkapitalgeber: So desaströs dieser Zustand für die Performance auch sein mag, der Aktieninvestor verliert als Eigenkapitalgeber durch seine unbedingte Nachrangigkeit bei der Zahlungsunfähigkeit eines Emittenten im Normalfall den gesamten Kapitaleinsatz. Anleiheinvestoren könnten demgegenüber vorrangige Ansprüche auf die Vermögenswerte geltend machen. Diese Konkursausfallsquote (die sogenannte Recovery Rate) kann – in Abhängigkeit von der Werthaltigkeit der Vermögensgegenstände eines Unternehmens – in Einzelfällen bis zu 40 Prozent des Nominalwertes ausmachen.

Trotz dieser Vorteile sind in den letzten Jahrzehnten vor dem Hintergrund vermeintlich langweiliger Anleihen und spannender Aktien Dutzende von Aktienratgebern geschrieben worden. Anlageratgeber zu Unternehmensanleihen gibt es bislang nur wenige. Und das, obwohl es zweifelsohne Beratungsbedarf en masse gibt: Als Anleger interessieren Sie sich vielleicht für die Thematik und kennen das Vokabular der Finanzmedien. Sie haben womöglich realistische Erwartungen und fragen sich, in welche Wertpapiere Sie investieren sollen. Sie sind auch bereit, sich mit der Assetklasse Anleihe zu beschäftigen, um die mit der intelligenten Auswahl von Anleihen verbundenen Renditechancen zu nutzen. Doch es fehlt Ihnen schlichtweg die Zeit, sich stunden- oder tagelang mit einem einzigen Papier zu beschäftigen, nur um herauszufinden, ob es sich auch tatsächlich um ein *Wert*-Papier handelt.

Auf der anderen Seite haben Sie womöglich schon von Mittelstands- oder Nachranganleihen gehört, die in einem Marktumfeld, das von in der Menschheitsgeschichte nie dagewesenen Niedrig- beziehungsweise Negativzinsen geprägt ist, optisch attraktive Konditionen anbieten, allerdings von Unternehmen begeben werden, die bislang nicht auf den Kapitalmärkten in Erscheinung getreten sind. Wenn sich ein Unternehmen aber zum ersten Mal dem Kapitalmarkt zuwendet, muss es, um einen Anleger zu einer Zeichnung zu animieren, im Unterschied zu den großen Daueremittenten, den Frequent Issuers, deutlich höhere Zinsen anbieten. Bei einer Bonität von BBB bis B- liegen die Zinsaufschläge gegenüber Bundesanleihen, Festzinssparen, Tagesgeld und hochwertigen Unternehmensanleihen global tätiger Großkonzerne bei bis zu 8 Prozentpunkten. Nicht wenige der Emittenten sind etablierte, wenngleich gemeinhin unbekannte Familienunternehmen mit einer sich über mehrere Generationen erstreckenden Familientradition, die jahrzehntelang mehr oder weniger im Verborgenen tätig waren, andere sind Unternehmen mit Markennamen und hohem Wiedererkennungswert, wieder andere sind junge Unternehmen mit innovativen Geschäftsmodellen in Nischenmärkten. Da die angebotenen Zinsen deutlich über das Niveau etablierter Benchmark-Anleihen und vermeintlich risikoloser Staatsanleihen hinausgehen, können sie für den Anleger eine interessante Alternative sein. Doch ersprießliche Renditen gibt es nicht ohne ein höheres Risiko. Wer meint, wahllos zugreifen zu können, begibt sich auf dünnes Eis. Trotz der kurzen Zeitspanne ihres Bestehens kam es bereits zu zahlreichen Zahlungsausfällen an den Mittelstandsbörsen – mit erheblichen Kurseinbrüchen bei den Anleihekursen. Dies macht deutlich, dass weniger eine breite Streuung als vielmehr die richtige Auswahl der Anleihen der Schlüssel zum Anlageerfolg ist.

In diesem Buch werden Ihnen nicht nur die Grundlagen vermittelt, Risiken zu erkennen, sie einzuschätzen und sich ein Portefeuille aus hochwertigen Schuldverschreibungen zusammenzustellen, Sie erhalten auch einige grundlegende Einsichten in die Geldanlage. Auf komplizierte Bewertungsverfahren, komplexe mathematische Formeln und Trading-Modelle wird bewusst verzichtet, ebenso wie auf das Management von Handelsrisiken und die damit verbundenen Sensitivitätskennzahlen wie Delta, Rho, Vega oder Theta. Auch die technische Analyse von Kurs-Charts soll hier nicht interessieren. Wohl aber Methoden, die es einem interessierten Leser ermöglichen, mithilfe einer einfachen, nachvollziehbaren Anlagephilosophie eine angemessene Rendite zu erzielen. Bewusst wird nicht die höchste Rendite aller Zeiten versprochen, das überlassen wir gerne den zahlreichen Börsenbriefen. Angeboten wird vielmehr eine Methode, die mit überschaubarem Mitteleinsatz höhere Renditen als Sparbücher, Festgelder, Bundesanleihen und fraglos auch die meisten geschlossenen Fondskonzepte bietet.

Der vorliegende Band basiert auf meinem ebenfalls im FinanzBuch Verlag erschienenen Buch *Unternehmensanleihen – simplified.* Allerdings wurden wesentliche Teile überarbeitet, ergänzt oder neu strukturiert.

2.

Welche Arten von Anleihen gibt es?

»Es ist gewinnbringender, einen Tag im Monat über Geld nachzudenken, als 30 Tage hart dafür zu arbeiten.«

John Davison Rockefeller (1839–1937), US-amerikanischer Unternehmer und Philanthrop

Anleihen, im Deutschen auch unter ihren Synonymen »Renten(papiere)« und »Schuldverschreibungen« bekannt, in der Schweiz unter »Obligationen«, im angelsächsischen Sprachraum unter »(Corporate) Bonds«, sind als Wertpapiere verbriefte Forderungsrechte, die am Kapitalmarkt platziert und gehandelt werden. Der Käufer, Anleger oder Investor eines Bonds (englisch für »binden, festigen«) wird zum Gläubiger, der Verkäufer oder Emittent zum Schuldner. In dieser Gläubiger-Schuldner-Beziehung verspricht der Emittent für die Kapitalüberlassung den Gläubigern die Zahlung eines zeitabhängigen Entgelts – des Coupons – sowie die Rückzahlung des ihm überlassenen Nominalbetrags zu im Voraus festgelegten Bedingungen. Kontroll- oder Mitbestimmungsrechte erwachsen dem Gläubiger aus dem Anleiheerwerb nicht.

Gläubiger-Schuldner-Beziehungen gibt es auch bei Darlehen oder Bankkrediten. Dass die Kreditbeziehung als Wertpapier verbrieft wird, hat aber einen entscheidenden Vorteil: Der Gläubiger kann seine Forderung einem Dritten verkaufen oder abtreten, ohne dass hierfür die Zustimmung des Schuldners erforderlich ist. Für diesen Vorgang wurden Handelsorganisationen oder Börsen eingerichtet, Marktplätze, auf denen sich alle an einem Kauf oder Verkauf interessierten Parteien versammeln.

Im Gegensatz zur Eigenkapitalfinanzierung, die eine gewinnabhängige, mithin variable Verzinsung verspricht, erwachsen aus der Anleihefinanzierung unbedingte Zinszahlungs- und Tilgungsverpflichtungen zu vorab fest definierten Zeitpunkten. Ein Emittent verpflichtet sich, seinen Anleihegläubigern zukünftig bestimmte Geldbeträge zu bezahlen, und bekräftigt seine Verpflichtung durch die Einhaltung bestimmter Verhaltensvorschriften. Diese Verpflichtungen sind in den spezifischen Anleihebedingungen (englisch »Bond Indentures«) niedergelegt und gelten während der gesamten Laufzeit der Anleihe für alle Gläubiger gleichermaßen.

Grundsätzlich kann zwischen Inhaber- und Namensschuldverschreibungen unterschieden werden. Da das Eigentum an Inhaberschuldverschreibungen formlos durch Einigung und Übergabe nach den Regeln des sachenrechtlichen Erwerbs übertragen wird, stellen Inhaberschuldverschreibungen den Normalfall dar. Die jederzeitige Fungibilität wird noch dadurch erhöht, dass selbst gestohlene, verloren gegangene oder abhandengekommene Inhaberschuldverschreibungen gutgläubig erworben werden können. In jedem Fall bleibt der Besitzer der Urkunde anonym. Dagegen lauten Namensschuldverschreibungen (englisch »Registered Bonds«) auf eine bestimmte Person und können deshalb – anders als ihr mitgliedschaftsrechtliches Pendant der Namensaktien – nicht an der Börse gehandelt werden. Sie werden insbesondere von institutionellen Anlegern geschätzt, da sie auf die Finanzierungsbedürfnisse eines Kapitalsuchers und die Anlegebedürfnisse eines Kapitalgebers maßgeschneidert werden: Durch die fehlende Börsennotierung wird unterstellt, dass der Anleger das Wertpapier langfristig halten will. Bilanziell hat dies beim Erwerber zur Folge, dass das Wertpapier als Anlagevermögen aktiviert wird und nicht als Umlaufvermögen. Während bei Letzterem das Mark-to-Market-Prinzip gilt, wonach stets der aktuelle Börsenkurs den Wertansatz in der Bilanz bestimmt, ist ein Wertpapier im Anlagevermögen über die gesamte Laufzeit mit seinen Anschaffungskosten anzusetzen. Abschreibungsrisiken nach dem Niederstwertprinzip fallen damit nicht an. Beispiele für Namensschuldverschreibungen sind Namenspfandbriefe, Kommunalobligationen und Landesbodenbriefe.

Ob Inhaber- oder Namensschuldverschreibung – sofern in den Anleihebedingungen nichts anderes vorgesehen ist, sind die einzelnen Anleihen grundsätzlich voneinander unabhängig, das heißt, jeder Anleger hat Anspruch auf die vollständige Erfüllung seiner Rechte und kann diese für sich allein und ohne Mitwirkung der übrigen Gläubiger geltend machen.

Physisch besteht eine Anleihe aus zwei Komponenten: dem Mantel, der die eigentliche Schuldurkunde darstellt und das Forderungs- beziehungsweise Beteiligungsrecht verbrieft, und dem Bogen, der im Mantel eingelegt wird und aus (in der Regel 5 bis 20) Zinscoupons und einem Erneuerungsschein – auch Talon genannt – besteht. Im Mantel wird die Schuldsumme festgelegt, auch »Nominalbetrag der Anleihe« genannt. Diese wird bei Fälligkeit der Anleihe an die Gläubiger zurückgezahlt. Damit der Inhaber seinen Coupon erhält, muss er einen expliziten Eigentumsbeleg vorlegen. Dies geschieht dadurch, dass er vom Bogen einen Coupon abtrennt und an die Zahlstelle schickt. Die Coupons – der Begriff »Coupon« stammt aus dem Französischen von »couper« für »abschneiden« oder »ausschneiden« – sind die Zinsscheine, die auf einen bestimmten Verfallstag lauten, an dem sie früher buchstäblich abgeschnitten und eingelöst wurden. Jeder, der seinen Couponabschnitt vorlegt, hat damit Anspruch auf die Zinszahlung.

Natürlich ist eine persönliche Verwahrung der Dokumente in einer digitalen Welt nicht länger zeitgemäß, und auch das Abschneiden des Zinsscheins durch den Gläubiger ist nicht mehr erforderlich. Vielmehr wird die Ausschüttung der Zins- und Tilgungszahlungen auf das Depot des Anleihegläubigers automatisch von der sogenannten Zahlstelle vorgenommen. Möglich wird dies, indem fast alle Anleihen heute nicht mehr als persönliche Dokumente ausgegeben werden, sondern einer zentralen Girosammelverwahrung unterliegen. Bei der Girosammelverwahrung werden Anleihen lediglich als Depotguthaben auf Girosammeldepotkonten geführt und beim Verkauf umgebucht. Anleihen werden beim Kauf, beim Verkauf oder bei einer Übertragung (zum Beispiel einer Schenkung) nicht länger physisch übergeben, sondern durch Umbuchung von Miteigentumsanteilen übertragen. Das jeweilige Depotguthaben repräsentiert dann den Anteil, den der Anleger an dem Wertpapier hält.

Handelt es sich um laufend verzinsliche Anleihen, ist zu unterscheiden zwischen jährlich, halbjährlich oder vierteljährlich stattfindenden Zinszahlungsterminen. Sogar eine Veränderung der laufenden Verzinsung, beispielsweise über einen Zins-Step-Up- oder Step-Down-Covenant im Falle einer Rating-Veränderung, kann Bestandteil einer Schuldverschreibung sein.

Klassische Schuldverschreibungen sind als sogenannte Stand-Alone-Bonds konzipiert. Diese werden in mehreren, untereinander gleichberechtigten und fortlaufend nummerierten Teilschuldverschreibungen verbrieft. Dies hat den Vorteil, dass eine Schuldverschreibung nicht in einem Stück erworben werden muss – und damit überhaupt erst handelbar wird. Die Nennwerte einer Teilschuldverschreibung liegen typischerweise bei 1 000, 50 000, 100 000 oder 250 000 Euro, je nachdem, welche und wie viele Investoren bei einer Emission angesprochen werden sollen. Ist vorgesehen, Fremdkapital über einen längeren Zeitraum aufzunehmen, kommen Emissionsprogramme zur Anwendung, die einen Rahmen bilden, innerhalb dessen die Schuldnerin mehrere Emissionen begeben kann; Beispiele hierfür sind Medium-Term-Note-(MTN-) oder Commercial-Paper-Programme.

Sofern ein Handel an einer Wertpapierbörse beantragt wurde, beginnt dieser unmittelbar nachdem die Anleihe platziert wurde. Jeder Kurs ist dann das Ergebnis von Angebot und Nachfrage nach diesem bestimmten Wertpapier. Fällt eine Anleihe unter ihren Ausgabekurs, besteht die Rendite des Anlegers aus der Vereinnahmung der Couponzahlungen und dem zukünftigen Kursanstieg der Anleihe, wenn diese am Ende der Laufzeit zu pari zurückgezahlt wird (Effekt der Nennwertkonvergenz). Im Fall der Unter-pari-Notierung übersteigt die Effektivverzinsung der Anleihe also den Nominalzins, der sich aus dem Coupon ableitet. Wird eine Anleihe dagegen über ihrem Nennwert (über pari) gehandelt, verringert sich die Rendite der Nominalverzinsung aus dem erwarteten Kursrückgang bis zum Laufzeitende. In diesem Fall ist die Effektivverzinsung niedriger als die Nominalverzinsung. Wird eine Anleihe zum Nennwert gehandelt, notiert sie also zu pari, sind Couponzins und Effektivzins identisch.

Die meisten Emittenten, die eine Anleihe begeben, wählen eine Nominalverzinsung, die die Anleihe zunächst zu pari handeln lässt. Dies verlangt ein intensives »Pre-Sounding« (früher auch »Pilot Fishing« genannt), bei dem die geplante Emission ausgewählten institutionellen Investoren vorgestellt wird, um zu ermitteln, ob und unter welchen Bedingungen sie diese Anleihe zeichnen würden. Aus der anschließenden Auswertung der Ergebnisse ermitteln die mit der Anleiheplatzierung mandatierten Banken den Zinssatz, zu dem eine Vollplatzierung der Anleihe wahrscheinlich ist.

Ein weiteres wesentliches Gestaltungselement von Schuldverschreibungen ist deren Laufzeit. Das Laufzeitenspektrum von Schuldverschreibungen reicht von

- kurzlaufenden Schuldverschreibungen von weniger als einem Jahr über
- mittelfristige Anleihen mit einer Laufzeit von vier bis acht Jahren und
- langfristige Anleihen mit Laufzeiten von mehr als acht Jahren bis hin zu
- Anleihen mit unendlicher Laufzeit (Perpetual Bonds).

Schuldverschreibungen mit sehr kurzen Laufzeiten von einem oder mehreren Tagen bis zu einem Jahr werden als »Commercial Papers (CPs)«, »T(reasury) Bills«, »Certificates of Deposit (CDs)« oder »Banker's Acceptance (Bankakzepte)« bezeichnet. Bei Wertpapieren am ›kurzen Ende‹ handelt es sich um klassische Geldmarktpapiere, die typischerweise von bonitätsstarken Emittenten wie dem Staat, Banken oder

Großunternehmen zur Deckung ihrer kurzfristigen Finanzierungserfordernisse begeben werden. Manche dieser Papiere sind nicht einmal Wertpapiere im engeren Sinne, also verbrieft, sondern ähneln eher bilateralen Kreditverträgen. Aufgrund ihres bargeldähnlichen Charakters sind ihre Zinsen nur unwesentlich höher als bei normalen Bankkontoguthaben und stellen damit für gewöhnlich die Untergrenze des Renditespektrums dar. Im Unterschied zu kurzlaufenden Geldmarktpapieren werden Zinsinstrumente mit einer Laufzeit von mehr als einem Jahr am sogenannten Kapitalmarkt gehandelt. Typische Kapitalmarktpapiere sind Anleihen, die allein aufgrund ihres hohen Dokumentationsaufwands längere Laufzeiten aufweisen (müssen), da ansonsten die nicht unerheblichen Fixkosten einer Emission die Begebung für den Emittenten unattraktiv machen. Bei den Papieren ›am langen Ende‹ spricht man auch von sogenannten Langläufern oder Ultralangläufern.

Die angegebene Laufzeit muss nicht in Stein gemeißelt sein. Denn die Anleihebedingungen können bestimmte Sonderkündigungsrechte vorsehen, mit denen das Leistungsversprechen vorzeitig fällig gestellt werden kann. Ist die Ausübung dieser die Laufzeit limitierenden Sonderausstattung dem Emittenten vorbehalten, wird sie »Call« genannt, entscheidet der Gläubiger über die ordentliche Kündigung, heißt sie »Put«. Aus Gleichheitsgründen gewährt ein Call dem Emittenten also das Recht – nicht jedoch die Pflicht –, alle im Umlauf befindlichen Anleihen an einem bestimmten Datum, dem Ausübungstag, zu einem vorher festgelegten Ausübungspreis einzuziehen. Häufig ist die Ausübung der Sonderkündigung erst nach Ablauf einer bestimmten Mindestlaufzeit möglich, zum Beispiel nach zwei oder drei Jahren. Der Ausübungspreis muss mindestens auf dem Niveau des Nennwerts der Anleihe liegen. Um die Anleger für die kürzere Zinsperiode zu entschädigen, sind Call-Optionen in der Regel mit einer Prämie zum Rückzahlungskurs verbunden. Üblich ist, dass diese Prämien sukzessive zurückgehen, je später die Call-Option ausgeübt wird.

Das Recht des Emittenten, die Anleihe vorzeitig zu kündigen, hat notwendigerweise Auswirkungen auf den Anleihekurs. Ein Beispiel soll dies veranschaulichen. Hat ein Emittent zwei in ihren Anleihebedingungen identische Anleihen begeben, die sich nur darin unterscheiden, dass eine der beiden Anleihen mit einem Kündigungsrecht des Emittenten ausgestattet ist, so wird die unkündbare Anleihe mit einer Prämie gegenüber der kündbaren Anleihe gehandelt werden, sollte das allgemeine Zinsniveau seit der Begebung der Anleihe gesunken sein. Im Falle der Kündigung der Anleihe steht der Gläubiger vor dem Problem, sein Vermögen just zu einem Zeitpunkt wiederanlegen zu müssen, zu dem wegen der gesunkenen Marktzinsen eine adäquate Wiederanlage nicht möglich ist. Folglich wird in Zeiten fallender Zinsen die kündbare Anleihe zu einem niedrigeren Kurs und damit zu einer höheren Effektivverzinsung gehandelt als eine ansonsten gleichwertige Anleihe desselben Emittenten ohne Kündigungsrecht. Ein weiterer, eher psychologischer Faktor kommt bei einem Call dazu: Während der Kurs einer Anleihe ohne Call unmittelbar von einem sinkenden Zinsumfeld profitiert, wird die Kursentwicklung einer Anleihe mit Call nachhinken, da die Anleger stets damit rechnen müssen, diese Anleihe vor Ende der Laufzeit zurückgeben zu müssen.

Wie jedem anderen Handelsteilnehmer steht es auch dem Emittenten frei, seine Anleihe an der Börse zu erwerben und die Zinsen quasi an sich selbst auszuzahlen. Diese Option ist für den Emittenten dann besonders attraktiv, wenn die Anleihe unter pari – also unter ihrem Nennwert – notiert. Abgesehen davon sind bezüglich der Rückzahlung der Anleihe in Deutschland zwei Arten üblich: Entweder wird die Anleihe in einem Betrag zurückgezahlt oder in gleichen Raten über die Laufzeit verteilt, also in Form von Annuitäten mit variierendem Zins- und Tilgungsanteil. Der im angelsächsischen Raum verbreitete Tilgungs- oder Amortisationsfonds, ein spezielles und von einem Treuhänder unterhaltenes Konto, aus dem die Anleihe zurückgekauft wird, ist hierzulande unüblich.

Die Schuldner von Anleihen unterteilen sich in öffentlich-rechtliche Gebietskörperschaften (Bund, Bundesländer und Gemeinden, sogenannte Sovereign Bonds) und Unternehmen. Global tätige Großkonzerne, die häufig den Kapitalmarkt ›anzapfen‹, werden »Frequent Issuers« genannt und begeben in der Regel Benchmark-Emissionen, also

Anleihen mit einem Ausgabevolumen von mindestens 250 Millionen Euro, meist im High-Grade-Bereich, also mit einer Rating-Note im Investment-Grade-Bereich (besser als BBB-). Kleinere Unternehmen begeben

- sogenannte High-Yield-Anleihen, also Anleihen mit einer Rating-Note im Speculative-Grade-Bereich (schlechter als BB+), sofern sie bereits seit vielen Jahren am Kapitalmarkt aktiv sind und diverse Anleihen unterschiedlicher Laufzeit platziert haben,
- sogenannte Mittelstandsanleihen, die über spezielle Emissionsplattformen der Regionalbörsen begeben werden, und
- Anleihen am sogenannten Grauen Kapitalmarkt, die lediglich geringen Transparenzvorschriften unterworfen sind.

Abgesehen von öffentlich-rechtlichen Gebietskörperschaften und supranationalen Organisationen stellen Kreditinstitute die mit Abstand größte Emittentengruppe dar. Zwar refinanzieren Banken ihr Aktivgeschäft überwiegend durch die Spareinlagen der privaten Haushalte, doch reichen diese in der Regel nicht aus. Werden Unternehmensanleihen von Banken ausgegeben, spricht man von »Bankschuldverschreibungen«. Anleihen von Emittenten der Wirtschaft und des Handels heißen auch »Industrieobligationen« oder »Industrieanleihen«, nicht selten wird der Begriff allerdings auch etwas unscharf für alle Schuldverschreibungen privater Unternehmen verwendet.

Ebenfalls von Bedeutung ist das Rangverhältnis einer Anleihe gegenüber den übrigen Verbindlichkeiten des Emittenten, die sogenannte Subordination oder Seniorität einer Anleihe. Unterschieden werden kann zwischen

- vorrangigen Anleihen, Preferred oder Senior Secured Debt, zum Beispiel Pfandbriefen,
- gleichrangigen Anleihen, entsprechend der Pari-passu-Klausel (Senior Unsecured Debt), und

- nachrangigen Anleihen (Subordinated oder Junior Debt), zum Beispiel Hybridanleihen mit stark eingeschränkten Gläubigerrechten, bei denen teilweise sogar die Verpflichtung zu Zinszahlungen optional ist.

Dabei steht es Emittenten frei, einzelne Wertpapiere unterschiedlich zu besichern, so dass diese im Insolvenzfall ungleich behandelt werden.

Höhe und zeitliche Verteilung der Zinszahlungen müssen nicht notwendigerweise schon bei der Emission der Anleihe fest vorgegeben sein. So ist es möglich, dass in den Anleihebedingungen nur die Berechnungsmethodik für die Zahlungen vorgegeben ist, nicht jedoch die konkrete Höhe der Zinsen und der Zeitpunkt ihrer Zahlung. Beide können davon abhängig sein, wie sich bestimmte, vorab definierte Marktdaten im Zeitablauf entwickeln. Letztlich kann bezüglich der Verzinsung und der Rückzahlung zwischen

- festverzinslichen Anleihen,
- variabel verzinslichen Anleihen, sogenannten Floating Rate Notes (FRN) oder kurz Floatern,
- Anleihen ohne Nominalverzinsung, sogenannten Nullcouponanleihen oder Zerobonds,
- Tilgungs-, Verlosungs- und Annuitätenanleihen,
- aktienverwandten Anleihen (mit Sonderrechten) wie Wandel-, Options- oder Umtauschanleihen,
- Going-Public-Anleihen,
- Hybridanleihen (mit Nachrang),
- Schuldscheindarlehen,
- Gewinnschuldverschreibungen, einem Unterfall des Genussrechts, und
- Aktienanleihen beziehungsweise Discountzertifikaten

unterschieden werden, die in den folgenden Kapiteln detailliert vorgestellt werden.

Festverzinsliche Anleihen

Die meisten Anleihen werden als festverzinsliche Anleihen begeben. Festverzinsliche Anleihen sind während der gesamten Laufzeit mit einem fixen Nominalzins versehen. Die meisten Coupons verbriefen konstante, jährlich nachschüssig zu zahlende Zinsverpflichtungen, die in Prozent des Nominalwertes der Anleihe festgelegt werden. Üblicherweise werden sie am Ende der Laufzeit gesamtfällig zurückbezahlt. Anleihen, die diese Eigenschaften aufweisen, werden an den Kapitalmärkten auch als »Straight Bullet« oder »Plain Vanilla Bonds« bezeichnet.

Die Zahlungsströme einer festverzinslichen Anleihe mit fünfjähriger Laufzeit und Rückzahlung des Nominalbetrags am Ende der Laufzeit können in einem Cashflow-Diagramm wie folgt dargestellt werden:

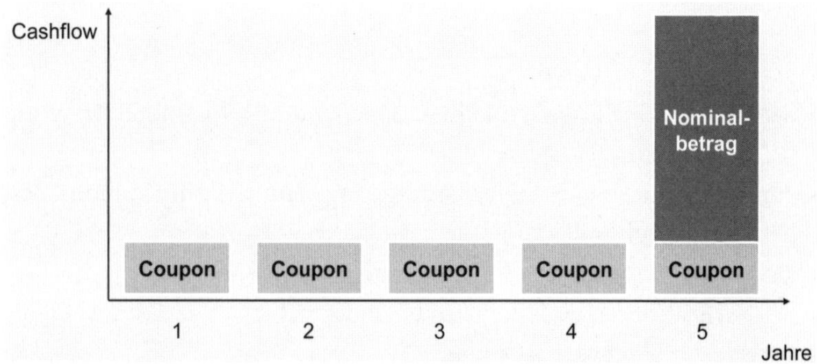

Abbildung 1: Cashflow-Diagramm eines Straight Bullet Bond mit fünfjähriger Laufzeit

Beispiel: Ein Unternehmen emittiert am 15. Februar 2020 eine Anleihe über 150,0 Millionen Euro mit einem Coupon von 4,5 Prozent pro Jahr und einer Laufzeit von fünf Jahren. An jedem der fünf Zinszahlungstermine 15. Februar 2021, 15. Februar 2022, 15. Februar 2023, 15. Februar 2024 und 15. Februar 2025 sind von dem Unternehmen an die Gläubiger Zinsen in Höhe von jeweils 12,75 Millionen Euro zu zahlen. Am 15. Februar 2025 wird die Anleihe getilgt und die Anleger erhalten zudem ihren Nominalbetrag von 150,0 Millionen Euro zurück.

Sofern keine effektiven Stücke ausgegeben werden – was bei Anleihen den Regelfall darstellt –, werden Anleihen in untereinander gleichberechtigte, auf den Inhaber lautende und fortlaufend nummerierte Teilschuldverschreibungen eingeteilt, zuzüglich der Zinsansprüche in einer Globalurkunde beziehungsweise Globalschuldverschreibung ohne Globalzinsschein verbrieft und bei der Clearstream International S. A. eingereicht und hinterlegt. Clearstream ist eine im Jahr 2000 aus der Fusion der Deutsche Börse Clearing AG (vormals Deutscher Kassenverein AG) mit Cedel International hervorgegangene Abwicklungs- und Verwahrgesellschaft. Kerngeschäft von Clearstream ist also die Abwicklung und Verwahrung von Wertpapieren.

Abbildung 2: Beispiel für effektive Stücke einer Anleihe
Quelle: Screenshot von www.hsv.de, Abruf am 29.01.2020

Beispiel: Eine im Freiverkehr notierte Mittelstandsanleihe mit einem Volumen von 150,0 Millionen Euro ist üblicherweise zerlegt in 150 000 Stück Teilschuldverschreibungen mit einem Nennwert von jeweils 1 000,00 Euro.

Daneben zählen auch Anleihen zu den Festzinsanleihen, bei denen sich der Coupon zu festgelegten Zeitpunkten und in einem festgelegten Ausmaß ändert. Sie werden auch »Stufenzinsanleihen« oder »Step-Up« beziehungsweise »Step-Down-Bonds« genannt. Bei Step-Up-Bonds steigt der Zins mit der Laufzeit der Anleihe an, wobei die Zinstreppe im Vorfeld der Emission festgelegt wird. Die Struktur von Step-Up-Anleihen kann entweder eine oder mehrere Zinserhöhungen aufweisen. Einstufige Anleihen, die auch als »Einstufenanleihen« bezeichnet werden, haben eine einzige Erhöhung des Zinssatzes während der Laufzeit der Anleihe. Im Gegensatz dazu wird bei einer Mehrstufenanleihe der Coupon während der Laufzeit des Wertpapiers mehrmals nach oben angepasst. Die Zinserhöhungen folgen einem vorher festgelegten Zeitplan. Step-Up-Anleihen ähneln damit den inflationsgeschützten Anleihen (sogenannte Treasury Inflation-Protected Securities, kurz TIPS). Deren jährliche Verzinsung wird an die Höhe der Inflationsrate angepasst.

Der Nachteil von Step-Up-Anleihen ist, dass sie zumeist mit einem Kündigungsrecht des Emittenten ausgestattet sind. Dieses wird gewöhnlich dann ausgeübt, wenn sich die Marktzinsen rückläufig entwickeln. In diesem Fall hat der Anleihegläubiger ein Wiederanlagerisiko, da es unwahrscheinlich ist, dass der Anleger zu dem gleichen Zinssatz, den er von der Step-Up-Anleihe erhalten hat, wieder anlegen kann.

Beispiel: Beispiele für Stufenzinsanleihen sind Bundesschatzbriefe. Stufenzinsanleihen können insbesondere für Anleger sinnvoll sein, die in Zukunft mit einem niedrigeren persönlichen Steuersatz rechnen, etwa Pensionäre.

Die feste Verzinsung verspricht dem Anleger über die gesamte Laufzeit eine Planungssicherheit seiner Einnahmen, sowohl was die jährlichen Zinszahlungen betrifft als auch den Rückzahlungszeitpunkt der Anleihe. Diese Planungssicherheit ist bei den im folgenden Abschnitt beschriebenen variabel verzinslichen Anleihen nicht gegeben.

Variabel verzinsliche Anleihen

Bei variabel verzinslichen Anleihen, Floatern oder Floating Rate Notes (FRN) ist im Gegensatz zu festverzinslichen Anleihen die Höhe der Verzinsung nicht über die gesamte Laufzeit der Anleihe festgeschrieben, sondern von der Entwicklung einer externen Referenzgröße abhängig. Da diese Referenzgrößen im Zeitablauf schwanken, ist die Verzinsung eines Floaters a priori unbekannt. Die Laufzeit von variabel verzinslichen Anleihen liegt normalerweise zwischen fünf und sieben Jahren, nur bei erstklassigen Emittenten sind auch längere Laufzeiten zu beobachten.

Die Verzinsung errechnet sich in der Regel aus einem bestimmten geldmarktnahen Referenzzinssatz, zu dem eine Kreditrisikoprämie (Credit Spread) hinzugezählt wird. Bekannte Referenzgrößen waren lange Jahre der Interbankensatz LIBOR (London Interbank Offered Rate) sowie dessen kontinentaleuropäisches Pendant EURIBOR (Euro Interbank Offered Rate). Zur Berechnung des EURIBOR melden 39 Kreditinstitute – unter ihnen elf deutsche Bankhäuser – jeden Tag um 10:45 Uhr Angebotssätze (Briefsätze) an den Informationsanbieter Thomson Reuters. Aus diesen werden Durchschnittssätze ermittelt und um 11:00 Uhr von der British Bankers' Association (BBA) auf www.bba.org.uk für Laufzeiten von drei, sechs und zwölf Monaten auf drei Nachkommastellen genau veröffentlicht.

EURIBOR und LIBOR sind Zinssätze, zu denen vor der Finanzmarktkrise Großbanken anderen Großbanken für einen kurzfristigen Zeitraum Kredite angeboten haben. Seit der Finanzmarktkrise ist der EURIBOR, der ohnehin nicht auf beobachtbaren Transaktionen basiert, sondern nur auf Quotierungen von gerade einmal 39 einbezogenen Banken, für bonitätsschwache Banken kein Refinanzierungssatz mehr. Für diese bietet sich der EONIA (Euro Overnight Index Average) an, der im Gegensatz zu EURIBOR und LIBOR auf tatsächlich getätigten Umsätzen basiert. Er stellt den umsatzgewichteten Durchschnittszins für Tagesgeld dar und wird täglich zwischen 18:45 Uhr und 19:00 Uhr von der Europäischen Zentralbank (EZB) veröffentlicht.

Die im Jahr 2011 aufgedeckten großflächigen Manipulationen dieser Referenzzinssätze hat daraufhin die IOSCO, die Internationale Organisation der Wertpapieraufsichtsbehörden, dazu veranlasst, diese Benchmarkzinssätze zu reformieren. Eine 2016 von der EU verabschiedete Verordnung hatte zur Folge, dass EONIA, LIBOR und EURIBOR mit einer Frist bis zum Ende des Jahres 2021 ersetzt werden müssen. EONIA wird durch die Euro Short-Term Rate (ESTR oder €STR) ersetzt, die beiden sogenannten IBORs sollen dagegen weiterentwickelt werden, bis sie in Übereinstimmung mit der EU Benchmark Regulation sind. Parallel dazu soll ein neues System an Referenzzinssätzen etabliert werden. Betroffen von der Umstellung sind sämtliche zinsgebundenen Produkte: variabel verzinsliche Anleihen, Kredite und Derivate.

Die zum Referenzzinssatz hinzuzuschlagende Kreditrisikoprämie ist abhängig von der Erwartung über die Ausfallwahrscheinlichkeit des Emittenten und der erwarteten Recovery Rate bei einem Kreditausfall. In Abhängigkeit von der Kreditqualität des Emittenten kann der Referenzzins um einen Auf- oder Abschlag korrigiert werden, so dass die Verzinsung des Floaters auf, über oder unter der Verzinsung der Referenzgröße liegt. Staatsanleihen mit AAA-Rating können beispielsweise mit einem Zins von EURIBOR minus 25 Basispunkte ausgestattet sein, Unternehmensanleihen mit einem Zins von LIBOR plus 150 Basispunkte.

Beispiel: Ein Unternehmen emittiert am 8. März 2020 eine variabel verzinsliche Anleihe über 500 Millionen Euro mit Laufzeit bis 15. September 2023. Der Coupon des Floaters beträgt EURIBOR zuzüglich 400 Basispunkte und wird vierteljährlich ausbezahlt. Am 15. März, 15. Juni, 15. September und 15. Dezember (beziehungsweise einem darauffolgenden Handelstag, falls das Datum an einem Wochenende liegt) jeden Jahres wird der Coupon neu definiert, er entspricht dann dem EURIBOR, der zwei Handelstage zuvor festgestellt wurde, zuzüglich 400 Basispunkte.

Für den Emittenten besteht der Vorteil eines Floaters darin, eine Anleihe zu begeben, die trotz längerer Laufzeit eine stets marktkonforme Verzinsung aufweist; mit einer festverzinslichen Anleihe wäre dies nicht möglich. Zur fristenkongruenten Refinanzierung sind Floater besonders für Kreditinstitute geeignet, die damit häufig variable Darlehen, sogenannte Roll-Over-Kredite, refinanzieren. Für den Anleger sind variabel verzinsliche Anleihen vorteilhaft, wenn die kurzfristigen Zinsen über den langfristigen liegen. In diesem Fall einer inversen Zinsstrukturkurve kann der Anleger mit einer variabel verzinslichen Anleihe eine höhere Rendite erzielen als durch den Erwerb einer festverzinslichen Anleihe mit ansonsten gleichem Risiko. Im Falle eines Zinsanstiegs sind überdies die Kursverluste bei einem Floater geringer als bei einer festverzinslichen Anleihe.

Die Adjustierung des Zinssatzes erfolgt in regelmäßigen Abständen von zumeist drei oder sechs Monaten. Danach bleibt der Zinssatz bis zur nächsten Anpassung unverändert. Da die Kurse variabel verzinslicher Anleihen dementsprechend über die gesamte Laufzeit in engen Bandbreiten um den Nominalbetrag schwanken, hält sich das Kursrisiko für den Investor in Grenzen. Je häufiger die Zinsen angepasst werden, desto geringer ist die zinsänderungsbedingte Volatilität der Anleihe. Um das Zinsänderungsrisiko auch für den Emittenten zu begrenzen, kommen in der Praxis Höchstzinssätze (Cap Floater) zum Einsatz, deren Übertreffen sich in nicht weiter steigenden Zinszahlungen niederschlägt. Auch Floor Floater, die einen bestimmten Mindestzins vorsehen, Zinskorridore mit einem kombinierten Mindest- und Höchstzins (Collared Floater oder Mini Max Floater) und selbst eine inverse Beziehung zwischen Referenzzinssatz und Anleiheverzinsung (Reverse Floater), so dass auf fallende Zinsen spekuliert werden kann, sind denkbar. Bei letzteren Anleihen ergibt sich die Zinszahlung aus der Differenz zwischen einem festen Zinssatz und einem variablen Referenzzinssatz, beispielsweise dem LIBOR. Gelegentlich werden auch Mischformen aus einem festverzinslichen Wertpapier und einem Floater platziert, beispielsweise indem nach Ablauf einer bestimmten Periode ein Wechsel vom Festzins zum variablen Zins vorgesehen ist.

Einen weiteren Sonderfall stellen sogenannte Indexanleihen dar, auch als »Inflation-Linked Bonds« oder kurz »Linker« bezeichnet, deren Verzinsung an die Performance eines Referenzindex gekoppelt ist, etwa um die Anleihe vor Geldentwertung zu schützen. Steigende Inflationserwartungen sind üblicherweise von sinkenden Anleihekursen begleitet, die umso heftiger ausfallen, je länger die Restlaufzeit einer Anleihe ist. Vor einem erwarteten Kaufkraftverlust kann sich der Anleger durch den Kauf einer inflationsgeschützten oder inflationsindexierten Anleihe absichern. Während bei nominal verzinslichen Anleihen der Coupon als fester Prozentsatz des Nennwertes ermittelt wird, errechnet sich die Verzinsung bei Indexanleihen als fester Prozentsatz des Produkts aus dem Nennwert und der zum jeweiligen Zinszahlungstermin gültigen Indexzahl. Dabei kann die Rolle der Benchmark von einem Aktienindex, dem Lebenshaltungskostenindex oder anderen Preisindizes übernommen werden. Die Inflationsanpassung kann grundsätzlich auf zwei Arten erfolgen: Entweder wird regelmäßig der Nominalzins an die Inflation angepasst, oder der Anleger erhält zum Fälligkeitstermin einen um die Inflationsrate angepassten Rückzahlungsbetrag. Durch die regelmäßige Anpassung der Verzinsung wird aus einem festverzinslichen Produkt ein variabel verzinsliches und im Inflationsfall erhöht sich die Zinszahlung von Jahr zu Jahr.

Gegen einen Inflationsschutz ist prinzipiell nichts einzuwenden, doch sind inflationsgesicherte Anleihen in der Praxis meist mit einem niedrigeren Nominalzinssatz ausgestattet als nicht geschützte Anleihen. Der Inflationsschutz ist für den Anleger also nicht umsonst zu haben. Per saldo sind inflationsgeschützte Anleihen für den Anleger nur dann interessant, wenn er Inflationsraten erwartet, die die allgemeine Markterwartung übersteigen. Rechnet der Anleger nicht mit einer höheren Preissteigerung, reduziert sich der Inflationsschutz schnell zu einem Marketinginstrument des Emittenten. Insofern sind inflationsgeschützte Anleihen eine Art Wette: Nur wenn die Inflation die erwartete Preissteigerung übertrifft, liegt die Performance eines Linkers über der einer nicht inflationsgeschützten Anleihe. Um Renditenachteile zu vermeiden, bietet es sich daher an, anstelle von inflationsindexierten Anleihen auf variabel verzinsliche Wertpapiere zurückzugreifen, deren Verzinsung sich ohnehin an den Geldmarktzinsen orientiert. Im Normalfall werden Geldmarktzinsen bei steigender Inflationsrate nach oben angepasst, so dass die Kosten, die ein Anleger für die Strukturierung des Inflationsschutzes in Kauf nehmen muss, umgangen werden können.

Auch die von Erst- oder Rückversicherungsunternehmen begebenen Katastrophenanleihen, in Insiderkreisen auch »Act of God Bonds« oder »Cat Bonds« genannt, sind variabel verzinsliche Wertpapiere. Sie werden begeben, um den finanziellen Schaden, der den Versicherungen durch Naturkatastrophen entsteht, zumindest teilweise zu kompensieren. Daher ist ihre Verzinsung vom jeweiligen Schadensverlauf abhängig, und auch ihre Tilgung wird in der Regel mit dem Nichteintreten von Versicherungsschäden verknüpft. Tritt eine definierte Naturkatastrophe ein, wird für den Emittenten die Verpflichtung, den Coupon und den Nominalbetrag zu bezahlen, entweder aufgeschoben oder sogar zur Gänze aufgehoben. Die Rendite ist damit weniger von der Bonität des Emittenten als vom Eintritt oder Nichteintritt eines vorab definierten Schadens abhängig.

Nullcouponanleihen

Im Gegensatz zu festen oder variablen Anleihen mit Zinsscheinen, den Couponanleihen, sind Anleihen ohne Zinsschein Schuldverschreibungen, die nicht mit einem laufenden Zinscoupon ausgestattet sind. An die Stelle wiederkehrender Zinszahlungen tritt die Thesaurierung der

Zinsen, die dann zum Fälligkeitstag gemeinsam mit dem Ausgabebetrag ausgeschüttet werden. Der Zinseffekt entsteht also allein durch die Differenz zwischen Ausgabe- und Rückzahlungsbetrag der Anleihe. Der Wert der Nullcouponanleihe, auch »Abzinsungspapier« oder »Zerobond« genannt, erhöht sich graduell, je näher der Rückzahlungstermin rückt.

Das Laufzeitenspektrum von Nullcouponanleihen liegt zwischen zehn und 30 Jahren und damit am langen Ende der bei Schuldverschreibungen zu beobachtenden Bandbreite. Begeben werden Nullcouponanleihen von Unternehmen, die während der Laufzeit der Anleihe über nur geringe Liquidität zur Zahlung von Zinsen verfügen. Kündigungsrechte sowohl für Investoren (Put) als auch Emittenten (Call) nach drei bis zehn Jahren sind üblich.

Grundsätzlich sind zwei Typen von Zerobonds vorstellbar: Entweder werden sie mit einem Disagio, also unter ihrem Nennwert, ausgegeben und zu diesem zurückgezahlt – was den Normalfall darstellt –, oder sie werden zu pari (also zu ihrem Nennwert) ausgegeben und über pari zum Einlösebetrag zurückgezahlt (sogenannte Zuwachsanleihen).

Da die Emission eines Zerobonds für den Emittenten liquiditätsschonender ist als die Begebung einer verzinslichen Anleihe, besteht der Vorteil einer Nullcouponanleihe darin, dass die aus ihr finanzierten Investitionsprojekte nicht unmittelbar einen entsprechenden Cashflow zur Finanzierung der Zinszahlungen erwirtschaften müssen. Für den Anleger zielten Nullcouponanleihen bei ihrer Einführung auf die ungleiche steuerliche Behandlung von Zinseinkünften und Kursgewinnen ab: Erstere unterlagen in der Vergangenheit der Steuerpflicht, Letztere nicht. Diese Diskriminierung besteht heute nicht mehr. Dennoch bieten Zerobonds Anlegern nach wie vor die Möglichkeit, Zinseinnahmen und die damit verbundenen Steuerzahlungen in die Zukunft zu verlagern. Ein weiterer Vorteil von Zerobonds besteht darin, dass sie keinen laufenden Wiederanlagerisiken unterliegen. Schließlich ist der Erwerb eines Zerobonds immer dann sinnvoll, wenn Anleger mit rückläufigen Zinsen rechnen, da Zerobonds in diesem Umfeld typischerweise die größten Kursanstiege verzeichnen.

Tilgungs-, Annuitäten- und Verlosungsanleihen

Bei den eher seltenen Tilgungsanleihen wird die Anleihe nicht am Ende der Laufzeit in einem Betrag zurückgezahlt, sondern stetig über die Laufzeit oder über einen vereinbarten Zeitraum getilgt. Die einzelnen Tilgungstranchen sind also vorab bekannt. Auch bei Annuitätenanleihen erfolgt die Tilgung der Anleihe über die gesamte Laufzeit. Ähnlich einem Hypothekendarlehen enthält der vom Anleger jährlich zu vereinnahmende Betrag einen Teil der Tilgung sowie die Zinsen für die abgelaufene Periode. Dabei steigt der Anteil der Tilgung am konstanten Jahresbetrag mit zunehmender Laufzeit an. Bei den ebenfalls heute nicht mehr zeitgemäßen Verlosungsanleihen werden zu regelmäßigen Terminen einzelne Tranchen der Anleihe ausgelost, die dann zurückgezahlt werden.

Wandelanleihen

Bei Wandelanleihen oder Wandlern (englisch »Convertible Bonds« oder einfach nur »Convertibles«) handelt es sich um Schuldverschreibungen mit Sonderrechten. Die Besonderheit besteht aus einem Umtauschrecht der Anleihe in Aktien des Emittenten. Diese Finanzierungsart ist mithin Aktiengesellschaften vorbehalten. Nach der Wandlung geht die Obligation unter und für den Emittenten entfällt die Verpflichtung zur Zahlung von Zinsen und zur Tilgung der Anleihe. Gleichzeitig tritt der Anleihegläubiger als Aktionär in die Gesellschaft ein und partizipiert zukünftig an der Kursentwicklung der Aktien des Emittenten. Für den Emittenten wird aus einer befristeten Kreditaufnahme eine unbefristete Bereitstellung von Eigenkapital.

Daraus lässt sich auch der entscheidende Vorteil von Wandelanleihen ableiten: Während der Laufzeit von typischerweise drei bis sieben Jahren kann der Anleger in Ruhe die wirtschaftliche Entwicklung des Emittenten analysieren, ohne verpflichtet zu sein, die Wandelanleihe in Aktien zu tauschen und sich damit am Kursrisiko der Aktien zu beteiligen. Überdies erhält er Zinszahlungen, die höher sein können als die ertragsabhängigen Dividendenausschüttungen. Für diese Vorteile muss der Anleger jedoch einen Coupon akzeptieren, der niedriger ist als der Coupon gewöhnlicher Schuldverschreibungen dieses oder anderer Emittenten vergleichbaren Risikos. Geht der Emittent nicht insolvent, ist dieser Zinsnachteil, den die Wandelanleihe im Verhältnis zu einer vergleichbaren festverzinslichen Anleihe hat, gleichzeitig das Verlustrisiko des Investors.

Wandelanleihen zählen zu den hybriden Finanzierungsinstrumenten. Dies bedeutet, dass sie sich gedanklich in eine Anleihekomponente, den »Naked Bond«, und in eine Kaufoption auf Aktien des Emittenten, den Call, aufteilen lassen. Dabei wird dem Investor das Recht eingeräumt, innerhalb einer bestimmten Frist in einem bestimmten Umtauschverhältnis und gegebenenfalls unter Leistung weiterer Zuzahlungen die Wandelanleihe in Aktien des Emittenten zu tauschen. In der Praxis sind die Anleihebedingungen einer Wandelanleihe daher umfangreich und vielschichtig: Zu beschreiben sind neben den klassischen Bestandteilen einer Schuldverschreibung – Anleiheverzinsung, Laufzeit, Kündigungsregelungen, Tilgungsmodalitäten, Besicherungskonzepte (sofern vorhanden), Emissions- und Rückzahlungspreise – auch jene Komponenten, die das Umtauschrecht als solches beschreiben. Hierzu zählen Art und Gattung der Aktien, Umwandlungsmodalitäten, Wandlungs- und Sperrfristen und nicht zuletzt Bezugsverhältnis und Bezugspreis.

Bei der Ausgestaltung der Wandelanleihe ist zu unterscheiden zwischen dem Agio-Verfahren, bei dem sich der Coupon an einer vergleichbaren festverzinslichen Anleihe (Straight Bullet Bond) orientiert und der Emissionspreis über pari liegt, und dem Niedrig-Coupon-Verfahren, bei dem die Wandelanleihe mit einem im Marktvergleich niedrigeren Coupon ausgestattet wird und sich im Emissionspreis von 100 Prozent auch die Prämie zur Kompensation des Wandlungsrechts (Optionsprämie) widerspiegelt. Eher selten sind dagegen Teilcouponwandelanleihen (Emission zu pari, Tilgung über pari) und Nullcouponwandelanleihen (Zero Coupon Convertibles), die erst am Laufzeitende einschließlich der aufgelaufenen Zinsen getilgt werden.

Im Gegensatz zur Laufzeit der Wandelanleihe bezeichnet die Wandlungsfrist jene Periode, innerhalb derer die Wandelanleihe tatsächlich in Aktien umgetauscht werden kann. Sie beginnt in der Regel nach Ablauf einer mehrwöchigen Sperrfrist nach Platzierung der Wandelanleihe. Aber auch innerhalb der Wandlungsfrist im engeren Sinne können Sperrfristen festgelegt werden, etwa vor oder nach Hauptversammlungen des Emittenten, etwa um Insiderverstöße zu verhindern. Für den Investor ist es vorteilhaft, wenn die Wandlungsfristen möglichst lange dauern und Sperrfristen möglichst selten sind, da die Wahrscheinlichkeit für eine Kurssteigerung der zugrunde liegenden Aktien für eine längere Zeitdauer größer ist als für kurze Zeiträume. Kann der Anleger aus mehreren Laufzeiten auswählen, sind die finanzierungsspezifischen Ziele des Investors zu berücksichtigen: Steht die Eigenkapitalkomponente im Vordergrund, sollten tendenziell längere Laufzeiten gewählt werden, steht dagegen die Verzinsung im Vordergrund, eher kürzere.

Das Umtausch-, Wandel- oder Bezugsverhältnis definiert die Anzahl an Aktien, die ein Investor für die Hingabe seiner Wandelanleihen erhält. Es wird in einer Stückzahl an Aktien je Nominalbetrag der Anleihe angegeben. Aus dem Bezugsverhältnis lässt sich unmittelbar der Bezugspreis je Aktie ableiten. Liegt zum Beispiel das Wandelverhältnis bei 25 Aktien je 1 000 Euro des Nominalbetrags der Wandelanleihe, so berechnet sich aus

$$\text{Bezugspreis} = \frac{\text{Nominalbetrag}}{\text{Wandelverhältnis}} = \frac{1.000{,}00\ \text{Euro}}{25\ \text{Aktien}} = 40{,}00\ \text{Euro / Aktie}$$

ein Bezugspreis von 40,00 Euro je Aktie. Der Bezugspreis entspricht also dem Geldbetrag, zu dem der Anleger sein Wandlungsrecht in die unterlegte Aktie ausüben kann. Zum Zeitpunkt der Emission der Wandelanleihe liegt dieser in der Regel über dem aktuellen Börsenkurs. Für den Anleger ist die Ausübung des Wandlungsrechts also nur dann sinnvoll, wenn der Kurs der Aktie den Bezugskurs übersteigt. Marktüblich sind Aufschläge von 20 Prozent gegenüber dem Aktienkurs zum Zeitpunkt der Begebung der Wandelanleihe, höhere Aufschläge können die

Platzierung der Wandelanleihe gefährden, da die Wandlung dann unwahrscheinlicher wird und der Anleger lediglich die (relativ niedrige) Verzinsung vereinnahmt.

Unabhängig davon kann der Umtausch einer Wandelanleihe in Aktien auch mit einer Zuzahlung verbunden sein; in diesem Fall liegt der Bezugspreis über dem durch das Wandelverhältnis berechneten Preis. Derlei Zuzahlungen können über den Wandlungszeitraum konstant oder gestaffelt ausgestaltet sein, um etwa, wie im Falle von steigenden Zuzahlungen, einen Anreiz zu einer frühen Wandlung zu setzen.

Im Gegensatz zu anderen Arten der Fremdfinanzierung steht dem Aktionär aus der Begebung einer Wandelanleihe ein Bezugsrecht entsprechend seinem Anteil an der Wandelanleihe zu. In der Praxis werden Wandelanleihen regelmäßig im Rahmen einer Privatplatzierung unter Ausschluss des Bezugsrechts begeben. In diesem Fall ist jedoch die Verwässerung des Aktienkapitals auf 10,0 Prozent der ausstehenden Aktien beschränkt. Nachdem der Emittent einer Wandelschuldverschreibung im Wandelfall Aktien bereitstellen muss, werden Wandelanleihen in der Praxis mit bedingtem Kapital unterlegt, das im Vorfeld einer Emission durch die Hauptversammlung genehmigt werden muss.

Kursrisiken ergeben sich für den Investor, wenn er eine Wandelanleihe »in the money« erwirbt und sich ein Kursverfall der Aktie nahezu eins zu eins in Kursrückgängen der Anleihe niederschlägt. Je stärker der Kursrückgang der Aktie ist, desto unvorteilhafter wird die Wandlung. Der Wert der Kaufoption (Call) der Wandelanleihe geht dann gegen null und die Wandelanleihe besteht nur noch aus ihrer Naked-Bond-Komponente. Damit verhält sich die Wandelanleihe zunehmend wie eine gewöhnliche Unternehmensanleihe – allerdings mit einem geringeren Coupon. Umgekehrt wird ein starker Kursanstieg der Aktie dazu führen, dass der Kurs der Wandelanleihe zunehmend die gleichen Bewegungsmuster nachvollzieht wie die Aktie selbst. Die richtige Auswahl einer Wandelanleihe ist damit vom Aktienkurs abhängig. Daher ist vor dem Kauf einer Wandelanleihe vom Anleger zu prüfen, ob für seine weitere Planung die Anleihe- oder die Aktienkomponente beherrschend sein wird.

Da der Inhaber einer Wandelanleihe bei entsprechendem Kursverlauf der Aktie zum Aktionär der Zielgesellschaft wird, kann der Wert seines Engagements nicht nur durch eine negative Kursperformance beeinflusst werden, sondern auch durch Entscheidungen des Managements, beispielsweise bezüglich des Umtauschpreises oder -verhältnisses. Beispiele hierfür sind Kapitalerhöhungen aus Gesellschaftsmitteln oder Kapitalherabsetzungen durch Zusammenlegungen von Aktien, die Ausgabe weiterer Wandel- beziehungsweise Optionsverschreibungen, Aktiensplits oder Reverse Splits, Ausschüttungen und Umwandlungen. Um Gläubiger vor einer Verwässerung ihrer zukünftigen Beteiligung zu schützen, wird ihnen in den Anleihebedingungen eine Verwässerungsschutzklausel eingeräumt. Prinzipiell ist dies durch die Anpassung des Umtauschverhältnisses, die Einräumung von Bezugsrechten, eine Verringerung des Wandlungspreises oder die Gewährung von Barkomponenten zu erreichen.

Liegt der Aktienkurs bei Fälligkeit der Anleihe unter dem Bezugskurs, ist eine Wandlung für den Investor nicht rational und der Emittent hat die Wandelanleihe zurückzuzahlen. Um diese Rückzahlungspflicht des Nennwertes zu umgehen, können die Anleihebedingungen neben der freiwilligen Wandlung auch eine Verpflichtung des Gläubigers zum Aktienbezug vorsehen. Bei diesen Zwangs- oder Pflichtwandlern (Mandatory Convertible Bonds) wird der Anleihegläubiger unabhängig von der tatsächlichen Kursentwicklung zum Aktionär der Gesellschaft. Er ist dann mit seinem zinstragenden Produkt unter Umständen auch von Kursverlusten bedroht. Durch die Beschränkung der Investorenrechte müssen Pflichtwandler in der Regel mit wesentlich höheren Coupons verzinst werden. Pflichtwandler weisen in der Regel eine dreijährige Laufzeit, eine Prämie von 15 bis 25 Prozent und Coupons von etwa 6,0 Prozent vor, in seltenen Fällen sind auch variable Coupons in Abhängigkeit von der Dividendenhöhe denkbar.

Beispiel: Ein Unternehmen hat Wandelanleihen im Nennwert von 1,0 Millionen Euro Nennwert ausgegeben. Die Stückelung beträgt 10 000 Stück zum Nennwert von jeweils 1 000 Euro. Für die Ausgabe am Beginn der Laufzeit und für die Auszahlung am Ende ist vereinbart, dass sie zum Nennwert erfolgen. Der Zinssatz der Anleihe beläuft sich auf 2 Prozent pro Jahr, insgesamt werden also 200 000 Euro pro Jahr ausgeschüttet.
Aus dem Wertpapierprospekt der Wandelanleihe geht hervor, dass die Zeichner der Wandelanleihe dazu ermächtigt sind, für eine Anleihe im Nennwert von 1 000 Euro jeweils 20 Stückaktien zu beziehen. Der Bezugs- oder Wandlungspreis der Anleihe beläuft sich folglich auf:

$$\text{Bezugspreis} = \frac{\text{Nennwert je Wandelanleihe}}{\text{Wandlungsverhältnis}} = \frac{1.000,00 \text{ Euro / Anleihe}}{20 \text{ Aktien / Anleihe}}$$

$$= 50,00 \text{ Euro / Aktie}$$

Die Laufzeit der Wandelanleihe soll fünf Jahre betragen, wobei der Anleger ab dem zweiten Jahr der Laufzeit bis zu ihrem Ende entscheiden kann, ob er sein Wandlungsrecht nutzt und die Wandelanleihe in Aktien tauscht. Entscheidet er sich gegen diese Option, bekommt der Anleger am Ende der Laufzeit den Nennwert der Anleihe, also 1,0 Millionen Euro, zurück.
Der Aktienkurs der auf den Inhaber lautenden nennwertlosen Stückaktien des Unternehmens liegt zum Zeitpunkt der Ausgabe der Wandelschuldverschreibung bei 40 Euro. Eine Wandlung würde zu diesem Zeitpunkt also keinen Sinn ergeben, da ein Anleger für die Aktie durch Wandlung 50 Euro bezahlen würde, er dieselbe Aktie aber über die Börse für 40 Euro erwerben könnte.
Steigt dagegen der Aktienkurs des Unternehmens während des Wandlungszeitraums auf 60 Euro an, wird eine Wandlung sinnvoll. Der Emittent führt in diesem Fall eine bedingte Kapitalerhöhung durch. In diesem Fall erhöht sich das gezeichnete Kapital des Unternehmens durch die Wandlung um:

$$\text{Kapitalerhöhung durch Wandlung} = \frac{\text{Nominalvolumen}}{\text{Bezugspreis}}$$

$$= \frac{1000000 \text{ Euro}}{50,00 \text{ Euro / Aktie}} = 200000 \text{ Aktien}$$

Die Differenz zwischen dem Wandlungspreis von 50 Euro und dem rechnerischen Nennwert je Aktie, in der Regel 1 Euro, wird in die Kapitalrücklage des Unternehmens eingestellt. Damit erhöht sich in unserem Beispiel die Kapitalrücklage um:

$$\text{Einstellung in Kapitalrücklage durch Wandlung}$$

$$= (\text{Wandlungspreis} - \text{Nennwert je Aktie}) \times \text{Anzahl neuer Aktien}$$

$$= (50,00 \text{ Euro} - 1,00 \text{ Euro}) \times 200000 \text{ Aktien} = 9800000 \text{ Euro}$$

Aus Sicht des Anlegers führt die Wandlung dazu, dass er einen Zeichnungsbetrag von 1 000 Euro in 20 Aktien tauschen konnte, die er beim aktuellen Aktienkurs von 60 Euro für einen Gegenwert von 1 200 Euro verkaufen könnte.

Im Gegensatz zu unbedingten Pflichtwandelanleihen wird der Anleger bei bedingten Pflichtwandelanleihen erst nach Eintritt eines auslösenden Ereignisses (Trigger Event) – in der Regel die Unterschreitung einer bestimmten Eigen- oder Kernkapitalquote bei Finanzinstituten – zum Aktionär der Gesellschaft. Für den Investor liegt das Risiko eines solchen »Contingent Convertible Bonds«, kurz »Cocos«, darin, dass der Kurs der Aktie im Krisenszenario bereits unter dem definierten Bezugspreis liegt. Im Extremfall kann sogar ein Totalverlust des Engagements nicht ausgeschlossen werden, wenn zum Ende der Laufzeit nicht nur der Nominalbetrag abgeschrieben werden muss, sondern auch der Aktienkurs auf Pennystock-Niveau notiert. Eine weitere, wenngleich seltene Variante der bedingten Wandelanleihe ist die Going-Public-Wandelanleihe, bei der die Ausübung des Wandlungsrechts vom Börsengang des Emittenten abhängig gemacht wird.

Optionsanleihen

Auch Optionsanleihen sind Anleihen mit einem Zusatzrecht. Dieses besteht in einem Bezugsrecht auf Aktien, das dem Anleger eingeräumt wird und ihm neben dem Rückzahlungsanspruch der Anleihe zusteht. Zusätzlich zur Verzinsung und Rückzahlung des Nominalbetrags der Anleihe erhält der Anleger Aktien des Emittenten, die er zu einem vorab festgelegten Preis erwerben kann. Nach Ausübung des Optionsrechts ist er Aktionär und Gläubiger zugleich.

Damit weisen Optionsanleihen große Ähnlichkeiten zu Wandelanleihen auf. Wie diese setzen sie sich aus einer Schuldverschreibung und einer Option auf die Aktien des Emittenten zusammen. Wie bei Wandelanleihen werden auch bei Optionsanleihen Bezugsverhältnis und Bezugspreis vorgegeben. Wie bei Wandelanleihen erfordert auch die Emission von Optionsanleihen den Beschluss der Hauptversammlung über eine bedingte Kapitalerhöhung, deren Volumen jedoch auf die Hälfte des Grundkapitals beschränkt ist. Im Gegensatz zur Wandelanleihe besteht eine Optionsanleihe allerdings aus zwei Wertpapieren: der Teilschuldverschreibung und dem (oder den) Optionsschein(en) auf Aktien des Emittenten, die den Anleger berechtigen, sie zum Bezug von Aktien des Emittenten einzutauschen. Üblicherweise werden die beiden Wertpapiere unmittelbar nach der Emission getrennt und unter zwei unterschiedlichen Wertpapierkennnummern gehandelt. Während bei Wandelanleihen die Gläubigereigenschaft nach erfolgter Wandlung erlischt, notiert die Optionsanleihe nach Ausübung des Wandlungsrechts ex Optionsschein als (niedrig verzinsliche) Unternehmensanleihe weiter. Die Folge der Trennung ist, dass eine Optionsanleihe drei Kursnotierungen einnehmen kann:

- Kurs der Optionsanleihe mit (cum) Optionsschein,
- Kurs der Optionsanleihe ohne (ex) Optionsschein und
- Kurs des Optionsscheins.

Wie bei Wandelanleihen bieten auch die Optionsscheine eine Chance auf Kursgewinne, die über die einer gewöhnlichen Anleihe hinausgehen. Da diese Chance einen Wert aufweist, liegt die Verzinsung von Optionsanleihen regelmäßig unter dem für ein Unternehmen dieser Risikoklasse üblicherweise zu erwartenden Coupon. Für den Anleger ist die Hebelwirkung des abgetrennten Optionsscheins (Naked Warrant) wesentlich spekulativer, da dieser bereits bei geringem Kapitaleinsatz hohe Gewinnchancen verspricht, selbst wenn sich der Aktienkurs nur moderat positiv entwickelt. Unter sonst gleichbleibenden Bedingungen ist der Wert eines Optionsscheins umso höher,

- je höher der aktuelle Aktienkurs,
- je niedriger der Ausübungspreis,
- je geringer die erwartete Dividende,
- je länger die Laufzeit,
- je höher die implizite Volatilität der Aktie, also je stärker die der Option zugrunde liegende Aktie im Zeitablauf schwankt, und
- je höher das allgemeine Zinsniveau, repräsentiert zum Beispiel durch langlaufende Bundesanleihen.

Beispiel: Anstelle einer Wandelanleihe (vergleiche vorheriges Beispiel) begibt das Unternehmen eine Optionsanleihe mit einem Volumen von 10 Millionen Euro Nennwert. Der Zinssatz liegt bei 2 Prozent. Jede Optionsanleihe im Nennwert von 1 000 Euro berechtigt zum Bezug von fünf Aktien zu einem Ausübungspreis von 50 Euro. Insgesamt würden also, bei vollständiger Ausübung der Optionsanleihe

$$\text{Anzahl neuer Aktien} = \frac{\text{Volumen der Optionsanleihe}}{\text{Nennwert}} \times \text{Bezugsmenge}$$

$$= \frac{1000000{,}00 \text{ Euro}}{1.000{,}00 \text{ Euro}} \times 5 \text{ Aktien} =$$

$= 50000$ Aktien erworben.

Die Laufzeit der Optionsanleihe liegt bei fünf Jahren. Eine Ausübung des Optionsrechts soll erst zum Ende der Laufzeit möglich sein. Der Aktienkurs liegt zum Zeitpunkt der Ausgabe der Optionsanleihe bei 40 Euro. Zum Ende der Laufzeit soll der Aktienkurs des Unternehmens bei 60 Euro liegen, so dass die Anleihegläubiger von ihrem Optionsrecht Gebrauch machen.

Für das Unternehmen erhöht sich durch die Ausübung des Optionsrechts das gezeichnete Kapital durch die Ausgabe neuer Aktien an die Anleihegläubiger um 50 000 Euro (50 000 Aktien à 1 Euro Nennwert je Aktie). Die Differenz zwischen dem Ausübungspreis der Option von 50 Euro und dem Nennwert der Aktie wird in die Kapitalrücklage eingestellt. Diese erhöht sich damit um 2 450 000 Euro. Die Anleger wiederum konnten für einen Zeichnungsbetrag von 1 000 Euro insgesamt fünf Aktien zum Gesamtpreis von 250 Euro erwerben, die sie beim aktuellen Aktienkurs von 60 Euro gewinnbringend veräußern könnten. Überdies halten sie weiterhin ihre Optionsanleihe, die mit jährlich 2 Prozent verzinst wird.

Trotz dieser Vorteile haben Optionsanleihen seit den 1980er-Jahren sukzessive an Bedeutung verloren. Heute spielen sie im Finanzierungsmix der Unternehmen nur noch eine geringe Rolle. Verantwortlich hierfür ist der erhebliche Dokumentationsaufwand, der mit der Begebung einer Optionsanleihe verbunden ist, aber auch die mit der Option verbundene Komplexität, die viele Anleger abschreckt. In der Praxis werden Optionsanleihen daher heute nur einem ausgewählten und spezialisierten Investorenkreis im Rahmen von prospektfreien Privatplatzierungen angeboten.

Umtauschanleihen

Wie Wandel- und Optionsanleihen verbriefen auch Umtauschanleihen, englisch »Exchangeable Bonds«, ein Umtauschrecht, allerdings nicht wie Wandelanleihen in Aktien des Emittenten, sondern in die einer dritten Gesellschaft. Es handelt sich bei der Umtauschanleihe also nicht um ein Instrument zur mittelbaren Verbesserung der Eigenkapitalausstattung des Emittenten, sondern der einer Drittgesellschaft.

Begeben werden Umtauschanleihen insbesondere von Emittenten, die Beteiligungen an börsennotierten Gesellschaften halten, die zum Verkauf stehen oder für die ein Börsengang infrage kommt. Auch öffentlich-rechtliche Gebietskörperschaften treten bisweilen als Emittenten von Umtauschanleihen in Erscheinung, um sich von Anteilen an Unternehmen zu trennen. Durch eine Umtauschanleihe kann die Unternehmensbeteiligung über einen längeren Zeitraum veräußert werden, etwa wenn die aktuelle Kapitalmarktlage den Börsengang einer Tochtergesellschaft nur unter erheblichen Preiszugeständnissen möglich machen würde. Aktien einer Konzernbeteiligung zu liefern macht die Platzierung schließlich vom Börsenkurs des Emittenten unabhängig.

Keine Umtausch-, sondern eine Wandelanleihe liegt vor, wenn eine ausländische Zweckgesellschaft eine Anleihe begibt, die einen Anspruch auf Wandlung in Aktien der deutschen Muttergesellschaft verspricht. Ebenfalls keine Umtauschanleihe liegt vor, wenn das Recht, dem Inhaber der Schuldverschreibung Aktien zu liefern, allein dem Emittenten zusteht; in diesem Fall liegt eine umgekehrte Wandelanleihe oder Aktienanleihe vor.

Auch Umtauschanleihen sind, wie Wandelanleihen, hybride Instrumente und damit weder reine Schuldverschreibungen noch Kapitalbeteiligungen. Diese Zwitterstellung ergibt sich dadurch, dass der Gläubiger während der Laufzeit wie ein Kreditgeber Zinsen erhält, ohne gleichzeitig mit Eigentümerrechten ausgestattet zu sein. Diese erwachsen ihm erst nach dem Umtausch der Anleihe und der damit einhergehenden Aufgabe der Gläubigerstellung.

Für den Anleger besteht der Vorteil eines hybriden Instruments wie Umtauschanleihen darin, dass neben der Vereinnahmung einer Verzinsung die Rückzahlung des Nominalbetrags versprochen und darüber hinaus ein performanceorientiertes Element in Form der beim Umtausch vereinnahmten Aktien geboten wird. Im Gegenzug ist der Coupon niedriger als bei einer festverzinslichen Anleihe-Schuldverschreibung vergleichbaren Risikos und auch das Aufwärtspotenzial ist im Vergleich zur Aktie des Zielunternehmens beschränkt.

In der Praxis werden Umtauschanleihen mit einem festen Zinssatz ausgestattet. Zulässig sind auch variable Zinsformen, eher seltener sind Nullcouponumtauschanleihen. Meist behält sich der Emittent das Recht vor, einen Barausgleich (Cash Settlement) zu leisten, anstatt Aktien der Zielgesellschaft zu liefern. Dieser wird erforderlich, falls es dem Emittenten gelingen sollte, die der Umtauschanleihe zugrunde liegende Beteiligung vor Fälligkeit der Anleihe an einen Dritten zu verkaufen. Für den Anleger entsteht daraus kein Nachteil, da er durch den Barausgleich eine dem Umtauschrecht gleichwertige Anzahl Aktien der Zielgesellschaft erwerben kann.

Auch unter den Umtauschanleihen gibt es verpflichtende Gestaltungsformen, die den Anleger – unabhängig vom Aktienkurs – zum Bezug der Aktien anhalten, die sogenannten Pflichtumtauschanleihen. Beispiele hierfür sind Aktienanleihen oder umgekehrte Wandelanleihen (Reverse Convertible Bonds), bei denen das Umtauschrecht nicht dem Anleger, sondern dem Emittenten eingeräumt wird. Im Gegenzug erhält der Investor eine marktunüblich hohe Verzinsung. Vergleichbar mit der Stillhalterprämie einer Put-Option stellt dieser Zinsaufschlag gewissermaßen eine Optionsprämie dar, Aktien zu beziehen, deren Kurswert unter dem Nennbetrag der Umtauschanleihe beziehungsweise unter dem je Umtauschanleihe gezahlten Kaufpreis liegt.

Going-Public-Anleihen

Eine Sonderform der Optionsanleihe ist die Going-Public-Anleihe. Bei ihr wird ein Optionsrecht nur für den Fall gewährt, dass sich der Emittent innerhalb eines bestimmten Zeitraums für einen Börsengang entscheidet. Kommt es aus irgendwelchen Gründen nicht zu einem Börsengang, kann der Gläubiger sein Optionsrecht nicht ausüben. Allerdings ist der Emittent in diesem Fall verpflichtet, die Anleihe zu einem Kurs meist über pari zurückzuzahlen.

Hybridanleihen

Hybridanleihen sind Finanzinstrumente, die aufgrund ihrer Ausgestaltung als Mischfinanzierungsform (»Zwitter«) zwischen Eigen- und Fremdkapital gelten. Für den Emittenten besteht ihr Vorteil darin, dass sie aus handelsrechtlicher Sicht als bilanzielles Kern- beziehungsweise Eigenkapital eingestuft werden, ohne dass der Emittent gesellschaftsrechtliche Mitspracherechte einräumen muss. Durch die Einstufung als Eigenkapital verbessert sich der bilanzielle Verschuldungsgrad des Emittenten, was mittelfristig wiederum die Kosten für andere Finanzierungsinstrumente des Unternehmens senkt und überdies den Spielraum für die Aufnahme weiteren Fremdkapitals vergrößert. Steuerrechtlich werden Hybridanleihen dagegen als Fremdkapital behandelt, so dass die Zinszahlungen für Hybridanleihen abzugsfähig und damit im Vergleich zum gesellschaftsrechtlichen Eigenkapital – neben den unterschiedlichen Folgen für das Mitspracherecht – vorteilhafter sind. Für ausländische Investoren fällt darüber hinaus keine Kapitalertragsteuer an.

Eine Besonderheit ist, dass Hybridanleihen als ewige Anleihen (»Consol Bonds«, »Perpetual Bonds« oder einfach nur »Perpetuals«) konzipiert sind, die nie (beziehungsweise nur bei Liquidation oder Insolvenz des emittierenden Unternehmens) oder erst nach 99 und mehr Jahren zurückgezahlt werden. Ihre Laufzeiten sind damit erheblich länger als die klassischer Unternehmensanleihen. Als eigenkapitalersetzendes Format sind Hybridanleihen grundsätzlich unbesichert und mit einer schuldrechtlichen Nachrangabrede versehen. Dieses Ausstattungsmerkmal hat zur Folge, dass Anleger im Insolvenzfall erst nach allen anderen Gläubigern wie Banken oder Senior-Debt-Investoren und nur noch vor den Gesellschaftern bedient werden. Im Insolvenzfall hat dies in der Regel eine nur geringe Rückzahlungsquote (Recovery Rate) zur Folge.

Darüber hinaus wird den Anleihegläubigern meist kein ordentliches Kündigungsrecht eingeräumt, da dieses einer Einstufung als Eigenkapital zuwiderlaufen würde. Für den Anleger entfällt damit die Möglichkeit einer vorzeitigen Fälligstellung des zurückzuzahlenden Nominalbetrags. Allenfalls das außerordentliche Kündigungsrecht bleibt erhalten, etwa aus wichtigem Grund. Selbst dieses ist in der Praxis eher selten, denn neben dem schuldrechtlichen Nachrang im Fall einer Insolvenz äußert sich die Nachrangigkeit von Hybridanleihen auch darin, dass sogar Zinszahlungen unter bestimmten Umständen aufgeschoben oder ausgesetzt werden können, ohne dass damit der Default, also der allgemeine Zahlungsausfall des Emittenten, ausgelöst würde.

Werden nach erfolgter wirtschaftlicher Erholung des Emittenten erneut Dividenden ausgeschüttet, können auch die aufgeschobenen Couponzahlungen der Hybridanleihe nachgeholt werden (kumulative Struktur) oder aber sie gehen endgültig unter. Dabei sind zwei Fälle zu unterscheiden:

- Bei verpflichtenden Zinszahlungsaussetzungen ist der Zinsausfall meist an die Verletzung gängiger Financial Covenants oder den Verlust des Investment-Grade-Ratings gebunden.
- Optionale Zinszahlungsaussetzungen, bei denen der Zinsausfall im vollständigen Ermessen des Emittenten steht, sind in der Praxis selten und werden nur bei großen wirtschaftlichen Problemen erwogen.

Beispiel: Die Hybridanleihe der IVG Immobilien AG (WKN A0JQMH) wurde 2006 begeben und mit einer respektablen Anfangsverzinsung von 8,0 Prozent ausgestattet. Dass der Coupon doch nicht so attraktiv war, zeigte sich im April 2012, als die Anleihegläubiger über eine gewöhnliche Unternehmensmeldung informiert wurden, dass der Vorstand eine »Stärkung der Eigenkapitalbasis durch Gleichbehandlung unterschiedlicher Eigenkapitalgeber« umsetzen wolle. Hinter dieser euphemistischen Formulierung verbarg sich nicht weniger als die Aussetzung der Verzinsung der Hybridanleihe, nachdem in den Jahren zuvor auch den Aktionären keine Dividenden ausgeschüttet worden waren. Dass die Ansprüche der Hybridanleihegläubiger nur gestundet wurden, war für die betroffenen Investoren nur wenig tröstlich, da die IVG 2013 Insolvenz anmelden musste.

Im Gegensatz zum Gläubiger stehen Emittenten nach Ablauf einer Frist von mehreren Jahren oder nach Vorliegen bestimmter Umstände in der Regel sehr wohl Sonderkündigungs- oder Rückkaufsrechte (Call-Optionen) zu, die im Falle einer für sie günstigen Zinslage auch genutzt werden. Umstände, die einen Call einer Anleihe rechtfertigen, können Gesetzesänderungen sein, die zusätzliche Zahlungsverpflichtungen des Emittenten auslösen, oder Änderungen der Bilanzierungsregeln für Hybridanleihen, die eine veränderte Einstufung von Hybridanleihen durch Rating-Agenturen zur Folge haben. Die Charakterisierung von Hybridanleihen als »ewige« Anleihen ist damit nicht ganz korrekt, da einseitige Kündigungsrechte einer synthetischen Laufzeitbegrenzung gleichkommen.

Für den Anleger liegt der Reiz von Hybridanleihen in der hohen Verzinsung, die sogar den Zins unbesicherter Anleihen übersteigt. Allerdings wird dieser Zinsvorteil in der Regel nur für einen bestimmten Zeitraum gewährt. Nach Ablauf einer (oder mehrerer) Festzinsphase(n) wird die Festverzinsung üblicherweise in eine variable Verzinsung gewandelt. Diese orientiert sich üblicherweise an marktüblichen Referenzzinssätzen wie dem EURIBOR, zu denen ein risikoabhängiger Aufschlag addiert wird. Unter dem Strich ergibt sich für den Anleger eine Verzinsung, die deutlich über den jeweils geltenden variablen Refinanzierungszinsen liegt.

Schuldscheindarlehen

Bei einem Schuldscheindarlehen – oder kurz »Schuldschein« – handelt es sich um einen dem Unternehmen gewährten, nicht börsennotierten Kredit, der indirekt von mehreren Großkreditgebern aufgebracht wird. Dementsprechend ist ein Schuldscheindarlehen kein Wertpapier, aus dem ein eigener Anspruch abgeleitet wird, sondern lediglich eine Urkunde. Dabei wird zunächst ein Darlehensvertrag zwischen dem kreditnehmenden Unternehmen und einer Bank, dem Arrangeur oder Vermittler, abgeschlossen.

Seinen Namen trägt der Arrangeur deshalb, weil er seinerseits Teile des Darlehensbetrags an weitere refinanzierende Kreditgeber oder Investoren weiterreicht. Während das Platzierungsrisiko allein vom arrangierenden Kreditgeber getragen wird, ist es in der Praxis üblich, dass dieser die Auszahlung des Darlehens unter den Vorbehalt stellt, dass Investoren zur Refinanzierung gefunden werden können. Hat der Arrangeur Teile des Darlehens an Investoren weitergereicht, bleibt er zwar meist für die Investoren treuhänderisch tätig, indem er etwa die Sicherheiten verwaltet oder die Zinszahlungen einzieht und weiterleitet, übernimmt jedoch grundsätzlich keine Haftung für die Bonität des Schuldners.

Da Schuldscheindarlehen nicht wie Wertpapiere durch Übereignung übertragen und nicht clearingfähig sind, können sie von einem Investor nur nach dem Zessionsrecht abgetreten werden. Im Grunde aber sind sie illiquide. Aus diesem Grund können sie nur an Kreditnehmer höchster Bonität vergeben werden. Ungeachtet dessen liegen die zu zahlenden Zinssätze wegen der Illiquidität des Wertpapiers über denen börsennotierter Schuldtitel desselben Schuldners.

Gewinnschuldverschreibungen

Gewinnschuldverschreibungen umfassen neben dem Rückzahlungsanspruch des Nennwertes eine Verzinsung, die vom Gewinnanspruch der Aktionäre abhängig ist. Der Anleger nimmt damit typische Gläubigerrechte wahr, ohne zugleich in eine Gesellschafterstellung einzutreten. Unerheblich dabei ist, von welcher Maßgröße die Höhe der Verzinsung abhängig gemacht wird: Sie kann entweder von der absoluten Höhe des Jahresüberschusses oder Bilanzgewinns, von der Gesamtkapitalrendite oder von der tatsächlich erfolgten Ausschüttung abhängig gemacht werden. Auch die Konstruktion eines »Participating Bonds« ist gängig, bei der eine gewinnunabhängige Sockelverzinsung zuzüglich einer gewinnabhängigen Zusatzverzinsung (die gegebenenfalls nach oben limitiert ist) in Aussicht gestellt wird.

Entscheidend ist, ob Inhaber einer Gewinnschuldverschreibung mit den Aktionären um gesellschaftliche Rechte konkurrieren oder nicht. Allein eine Verlustbeteiligung ist nicht vorgesehen, wohl aber, dass die Verzinsung in Form einer Mindestverzinsung geregelt sein kann (die meist unter der Rendite von Unternehmen vergleichbarer Kreditqualität liegt), zu der dann eine erfolgsabhängige Zusatzverzinsung addiert wird. Alternativ kommt auch eine rein gewinnabhängige variable Verzinsung in Betracht. Angesichts der hohen Komplexität von Gewinnschuldverschreibungen ist ihre Kursentwicklung daher nur schwer zu prognostizieren: Je nach Ausgestaltung hängt der Anleihekurs von der Gewinnerwartung und der Höhe der Mindestverzinsung oder nur von der Gewinnerwartung ab.

Aktienanleihen und Discountzertifikate

Aktienanleihen und Discountzertifikate sind strukturierte Finanzprodukte. Bei einer Aktienanleihe erwirbt der Anleger ein festverzinsliches Wertpapier, für das der Emittent am Ende der Laufzeit ein Wahlrecht einräumt, den Nominalbetrag zurückzuzahlen oder dem Anleger eine festgelegte Anzahl von Aktien (Bezugsmenge) zu einem vereinbarten Ausübungspreis (Basispreis) anzudienen. Für welche Vorgehensweise der Emittent sich entscheidet, hängt vom Kurs des der Aktienanleihe zugrunde liegenden Wertpapiers am Bewertungsstichtag ab: Hat der Aktienkurs den Basispreis unterschritten, werden dem Anleger die Aktien übertragen, ist dies nicht der Fall, erhält der Anleger seinen Nominalbetrag zurück.

Damit wird der Anleger durch den Kauf der Aktienanleihe zum Verkäufer (Stillhalter) einer Put-Option. Der Emittent der Aktienanleihe legt den Kaufpreis verzinslich an. Damit entspricht die Differenz zwischen der vom Emittenten erzielbaren Verzinsung und dem (höheren) Zinssatz der Aktienanleihe der Optionsprämie für den Stillhalter.

Der Anleger nimmt bei Aktienanleihen nicht nur die typischen Risiken einer Unternehmensanleihe in Kauf – also insbesondere das Kreditrisiko des Emittenten und das Zinsänderungsrisiko –, sondern zusätzlich auch das Kursrisiko der Aktie. Die Verzinsung einer Aktienanleihe ist daher umso höher, je höher die Volatilität der zugrunde liegenden Aktie ist, da dann das Risiko steigt, dass der Basispreis unterschritten wird und der Anleger die Aktie angedient bekommt.

Im Gegensatz zur Aktienanleihe erwirbt der Käufer eines Discountzertifikats das Recht, eine Aktie zu einem unter ihrem aktuellen Kurs liegenden Niveau zu erwerben. Für dieses Recht verzichtet er darauf, an dem über ein bestimmtes Niveau (Cap) hinausgehenden Kursanstieg zu partizipieren, auf die Vereinnahmung der Dividende und auch auf sein Stimmrecht auf der Hauptversammlung.

Der Erwerb einer Aktienanleihe oder eines Discountzertifikats ist für einen Anleger immer dann interessant, wenn er mit einer Seitwärtsbewegung des Basiswertes rechnet. Während der Anleger mit dem Erwerb des Basiswertes keine ansprechende Verzinsung erzielen könnte, kann er durch Aktienanleihen und Discountzertifikate eine über der Marktverzinsung liegende Rendite einstreichen oder, bei negativer Kursentwicklung der Aktie, seinen Einstandspreis durch die vereinnahmten Zinsen reduzieren.

3.

Emittenten von Anleihen

»Wissen macht einen Menschen zum Sklaven ungeeignet.«

Frederick Douglass (1817–1895),
US-amerikanischer Abolitionist und Schriftsteller

Bei der Durchführung einer Emission kann zwischen Eigen- und Fremdemissionen sowie dem Tenderverfahren unterschieden werden. Der Normalfall ist die indirekte Emission oder Fremdemission, bei der ein vom Emittenten beauftragtes Bankenkonsortium für die Platzierung der Anleihe verantwortlich ist.

Die Bank, die das Konsortium oder Syndikat zusammenstellt, die Anleihebedingungen festlegt und die Kontrolle über das Platzierungsvorhaben innehat, wird als »Lead Bank«, »Lead Manager« oder »Book Runner« bezeichnet. Als Underwriter der Emission ist sie diejenige Bank, die mit dem Unternehmen bei der Erstellung der Angebotsunterlagen zusammenarbeitet, für die Richtigkeit der Dokumentations- und Berichterstattungsanforderungen garantiert und potenzielle Investoren identifiziert, um das bevorstehende Angebot zu vermarkten und das öffentliche Interesse abzuschätzen. Der Underwriter kann auch Garantien hinsichtlich der Höhe der zu erwerbenden Aktien geben und die Verantwortung für den Kauf von Wertpapieren übernehmen. Die wohl wichtigste Aufgabe des Underwriters jedoch ist die Festlegung der endgültigen Zinskonditionen einer Anleihe.

Ein Bookrunner erfüllt die gleichen Aufgaben wie ein Underwriter und fungiert gleichzeitig als zentrale Anlaufstelle für alle Informationen bezüglich des potenziellen Angebots oder der Emission.

Teilen sich zwei Banken die Federführung, werden sie »Joint-Lead Manager« genannt, alle anderen Syndikatsmitglieder etwas euphemistisch »Co-Lead Manager«, obwohl sie de facto keine echte Führungsrolle innehaben. Darunter rangieren Co-Manager und sonstige Manager. Je nach Ausgestaltung und gegen entsprechende Gebühren übernehmen diese Intermediäre teilweise auch das Platzierungsrisiko.

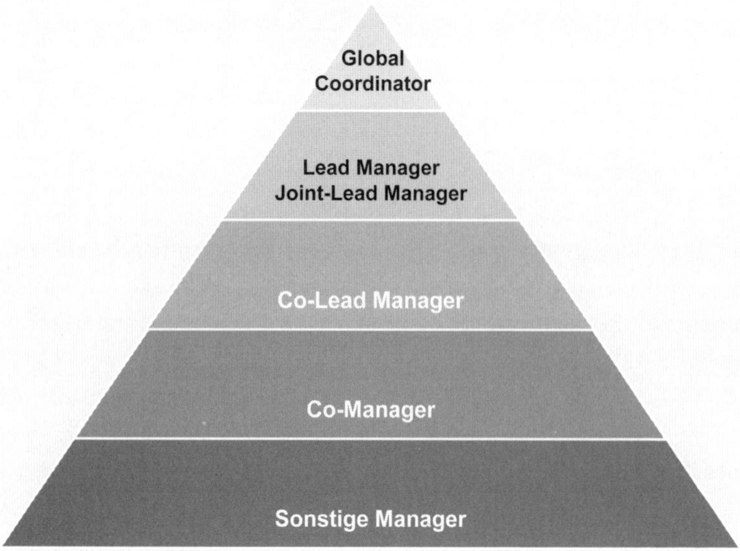

Abbildung 3: Syndikatsstruktur

Daneben steht einem Emittenten der Weg der Eigen- oder Selbstemission ohne Mandatierung einer Emissionsbank offen. In diesem Fall trägt der Emittent das gesamte Platzierungsrisiko, muss die potenziellen Investoren identifizieren und ansprechen und sich um alle technischen Belange der Transaktion kümmern. Auch der Zinssatz ist von dem Emittenten im Alleingang und in der Regel ohne Investorenfeedback festzulegen. Damit mag die reine Eigenemission zwar die günstigere

Variante der Platzierung sein, sie hat jedoch im Vergleich zur Fremdemission ein entscheidendes Manko: In Ermangelung eigener Platzierungskraft dauert die Platzierung von in Eigenemission begebenen Anleihen meist wesentlich länger – sofern sie überhaupt vollständig platziert werden. Da kein Finanzintermediär mandatiert wird, der für die Investorenansprache verantwortlich ist und seine Reputation in die Waagschale wirft, ist eine Eigenemission daher nur für gut beleumundete Unternehmen höchster Bonität sinnvoll. Andernfalls werden die Vorteile einer Eigenemission, nämlich die im Vergleich zur Fremdemission geringeren Platzierungskosten, schnell durch höhere Marketingaufwendungen überkompensiert.

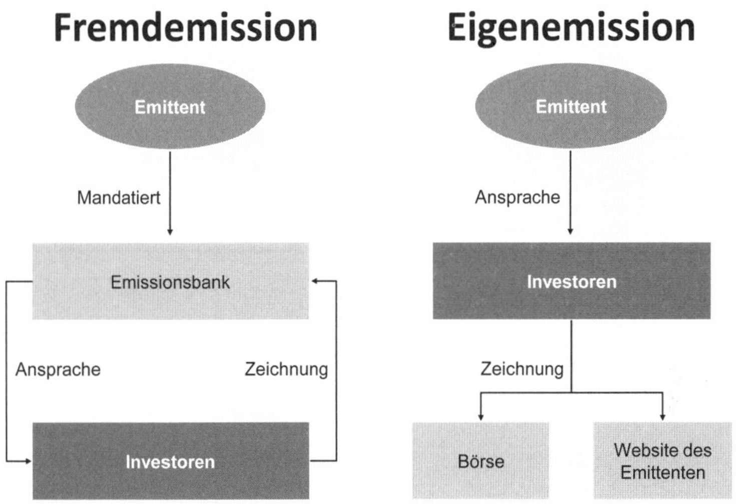

Abbildung 4: Eigen- vs. Fremdemission

So wurden zum Beispiel die meisten der bislang begebenen Fußballanleihen im Rahmen einer Eigenemission platziert. Sie konnten entweder über das Online-Portal des Vereins gezeichnet werden, auf der die für eine Zeichnung notwendige Dokumentation – Zeichnungsantrag und Zeichnungsschein, Wertpapierprospekt, Geschäftsberichte oder Imagebroschüre – heruntergeladen werden kann, oder bei lokal ansässigen

Banken und Sparkassen, die aber eine rein passive Rolle in der Platzierung übernehmen, die sich darauf beschränkt, die Zeichnungsdokumente in den Geschäftsstellen der Kreditinstitute auszulegen.

Das Tenderverfahren schließlich ist ein klassisches Auktionsverfahren: Nach der Festlegung eines Mindestpreises für die Emission können Gebote für unterschiedliche Preise und Mengen abgegeben werden. Die Zuteilung der Anleihe erfolgt anschließend vom höchsten Gebot abwärts, bis das angestrebte Emissionsvolumen abgesetzt wurde. Gebräuchlich ist das Tenderverfahren bei der Emission von Bundesanleihen und -obligationen.

Anleihen werden entweder im Rahmen eines öffentlichen Angebots (Public Offering) – also durch das Angebot an einen prinzipiell offenen Investorenkreis – oder im Zuge einer Privatplatzierung (Private Placement) einer streng limitierten Zahl von institutionellen Investoren zur Zeichnung angeboten. Zu den institutionellen Investoren zählen insbesondere Banken, Versicherungen, Investmentfonds, Pensionskassen, Family Offices und Vermögensverwalter.

Als Emittenten von Anleihen treten verschiedene Institutionen auf, die nach ihrer Finanzkraft und ihrer Bonität unterschieden werden können. Grob gesprochen kann zwischen Unternehmensanleihen, Anleihen von Banken und Anleihen des Staates beziehungsweise öffentlicher Gebietskörperschaften des In- und Auslandes unterschieden werden.

Staatsanleihen und Kommunalobligationen

Neben Unternehmen kann auch die öffentliche Hand (Bund, Länder und Gemeinden) den Kapitalmarkt über die Begebung von Anleihen anzapfen. De facto ist die öffentliche Hand in praktisch allen Ländern der Welt sogar der größte Einzelschuldner. Obwohl Staatsanleihen grundsätzlich nicht mit Sicherheiten gedeckt werden, wird der Staat als Schuldner höchster Bonität mit dem geringsten Ausfallrisiko eingeratet, in Deutschland sind Staatsanleihen sogar kraft Gesetzes jeglichen Einlösungsrisikos enthoben und somit de jure insolvenzunfähig (vgl.

§ 12 Abs. 1 InsO). Daher stellen sie die Unterkante aller beobachtbaren Zinsen einer Volkswirtschaft dar. Die übliche Argumentation hierfür ist, dass Staaten ihr Besteuerungsmonopol nutzen und ihre Schulden kurzerhand durch Anhebung der Steuern bedienen können. Überdies können Staaten ihre eigenen Vermögenswerte ›privatisieren‹. Wird jedoch die Kreditwürdigkeit eines Landes als so gering eingeschätzt, dass seine Anleihen keine Abnehmer mehr finden, kann es dennoch zu einer Staatsinsolvenz (von europäischen Politikern gern euphemistisch als »Schuldenschnitt« bezeichnet) kommen, wenn Staaten ihre Verpflichtungen aus Steuereinnahmen nicht mehr decken können. Da es kein internationales Insolvenzrecht gibt und Anleger keine Möglichkeit zur Zwangsvollstreckung gegen einen souveränen Staat haben, ist ein Quasi-Totalverlust zwar selten, aber nicht ausgeschlossen.

Mit Rating-Stufen von AAA sind Bundesanleihen daher das sicherste Wertpapier, das in Deutschland zu erwerben ist. Selbst wenn sich die Bonität verschlechtern sollte, würde dies nicht abrupt erfolgen, sondern stufenweise, so dass ausreichend Zeit bestünde, eine mittelfristige Bundesanleihe entweder zu veräußern oder auf die bevorstehende Rückzahlung zu pari zu warten. Angesichts der kurzen Restlaufzeit wären bonitätsbezogene Verluste ohnehin begrenzt, zumal die Geld-Brief-Spannen (Bid-Ask Spreads) zwischen den börslichen An- und Verkaufskursen bei allen Staatsanleihen sehr eng (das heißt im Durchschnitt unter 0,05) liegen.

Staatsanleihen oder Treasury Bonds sind unverbriefte Forderungen gegen die öffentliche Hand und hinsichtlich ihrer Übertragung den gewöhnlichen girosammelverwahrten Schuldverschreibungen gleichgestellt. Wie Unternehmensanleihen legen auch Staatsanleihen zwei Ansprüche des Gläubigers fest: auf Bezahlung einer Verzinsung und auf Rückzahlung des Nominalbetrags zur Fälligkeit der Anleihe. Staatsanleihen werden gewöhnlich nach ihren Laufzeiten untergliedert. Mit Laufzeiten zwischen zehn und 30 Jahren repräsentieren Bundesanleihen, kurz »Bunds«, die langfristige Verschuldung eines Staates. Die Ausgabe von Bundesanleihen erfolgt zum Mindestnennwert von 1 000 Euro. Die Rückzahlung der börsengehandelten Schuldverschreibungen erfolgt zum Nennwert. Bundesanleihen werden über die gesamte Laufzeit zu einem festen Zins begeben, die Zinsberechnung erfolgt nach act/365 beziehungsweise act/366. Eine vorzeitige Rückzahlung oder Kündigung seitens des Emittenten ist ausgeschlossen. In der Regel erfolgt zum Jahresbeginn eine Ankündigung des Bundes, wann und in welchem Umfang Bundesanleihen begeben werden.

Demgegenüber decken Bundesobligationen, kurz »Bobl«, mit Laufzeiten von fünf Jahren das mittlere Laufzeitensegment des Bundes ab. Ihr Mindestanlagebetrag liegt bei 100 Euro. Die börsennotierten Wertpapiere werden als Daueremissionen aufgelegt. Auch bei den Bundesobligationen erfolgt die Zinszahlung jährlich und die Rückzahlung zum Nennwert. Die Ausgabemonate sind Januar, April und September eines Jahres, die Zinsberechnung erfolgt nach act/365 beziehungsweise act/366.

Mit zwei Jahren sind Bundesschatzanweisungen, oder kurz »Schätze«, die kürzesten Kapitalmarktverbindlichkeiten des Bundes. Die Emission von festverzinslichen Bundesschatzanweisungen mit einem Mindestnennbetrag von 1 000 Euro erfolgt durch die Deutsche Finanzagentur im vierteljährlichen Rhythmus zu den Terminen März, Juni, September und Dezember. Sie werden ausschließlich im Tenderverfahren begeben, wobei nur Kreditinstitute, die der sogenannten Bietergruppe Bundesemissionen angehören, berechtigt sind, Bundesschatzanweisungen direkt von der Deutschen Finanzagentur zu zeichnen. Privatanleger können Bundesschatzanweisungen nur erwerben, indem sie ein Mitglied der Bietergruppe beauftragen oder sie am Sekundärmarkt erstehen.

Unverzinsliche Schatzanweisungen des Bundes, in Anlehnung an die US-amerikanischen T-Bills auch als »Bubills« bekannt, sind klassische Geldmarktpapiere, die mit einer Laufzeit von sechs oder zwölf Monaten begeben werden. Die Emission erfolgt mit einem Disagio, die Rückzahlung zum Nennwert. Bubills werden nicht an einer Börse notiert, so dass sie für den Anleger illiquide sind.

Neben den als Einmalemission begebenen Wertpapieren wie Bundesanleihen, -obligationen und -schatzanweisungen werden vom Staat auch weitere Wertpapierarten emittiert, die nicht börsennotiert sind. Zu diesen Daueremissionen des Bundes zählen Bundesschatzbriefe und Finanzierungsschätze, die ausschließlich an Privatkunden, gemeinnützige, mildtätige und kirchliche Einrichtungen gerichtet sind. Bundesschatzbriefe, im Volksmund auch liebevoll »Bundesschätzchen« genannt, stellen die mittelfristige Variante der Staatsverschuldung dar. Sie werden in zwei mittelfristigen Ausstattungen ausgegeben:

- Bundesschatzbriefe Typ A haben eine Laufzeit von sechs Jahren. Der Mindestnennwert liegt bei 50 Euro. Emission und Rückzahlung erfolgen zum Nennwert. Zinsen werden jährlich und nachschüssig bezahlt.
- Bundesschatzbriefe Typ B haben eine Laufzeit von sieben Jahren. Der Mindestnennwert liegt bei 50 Euro. Eine Ausgabe erfolgt zum Nennwert. Die Zinsen werden während der Laufzeit angesammelt und mit dem Nominalbetrag bei Fälligkeit ausbezahlt.

Mit einer Laufzeit von einem (Typ A) und zwei (Typ B) Jahren zählen Finanzierungsschätze ebenfalls zu den kurzfristigen Papieren des Bundes. Eine vorzeitige Rückgabe an den Bund ist ausgeschlossen, auch ein Handel an den Börsen ist nicht vorgesehen. Sie werden von den Banken und Sparkassen mit einem Zinsabschlag (Disagio) emittiert und bei Fälligkeit pari zurückbezahlt. Der maximale Anlagebetrag liegt bei 250 000 Euro pro Geschäftstag. Seit Anfang des Jahres 2012 werden Bundesschatzbriefe ebenso wie Finanzierungsschätze nicht länger begeben.

Das Gesamtvolumen aller in Euro gehandelten und vom deutschen Staat emittierten Anleihen lag im Mai 2020 bei 2,069 Billionen Euro, also 2 069 Milliarden Euro. Das tägliche Handelsvolumen in Staatsanleihen liegt bei rund 20 Milliarden Euro. Zu diesem Zeitpunkt waren Bundesanleihen mit Fälligkeiten vom Juni 2020 bis August 2050 erhältlich. Der Markt für Staatsanleihen ist damit weit überdurchschnittlich liquide, selbst große Kauf- und Verkaufsorders verursachen keine Kursausschläge.

Waren früher der Erwerb und die Verwahrung von Bundeswertpapieren in einem Einzelschuldbuchkonto bei der Finanzagentur möglich, wurde dieses für den Privatkunden gebührenfreie Geschäft im August 2012 aus unerfindlichen Gründen eingestellt. Seither können Wertpapiere des Bundes nur noch über die Hausbank erworben und müssen kostenpflichtig im Bankdepot verwahrt werden.

Neben den Emissionsaktivitäten des Bundes gibt es von den Kommunen begebene Schuldtitel wie Kommunalobligationen, Kommunalanleihen oder Kommunalschuldverschreibungen, die wie Pfandbriefe gedeckte Schuldverschreibungen darstellen. Anstelle von Hypotheken sind sie mit Forderungen gegen öffentlich-rechtliche Gebietskörperschaften besichert. Dem Gesamtbetrag aller im Umlauf befindlichen Kommunalobligationen stehen daher jederzeit Deckungsforderungen gegen die öffentliche Hand in gleicher Höhe gegenüber. Im Falle der sehr unwahrscheinlichen Insolvenz der Gebietskörperschaft werden die Anleger aus den ins Deckungsregister eingetragenen Werten vorrangig befriedigt. Kommunalobligationen zählen damit zu den sichersten Wertpapieren, da Gebietskörperschaften die höchste Bonität aufweisen: Daher ist die Begrifflichkeit der mündelsicheren Kommunalobligation – ähnlich wie die des Pfandbriefs – rechtlich geschützt. Die Erlöse aus der Emission von Kommunalobligationen fließen in die Kreditgewährung an Gemeinden und Gemeindeverbände und werden insbesondere für die Finanzierung von Infrastrukturprojekten wie Schulen oder Krankenhäuser verwendet. Die Mindeststückelung bei Kommunalobligationen liegt bei 50 Euro. Die Laufzeit von Kommunalobligationen liegt bei bis zu zehn Jahren. Die Zinsen sind während der Laufzeit fest und werden jährlich ausbezahlt.

High-Grade- und High-Yield-Unternehmensanleihen

Zum Ende des Jahres 2019 belief sich das weltweite Volumen aller ausstehenden Unternehmensanleihen von Emittenten außerhalb des

Finanzsektors auf 13,5 Billionen US-Dollar.[3] Man unterscheidet dabei zwischen High-Grade- und High-Yield-Emittenten.

High-Grade-Unternehmensanleihen sind Anleihen mit einem Investment-Grade-Rating, also mit einem Rating, das besser ist als BBB-. Bei ihnen handelt es sich also um Unternehmen mit guter bis sehr guter Kreditwürdigkeit und äußerst geringem Insolvenz- oder Default-Risiko.

Anleihen von Emittenten unterhalb des Investment-Grade-Ratings werden als »High-Yield-Bonds«, »Low-Grade-Bonds« oder etwas despektierlich als »Junk Bonds« (auf Deutsch also wörtlich »Müllanleihen«) oder »Ramschanleihen« bezeichnet. Der Begriff »Junk Bonds« stammt aus den 1970er-Jahren und geht auf Unternehmensanleihen zurück, deren Bonität sich so weit verschlechterte, dass sie ihren Investment-Grade-Status verloren.

Beispiel: Als das erste Unternehmen, das Junk Bonds emittierte, gilt Texas International Incorporated, ein Öl- und Gasförderer, der im April 1977 Anleihen mit einer Nominalverzinsung von 11,5 Prozent begab.

Innerhalb des High-Yield-Marktes wird zwischen »Quality Junk Bonds« und »Real Junk Bonds« unterschieden. Erstere weisen ein Rating von BB oder B, Letztere von CCC oder schlechter auf. Daneben kann zwischen »Fallen Angels« und »Born Junk Bonds« unterschieden werden: Fallen Angels sind Anleihen, deren Bonität sich während der Anleihelaufzeit von Investment Grade auf Speculative Grade verschlechtert hat. Hier hat der Investor zwar ursprünglich in ein gutes Anleiherisiko investiert, dieses hat sich jedoch im Lauf der Zeit sukzessive verschlechtert, bis es den Investment-Grade-Status verloren hat und in den Speculative Grade abgerutscht ist. Bei Born Junk Bonds hingegen entscheidet sich der Anleger bewusst für das höhere Anlagerisiko, erwartet jedoch, dass der Emittent wirtschaftlich gesundet oder sich zumindest nicht weiter verschlechtert. Streng genommen kann diese Assetklasse nochmals unterteilt werden, und zwar in Anleihen von Emittenten mit niedrigem Rating, die definitionsgemäß nur Anleihen mit geringer Bonität begeben können, und in Anleihen von Emittenten mit gutem Rating, die sich jedoch bewusst entscheiden, eine Anleihe niedriger Bonität zu begeben, etwa weil sie angesichts des hohen Kapitalbedarfs keine weiteren bonitätsstarken Anleihen mehr begeben können, sondern typischerweise nachrangige, mezzanine Anleihen emittieren.

Beispiel: Der typische Fall nachrangiger Anleihen ist die Finanzierung eines Leveraged Buyouts über nachrangige Anleihen. Die Übernahme eines Unternehmens, beispielsweise durch das eigene Management, soll durch die Aufnahme einer üblichen besicherten Bankdarlehenstranche von 70 Prozent finanziert werden. Der Eigenkapitalanteil liegt meist bei 10 Prozent. Da für die verbleibende Finanzierungslücke keine Sicherheiten mehr zur Verfügung stehen, wird sie mit einem nachrangigen Darlehen gefüllt. Im Fall der Insolvenz des Übernahme-Targets werden die Ansprüche der Mezzanine-Geber erst nach den Banken befriedigt. Aus der Reihenfolge besicherte Bankdarlehen – unbesicherte Mezzanine – Eigenkapital wird deutlich, dass die Mezzanine-Geber rangmäßig zwischen Fremd- und Eigenkapitalgebern rangieren und für dieses höhere Risiko eine höhere Verzinsung fordern.

Nach einer Laufzeit von meist vier oder fünf Jahren sehen die Anleihebedingungen von High-Yield-Bonds häufig einen Call des Emittenten vor, also das Recht, die Anleihe zu bestimmten Rückzahlungsterminen und zu vorher festgelegten Rückzahlungspreisen zu kündigen. Ebenfalls bestehen häufig Sonderkündigungsrechte, wenn der Emittent zum Beispiel nach einem Börsengang seine Eigenkapitalbasis gestärkt hat (Equity Clawback).

Auch wenn die meisten der jüngst emittierten High-Yield-Bonds nicht länger nachrangig und oftmals sogar besichert sind, weisen sie durch ihre höhere Ausfallwahrscheinlichkeit gegenüber High-Grade-Anleihen ein grundsätzlich höheres Risiko auf, unabhängig davon, ob es sich um Fallen Angels handelt oder um Born Junk Bonds. In der Vergangenheit hatten High-Yield-Emittenten denn auch regelmäßig finanzielle Probleme, die teils in die Insolvenz mündeten.

Beispiel: Im Mai 2001 emittierte Worldcom die größte High-Yield-Anleihe der amerikanischen Kapitalmarktgeschichte im Volumen von 11,9 Milliarden US-Dollar. Nur 13 Monate später musste das Unternehmen Konkurs anmelden.

Der High-Yield-Markt wird von institutionellen, vorwiegend angelsächsisch geprägten Investoren dominiert. Privatinvestoren spielen – angesichts eines Mindestzeichnungsvolumens von 50 000 oder 100 000 Euro kaum verwunderlich – keine nennenswerte Rolle. Gerade bei den großvolumigen High-Yield-Emissionen handelt es sich daher meist um Privatplatzierungen, also nicht öffentliche Angebote, die Privatanleger gar nicht erst zeichnen können. Wie High-Grade-Bonds werden auch High-Yield-Bonds daher überwiegend unmittelbar zwischen den professionellen Marktteilnehmern, also »Over-the-Counter« gehandelt.

Mittelstandsanleihen: Anleihen der kleinen und mittleren Unternehmen

In Deutschland war es mittelständischen Unternehmen lange Zeit nicht möglich, Anleihen am Kapitalmarkt zu platzieren. Zu stark war die Verflechtung der Unternehmen mit den Kredit gewährenden Banken – ganz im Gegensatz zum US-amerikanischen Kapitalmarkt, wo Wachstumsunternehmen neben besseren Voraussetzungen der Beteiligungsfinanzierung schon seit Jahrzehnten den Anleihemarkt nutzen, um Fremdfinanzierungsmittel zu erhalten. Inzwischen zeigt sich jedoch, dass deutsche Kreditinstitute sukzessive ihre überragende Bedeutung als Hauptquelle der langfristigen Fremdfinanzierung verlieren. Auch die strengeren Kreditvergabevorschriften der Aufsichtsbehörden für Banken (Basel III) führten zu einer Verteuerung und restriktiveren Handhabe der Kreditvergabe durch die Banken, weshalb Bankkredite für mittelständische Unternehmen an Attraktivität und Flexibilität verloren. In diesem Umfeld sehen sich mittelständische Unternehmen nachgerade gezwungen, Fremdmittel über den Kapitalmarkt aufzunehmen.

Um hierfür die Grundlagen bereitzustellen, wurde im Mai 2010 durch die Börse Stuttgart mit »bondm« ein auf die Begebung von Anleihen mittelständischer Unternehmen spezialisiertes Marktsegment eingerichtet. In den Monaten danach haben auch die Frankfurter Wertpapierbörse (»Prime Standard« beziehungsweise »Entry Standard« für Anleihen), die Börsen Düsseldorf (»der mittelstandsmarkt«), München (»m:access bonds«) und Hamburg-Hannover (»Mittelstandsbörse Deutschland«) spezifische Primär- und Sekundärmarktplattformen für die Einbeziehung von Anleihen mittelständischer Unternehmen in den Börsenhandel geschaffen.

Aufgrund ihres im Vergleich zu Benchmark-Anleihen geringen Emissionsvolumens zwischen 10 und 150 Millionen Euro sowie der mittelständischen Struktur der Emittenten tauchen Mittelstandsanleihen üblicherweise nicht auf den Radarschirmen institutioneller Investoren auf. Ihre primären Adressaten sind vielmehr Privatinvestoren, Vermögensverwalter und auch Family Offices. Dies spiegelt sich auch in den geringen Nennbeträgen der Teilschuldverschreibungen wider, die von den Börsen auf höchstens 1 000 Euro festgelegt wurden, sowie in einer schlanken Dokumentation. Als Retail-Anleihen, die mit einem öffentlichen Angebot verbunden sind, benötigen sie für die Platzierung einen Wertpapierprospekt nach dem Wertpapierprospektgesetz (WpPG). Dieser wird von den meisten Börsen im Übrigen auch als Voraussetzung für die Einbeziehung einer Anleihe in den Handel an einem der Qualitätssegmente für Mittelstandsanleihen gefordert.

Neben dem Prospekt stellt die Einschätzung der Unternehmensbonität durch eine unabhängige, EU-registrierte Rating-Agentur ein weiteres Kernstück der Emission einer Mittelstandsanleihe dar. Man sollte glauben, dass sich dabei die drei US-amerikanischen Rating-Agenturen Standard & Poor's, Moody's und Fitch Ratings aufgrund ihrer jahrzehntelangen Erfahrungen mit zumeist global tätigen Unternehmen und Staaten entsprechend positionieren konnten. Weit gefehlt: Durchgesetzt haben sich vielmehr die auf den deutschen Mittelstand fokussierten Agenturen Creditreform, Scope und Euler Hermes, die offensichtlich über geeignetere Benchmark-Größen für das Rating nicht börsennotierter deutscher mittelständischer Unternehmen verfügen als ihre angelsächsischen Pendants.

Charakteristisch bei der Platzierung einer Mittelstandsanleihe ist auch die Mitwirkung eines Emissionsberaters, der von der jeweiligen Börse zugelassen sein muss. Er soll eine Vorauswahl treffen und nicht anleihefähige Unternehmen aussortieren. Darüber hinaus besteht seine Aufgabe in der Anleihestrukturierung (Verzinsung, Zinstermine, Laufzeit, Stückelung, Covenants, Besicherungen) und der Entwicklung der Bond Story. Nach der Anleiheplatzierung sorgt der Berater zudem für die Einhaltung der Folgepflichten und macht den Emittenten gegebenenfalls auf Verstöße aufmerksam.

Trotz dieser Maßnahmen muss Anlegern von Mittelstandsanleihen bewusst sein, dass sie im Insolvenzfall des Unternehmens leer ausgehen, stehen die Emissionen doch effektiv oder strukturell meist im Nachrang zu den übrigen Finanzverbindlichkeiten des Unternehmens, so dass die Recovery Rates bei Mittelstandsinsolvenzen gegen null tendieren.

Bankanleihen: Wenn Fremdkapital reguliert wird

Banken spielen eine Sonderrolle am Anleihemarkt. Zu Zahlungsausfällen kann es bei ihnen nur kommen, wenn dies von den Aufsichtsbehörden und Regierungen zugelassen wird. Doch auch wenn die

Wahrscheinlichkeit von Zahlungsausfällen gering ist, kann es bei einer entsprechenden Verschlechterung der Bonität zu massiven Kursabschlägen kommen.

Von diesen Abschlägen sind die einzelnen Anleihen aufgrund ihrer unterschiedlichen Seniorität verschieden stark betroffen. Bankkapital, also die aufsichtsrechtliche Bezeichnung des Eigenkapitals einer Bank, wird nach Tier-Graden eingeteilt. Der Begriff hat nichts mit Vierbeinern zu tun, sondern stammt aus dem Englischen und bedeutet »Schicht« oder »Rang«. Dem Eigenkapital am nächsten stehen Tier-1-Anleihen, welche im Liquidationsfall nachrangig zu allen höherrangigen Senior-Anleihen, Genussscheinen und stillen Beteiligungen bedient werden und damit aus aufsichtsrechtlicher Sicht das wertigste Fremdkapital darstellen. Um dem Kernkapital einer Bank zugerechnet zu werden, müssen sie eine unendliche Laufzeit aufweisen (Call frühestens nach fünf Jahren), Couponzahlungen dürfen nur geleistet werden, wenn ausreichend verteilbarer Gewinn vorhanden ist. Ausgefallene Zinszahlungen werden dabei nicht nachgezahlt. Upper-Tier-2-Anleihen, auch als »Genussscheine« bekannt, werden dem Ergänzungskapital zugeordnet und weisen in der Regel eine befristete Laufzeit auf. Auch Lower-Tier-2-Anleihen weisen eine feste Laufzeit auf, doch dürfen ihre Zinszahlungen nur im Konkursfall ausgesetzt werden. Mit diesen gleichgestellt sind im Insolvenzfall Tier-3-Anleihen, bei denen allerdings Zins- und Tilgungszahlungen nur ausgesetzt werden, wenn das Eigenkapital unter die gesetzlichen Mindestanforderungen sinkt.

Dank ihrer unterschiedlichen Seniorität werden die einzelnen Kapitalkonten unterschiedlich geratet: Die beste Bonität weist das Senior Unsecured Debt auf, gefolgt von Lower- beziehungsweise Upper-Tier-2-Kapital. An vierter Stelle rangiert das Tier-1-Kernkapital vor Nachranganleihen, während die Stammaktien einer Bank das für die Anleger höchste Risiko repräsentieren. In der Regel werden Lower-Tier-2-Anleihen eine Rating-Stufe (sogenanntes Notch) unter dem Senior Unsecured Debt geratet und Upper-Tier-2-Anleihen noch ein weiteres Notch darunter.

Anleihen ausländischer Emittenten: Wo die Währung eine Rolle spielt

Schließlich kann zwischen Inlandsanleihen und internationalen Anleihen unterschieden werden. Inlandsanleihen (Domestic Bonds) werden von inländischen Emittenten im Inland in nationaler Währung begeben. Legt ein ausländischer Emittent eine Anleihe im Inland auf, die in der nationalen Währung, zum Beispiel in Euro, gehandelt wird, handelt es sich um eine klassische Euro-Auslandsanleihe (Foreign Bonds). Für sie haben sich an den Kapitalmärkten eine Reihe von Kosenamen gebildet:

Bezeichnung	Herkunft Emittent	Währung	Börsennotierung
Yankee-Bond	Nicht-USA	USD	US-Börse
Känguru-Bond	Nicht-Australien	AUD	Börse Australien
Maple-Bond	Nicht-Kanada	CAD	Börse Kanada
Bulldog-Bond	Nicht-UK	GBP	Britische Börse
Airang-Bond	Nicht-Korea	KRW	Börse Korea
Kimchi-Bond	Nicht-Korea	Nicht-KRW	Börse Korea
Panda-Bond	Nicht-China	CYN	Chinesische Börse
Dim-Sum-Bond	China	CYN	Börse Hongkong
Formosa-Bond	Nicht-Taiwan	Nicht-TWD	Börse Taiwan
Kauri-Bond	Nicht-Neuseeland	NZD	Börse Neuseeland
Samurai-Bond	Nicht-Japan	YEN	Börse Japan
Shogun-Bond	Nicht-Japan	Nicht-YEN	Börse Japan
Matrjoschka-Bond	Nicht-Russland	RUB	Börse Russland

Abbildung 5: Populäre Auslandsanleihen im Überblick

Euro-Auslandsanleihen dürfen nicht mit Euro-Anleihen oder Eurobonds verwechselt werden: Letztere beschreiben Schuldverschreibungen, die auf eine andere Währung lauten als die Landeswährung des Staates, in dem sie emittiert werden; der Zusatz »Euro« hat dabei nichts mit der zugrunde liegenden Währung oder der Region zu tun, in der diese Anleihen begeben werden. Bei Euro-Anleihen ist also das Währungsrisiko zu berücksichtigen: Bei ungünstiger Entwicklung der ausländischen Währung kann der Zinsvorteil schnell erodieren.

Pfandbriefe: Sicherheit mit doppeltem Boden

Die Wurzeln des Pfandbriefs reichen bis in das 18. Jahrhundert zurück, als er von Friedrich dem Großen zur Finanzierung des Wiederaufbaus Preußens nach Beendigung des Siebenjährigen Krieges (1756–63) eingeführt wurde. Ziel der Kabinettsorder war es, dem bereits hoch verschuldeten schlesischen Adel durch Gründung sogenannter »Landschaften« zusätzliche Kreditmöglichkeiten zu verschaffen. Der zentralen Forderung der Anleger nach dinglichen Sicherheiten wurde durch ein Pfandrecht am Grundstück des Darlehensnehmers entsprochen. Diese unmittelbare Verbindung aus Obligation und dinglicher Sicherheit wurde erst in den 1860er-Jahren gelöst, als die erste deutsche privatrechtliche Hypothekenbank auf Aktienbasis, die Frankfurter Hypothekenbank, nach dem Vorbild der 1854 gegründeten Crédit Foncier de France gegründet wurde. Zahlreiche weitere Hypothekenbanken folgten in rascher Folge in fast allen deutschen Bundesstaaten.

Die dann die Beleihungsgrenzen und Vorschriften für die Bewertung der Beleihungsobjekte oder die Obergrenzen für die Pfandbriefemissionen recht unterschiedlich auslegten. Und weil einige Hypothekenbanken bei der Bewertung der Beleihungsobjekte eher großzügig vorgingen, kam es bereits 1873 zum »Gründerkrach«, einer veritablen Assetblase in Wien und anderen Städten der Habsburgermonarchie, bei der sich die Aktienkurse an der Wiener Börse und die Immobilienpreise in den Großstädten von ihren realen Werten lösten.

Was wiederum bei den Hypothekenbanken, die es mit den Beleihungsgrenzen nicht so genau genommen und sogar strafrechtlich zu verfolgende Geschäftspraktiken entfaltet hatten, zu hohen Abschreibungen führte und den Gesetzgeber schließlich zu regulatorischen Maßnahmen zwang: Das am 1. Januar 1900 in Kraft getretene Hypothekenbankgesetz gilt bis heute als wegweisend. Es schuf einen gesetzlich vorgeschriebenen, einheitlichen organisatorischen Rahmen für diese Gruppe von Kreditinstituten, der mehr als ein Jahrhundert gültig war und erst 2005 durch das Pfandbriefgesetz abgelöst wurde.

Pfandbriefe oder Covered Bonds sind direkte, unbedingte, nicht nachrangige Verbindlichkeiten des Emittenten, die untereinander in gleichem Rang stehen und deren Gläubigeransprüche besonders besichert sind. Pfandbriefe werden entweder als Namens- oder als Inhaberschuldverschreibungen ausgegeben, wobei Letztere klar überwiegen. Im Unterschied zu einer gewöhnlichen besicherten Anleihe ist die Besicherung des Pfandbriefes doppelt ausgestaltet: Erstens gegenüber der emittierenden Bank – als solche kommen nur spezialisierte und besonders befugte Kreditinstitute im Sinne des Kreditwesengesetzes (KWG) infrage –, und zwar mit ihrem gesamten Vermögen, und zweitens gegenüber den Sicherheiten. Durch diese mehrstufige Sicherheitskette sind Pfandbriefe außerordentlich krisenresistente Wertpapiere: So resistent, dass in Deutschland die letzte Pfandbriefbank im Jahre 1901 in Insolvenz gegangen ist.

Pfandbriefemittenten sind, wie gezeigt, ausschließlich spezialisierte Kreditinstitute, in Deutschland überwiegend Landesbanken und Girozentralen, die Deutsche Pfandbriefbank (vormals Hypo Real Estate) und andere private Hypothekenbanken. Die eingeworbenen Mittel von Pfandbriefen fließen in Kredite, die durch Hypotheken auf Grundstücke besichert sind.

Pfandbriefe heben sich von anderen besicherten Anleihen nicht zuletzt dadurch ab, dass ihre Grundlagen gesetzlich und nicht vertraglich geregelt sind. Gemäß den Vorschriften der §§ 4 f. des Pfandbriefgesetzes befinden sich die Sicherheiten, auch »Deckungsmasse« oder »Deckungsstock« genannt, im Falle einer Insolvenz der emittierenden Bank außerhalb des verwertbaren Vermögens. Werden die Darlehensforderungen im Falle der Pfandbriefbankinsolvenz aus dem Deckungsregister von der übrigen Insolvenzmasse getrennt, haben die Pfandbriefgläubiger das Vorrecht auf Befriedigung ihrer Forderungen aus diesen Darlehen. Zudem müssen die Sicherheiten, die von einem Treuhänder verwaltet und überprüft werden, zu jedem Zeitpunkt werthaltig sein. In der Praxis bestehen die Sicherheiten von Pfandbriefen aus erstrangigen wohnwirtschaftlichen oder gewerblichen Grundschulden von Immobilien, Schiffs- oder Flugzeughypotheken oder aus Darlehensforderungen gegen Staat und Kommunen. Hypothekenpfandbriefe dienen der Refinanzierung von Hypothekendarlehen von Hypothekenbanken, Schiffspfandbriefe der Refinanzierung von Reederei- und Schiffsdarlehen und Kommunalobligationen und öffentliche Pfandbriefe der Finanzierung von Investitionen der öffentlichen Hand.

In diesem festen Gefüge der Verwendungsmöglichkeiten sind den Gestaltungsmöglichkeiten der Emittenten keine Grenzen gesetzt. Pfandbriefe können festverzinslich ausgestattet sein, variabel verzinslich mit einer Orientierung am LIBOR oder EURIBOR für Drei- oder Sechsmonatsgelder und als Zerobonds begeben werden. Die durchschnittliche Laufzeit eines Pfandbriefs liegt zwischen fünf und zehn Jahren, aber auch kürzere (selten) und mit bis zu 30 Jahren auch deutlich längere Laufzeiten können beobachtet werden. Üblicherweise werden Pfandbriefe in einem Betrag bei Endfälligkeit zurückgezahlt. Die Rückzahlung in festen Kapitalraten ist eher selten und taucht, wenn überhaupt, nur bei Namensschuldverschreibungen auf.

Trotz ihrer Besicherung weisen Pfandbriefe eine höhere Rendite als Bundesanleihen vergleichbarer Ausstattung auf. Diese Renditedifferenz, »Jumbo-Bund-Spread« genannt, mag auf den ersten Blick überraschen, da die Ausfallwahrscheinlichkeit des Pfandbriefes nicht wesentlich über der einer Bundesanleihe liegen dürfte. In ihr spiegeln sich jedoch unternehmens- und anleihespezifische Risiken und die im Vergleich zu Bundesanleihen deutlich niedrigere Liquidität des Pfandbriefs wider.

Zur Steigerung der Liquidität wurde seit 1995 dazu übergegangen, sogenannte Jumbopfandbriefe mit einem Emissionsvolumen von 1 Milliarde Euro und mehr zu begeben. Nicht nur das hohe Emissionsvolumen ist liquiditätssteigernd, sondern auch, dass der Emittent zu einem regelmäßigen Market Making angehalten wird. Hierzu wird ein Konsortium aus mindestens fünf Banken dazu verpflichtet, für bestimmte Handelsvolumina An- und Verkaufskurse zu stellen.

Fananleihen von Fußballunternehmen: Eher was für Fans

Zielinvestoren von Fananleihen sind die treuesten Anhänger eines Vereins, nicht jedoch institutionelle Investoren wie Fondsmanager, Kapitalsammelstellen oder unabhängige Vermögensverwalter. Auch Privatinvestoren, die nicht zum erweiterten Fanumfeld eines Vereins zählen, werden im Grunde genommen nicht adressiert. Das platzierbare Anleihevolumen ist damit unmittelbar von der Zahl und der Zahlungsbereitschaft der Fans abhängig.

Bislang wurden in Deutschland 19 klassische Fananleihen von zwölf verschiedenen Fußballunternehmen emittiert. Vorreiter bei der Emission von Fananleihen war im Jahr 2004 die Hertha BSC Berlin KG mbH aA, die letzte Fananleihe wurde 2020 ebenfalls von der Kapitalgesellschaft des Bundesligisten Hertha BSC begeben. Fünf Vereine, der 1. FC Kaiserslautern, der 1. FC Köln, Arminia Bielefeld, der Hamburger SV und Schalke 04, haben bislang je zwei Fananleihen begeben, Hertha BSC Berlin drei.

Verein	Liga zum Zeitpunkt der Emission	Prospektiertes Volumen (Mio. EUR)	Coupon (%)
Hertha BSC Berlin	1. Bundesliga	6,0	5,20%
1. FC Köln	1. Bundesliga	5,0	5,00%
Arminia Bielefeld	1. Bundesliga	3,0	7,50%
1. FC Kaiserslautern	2. Bundesliga	6,0	5% (+2,0% Bonus)
Alemannia Aachen	2. Bundesliga	5,0	6,00%
1860 München	2. Bundesliga	9,0	6,00%
Hertha BSC Berlin	1. Bundesliga	6,0	5,00%
Schalke 04	1. Bundesliga	11,0	5,50%
1. FC Nürnberg	1. Bundesliga	6,0	6,00%
FC St. Pauli	2. Bundesliga	8,0	6,00%
Arminia Bielefeld	3. Liga	3,0	6,50%
Hansa Rostock	2. Bundesliga	5,0	5,00%
Schalke 04	1. Bundesliga	50,0	6,75%
Hamburger Sport-Verein	1. Bundesliga	12,5+5,0	6,00%
1. FC Köln	2. Bundesliga	10,0	5,00%
MSV Duisburg	3. Liga	5,0	5,00%
Hamburger Sport-Verein	2. Bundesliga	17,5+2,5	6,00%
1. FC Kaiserslautern	3. Liga	7,0	5,00%
Hertha BSC Berlin	1. Bundesliga	40,0	6,50%

Abbildung 6: Fananleihen im Überblick
Quelle: Angabe der Vereine, eigene Angaben

Wenn Fußballvereine Fananleihen emittieren, ist dies für gewöhnlich nicht mit einer Börsennotierung des Wertpapiers verbunden. In diesem Fall erwirbt der Anleger ein vollkommen illiquides Wertpapier, das er während der Laufzeit der Anleihe nicht oder nur unter Inkaufnahme größerer Abschläge verkaufen kann. Wurde eine Börsennotierung angestrebt, dann erfolgte dies über den unregulierten Kapitalmarkt, den sogenannten Freiverkehr. Dieser ist – anders als der regulierte Markt – privatrechtlich organisiert. Das Börsensegment bietet den Emittenten die Vorteile einer börslichen Notierung, ohne sie gleichzeitig mit den Nachteilen eines regulierten Marktes zu konfrontieren, insbesondere mit der Einhaltung von zum Teil umfangreichen Zugangsvoraussetzungen und Folgepflichten.

Während typischerweise die Verzinsung einer Anleihe von den mit der Anleihe oder dem Emittenten verbundenen Risiken abhängt, werden Fananleihen nicht nur ohne die Einbindung von Rating-Agenturen begeben, die das Risiko eines Emittenten feststellen könnten, sondern auch zu Zinskonditionen, die die Risiken der Anleihen kaum widerspiegeln. Auch Covenants, die in den Bedingungen von High-Yield-Anleihen seit jeher akzeptierter Standard sind, sind zumindest bislang nicht in die juristische Dokumentation von Fananleihen eingegangen. All dies dürften mit die Hauptgründe dafür sein, dass zum aktuellen Stichtag nur wenige institutionelle Investoren bereit waren, in Fananleihen zu investieren.

Platziert wurden die Fananleihen im Wege von Eigenemissionen, also ohne Einschaltung platzierender Banken. Dies war möglich, weil die Vereine über einen hohen Bekanntheitsgrad verfügen. Ungeachtet dessen sind die bisher erzielten Platzierungsergebnisse überschaubar. Die Hälfte der Fananleihen konnten die Vereine bei ihren Fans nicht vollständig platzieren, zum Teil lagen die Platzierungsquoten nur im einstelligen Prozentbereich.

4. Die wichtigsten Ausstattungsmerkmale von Anleihen

»Jeder Wahrheit sollte man hinzufügen, dass man sich auch der entgegengesetzten Wahrheit entsinne.«

Blaise Pascal (1623–1662), französischer Religionsphilosoph und Naturwissenschaftler

Anleihen sind bereits seit Hunderten von Jahren ein probates Mittel der langfristigen Refinanzierung von Unternehmen und neben den Bankkrediten deren dominierende Form der Fremdkapitalfinanzierung. Im Gegensatz zum klassischen Bankkredit sind Anleihen unbesichert und weisen mit fünf bis zehn Jahren längere Laufzeiten auf. Während bei Bankkrediten finanzielle Nebenabreden (sogenannte Financial Covenants) üblich sind, finden sich bei Anleihen, wenn überhaupt, meist nur qualitative Covenants, die das Management in seinem Gestaltungsspielraum kaum einschränken. Zudem erfolgt die Tilgung der Verbindlichkeit bei Anleihen meist erst mit Endfälligkeit, während bei Bankkrediten eine Amortisierung während der Laufzeit die Regel ist.

Im Vergleich zu Aktien, Optionen oder Futures sind Anleihen für den Anleger eine verhältnismäßig risikoarme Kapitalanlage. Dennoch gilt es einige Ausstattungsmerkmale zu beachten, die im Folgenden vorgestellt werden.

Anleihebedingungen: Über die Rechte des Gläubigers

»Was wäre das Leben, hätten wir nicht den Mut, etwas zu riskieren?«

Vincent van Gogh (1853–1890), niederländischer Maler

Die Einschätzung einer Anleihe macht eine tiefgehende Analyse der in den Anleihebedingungen verbrieften Anlegerrechte unabdingbar. Vom juristischen Standpunkt aus bestimmen die Anleihebedingungen das Rechtsverhältnis zwischen dem Emittenten einer Anleihe und seinen Gläubigern. Dabei gehen nur diejenigen Anleihebedingungen in das zwischen dem Schuldner und dem Gläubiger bestehende Rechtsverhältnis ein, die sich aus der Urkunde, in der Praxis also zumeist der hinterlegten Globalurkunde, ergeben. Aus ihr lassen sich die den Anlegern zustehenden Zahlungsansprüche (auf Zins- und Rückzahlung) sowie darüber hinaus eventuelle weitere Verhaltens- oder Unterlassungspflichten des Emittenten ablesen. Die Anleihebedingungen beschreiben damit sämtliche für die Einschätzung einer Anleihe relevanten Charakteristika. Sie sind während der Laufzeit der Anleihe für alle Anleger bindend und können nur durch gleichlautenden Vertrag mit allen Gläubigern (Einstimmigkeitsprinzip) oder durch einen zustimmenden Mehrheitsbeschluss der Gläubiger (Mehrheitsprinzip) geändert werden. Die Anleihebedingungen sind zudem für alle Anleger gleich. Bilaterale Änderungen zwischen dem Emittenten und einzelnen Gläubigern sind nicht zulässig. Auch nachdem Änderungen von Anleihebedingungen vorgenommen wurden, dürfen einzelne Gläubiger nicht benachteiligt werden.

Da Anleihebedingungen die allgemeinen Geschäftsbedingungen der Anleihe sind, gilt für ihre Ausgestaltung grundsätzliche Vertragsfreiheit. Dennoch haben sich in der Praxis einige Merkmale herausgebildet, die an den Kapitalmärkten Standardfunktionen eingenommen haben. Überraschende Klauseln sowie den Anleger unangemessen benachteiligende Regelungen sind ohnehin rechtlich nicht zulässig. Die typischen Anleihebedingungen für Unternehmensanleihen bestehen aus folgenden Bestandteilen:

- Nennbetrag der Anleihe, Stückelung, Ausgestaltung und Verbriefung,
- Status beziehungsweise Rang der Forderungen aus der Schuldverschreibung,
- Status beziehungsweise Rang von Besicherungen,
- Negativverpflichtung,
- Zinsklauseln,
- vorzeitige Rückzahlung der Anleihe (Call),
- vorzeitige Sonderkündigungsrechte der Anleihegläubiger (Put),
- Covenants,
- Möglichkeiten des Emittenten zur Aufstockung der Anleihe,
- Regelungen zur Änderung der Anleihebedingungen oder der Restrukturierung der Anleihe durch Mehrheitsbeschluss der Anleihegläubiger und
- Bestellung eines gemeinsamen Vertreters gemäß SchVG.

Anleihebedingungen sind zur Gänze im Wertpapierprospekt wiedergegeben. Häufig werden die Anleihebedingungen auch in sogenannten Termsheets wie dem folgenden zusammengefasst.

Emittent	Homann Holzwerkstoffe GmbH
Wertpapiergattung	Anleihe
ISIN / WKN Schuldverschreibung	DE000A1R0VD4 / A1R0VD
Börsenkürzel	HHW1
Rating (Creditreform)	BBB-
Emissionsvolumen (EUR)	Nominale bis zu 50 000 000
Stückelung (EUR)	Nominale 1.000,00
Dokumentation	Stand alone
Start Privatplatzierung	3. Dezember 2012
Ende Privatplatzierung	12. Dezember 2012 (vorzeitige Schließung vorbehalten)
Öffentliches Angebot	03.-12. Dezember 2012 nur in Deutschland, Österreich, Luxemburg
Valuta (geplant)	14. Dezember 2012
Ausgabepreis (%)	100,00
Rückzahlungsbetrag (%)	100,00
Coupon (%)	7,00
Zinszahlung	Jährlich
Erste Zinszahlung	14. Dezember 2013
Rückzahlungstag	14. Dezember 2017
Notierung	Entry-Standard für Anleihen (Frankfurter Wertpapierbörse)
Zahlstelle	Close Brothers Seydler Bank AG
Joint-Lead Manager	Close Brothers Seydler Bank AG
Verwendungszweck	Finanzierung der Erweiterung des Standorts Krosno, Polen, insbesondere der Ausbau und die Modernisierung des Veredelungswerks sowie Finanzierung und Akquisitionen und des Working-Capital-Bedarfs
Rang, Besicherung	nicht nachrangig, unbesichert
Vorzeitige Kündigung bei einem Kontrollwechsel (Gläubiger)	Vorzeitige Kündigung durch die Gläubiger zu 100%
Negativverpflichtung (Emittent)	Keine Bestellung von Sicherheiten zur Besicherung von Kapitalmarktverbindlichkeiten
Drittverzug (Emittent)	Für geliehene Gelder in Höhe von insgesamt mehr als EUR 2 000 000
Besteuerung (Emittent)	Tax gross-up, Kündigungsrecht

Abbildung 7: Termsheet am Beispiel der Homann Holzwerkstoffe GmbH
Quelle: Unternehmensangaben, Close Brothers Seydler

Das Rating: Gemeinsame Marktsprache für die Einschätzung einer Anleihe

»Man kann die Realität ignorieren, aber man kann nicht die Folgen der ignorierten Realität ignorieren.«

Ayn Rand, eigentlich Alissa Sinowjewna Rosenbaum (1905–1982), libertäre Autorin

Allgemein gesprochen ist die Höhe der Verzinsung von dem mit der Anleihe oder dem Emittenten verbundenen Risiko abhängig: Je höher das mit einer Anleihe verbundene Risiko, desto höher ist die Verzinsung, die von Investoren von einem Wertpapier gefordert wird. Voraussetzung für die Gültigkeit dieser Überlegungen ist die Existenz eines vollkommenen Anleihemarktes: Auf diesem herrscht vollkommene Transparenz, er ist vollkommen liquide, so dass selbst große Einzelorders schnell und ohne Kurseffekte ausgeführt werden, und er reagiert unmittelbar auf kursbeeinflussende Nachrichten. Zudem haben die Marktteilnehmer keine individuellen Präferenzen und verhalten sich zu jedem Zeitpunkt rational. Können vollkommene Märkte – wie in der Realität – nicht beobachtet werden, treten insbesondere bei kleineren und weniger liquiden Anleihen erhebliche Einschränkungen gegenüber den theoretisch zu erwartenden Verzinsungen ein.

Die vollumfängliche Einschätzung des Risikos einer Anleihe ist in der Praxis dem einzelnen Anleger weder möglich noch zumutbar. Nur die wenigsten Anleger verfügen über das fachliche Know-how, um anhand des Wertpapierprospekts und von Brancheninformationen ein zutreffendes Urteil über die Risikoklassifizierung des Emittenten und damit die an eine Anleihe anzulegende Effektivverzinsung abzugeben. Daher übernehmen unabhängige Rating-Agenturen diese Aufgabe und führen detaillierte Bonitätsprüfungen durch.

Die größten und bekanntesten sind die drei US-amerikanischen Rating-Agenturen Standard & Poor's Global Ratings (gegründet 1941 aus der Fusion der US-amerikanischen Unternehmen H. V. & H. W. Poor

Co. und dem Standard Statistics Bureau), heute eine Tochtergesellschaft des Medienkonzerns McGraw-Hill, die börsennotierte Moody's Investors Service (gegründet 1909) und Fitch Ratings (gegründet 1913), Tochter des New Yorker Medienunternehmens Hearst Corporation. Zusammen kommen sie auf etwa 95 Prozent Weltmarktanteil aller erstellten Ratings. Mit zum Teil mehr als 100 Jahren Erfahrung im Rating von zumeist global tätigen Unternehmen und Staaten sowie einem internationalen Netzwerk rund um den Globus hat ihr Urteil bei den Investoren am internationalen Anleihemarkt großes Gewicht. Von deutlich geringerer Bedeutung ist bereits die Rating-Agentur DBRS Morningstar, gegründet 1976.

Diese global agierenden Rating-Agenturen spielen für die Beurteilung des deutschen Mittelstands jedoch nur eine untergeordnete Rolle, was insbesondere daran liegt, dass es ihnen an geeigneten Benchmark-Größen für das Rating nicht börsennotierter deutscher mittelständischer Unternehmen fehlt. Ihr Platz wurde von einer Reihe deutscher Rating-Agenturen eingenommen, deren prominenteste hierzulande die Creditreform AG aus Neuss, die Euler Hermes SA mit Sitz in Paris und die Scope SE & Co. KGaA aus Berlin sind[4]

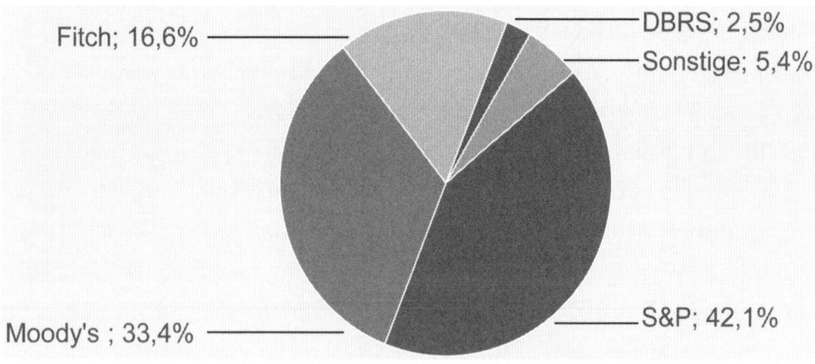

Abbildung 8: Marktanteile der Rating-Agenturen in der EU (2019)
Quelle: ESMA (2019)

Zentrale Aufgabe des circa sechswöchigen Rating-Prozesses ist es, eine standardisierte und weitgehend objektive Aussage über die zukünftige Fähigkeit und rechtliche Verpflichtung des bewerteten Unternehmens zur termingerechten und vollständigen Erfüllung aller vertragsmäßigen Pflichten, insbesondere also Zins- und Tilgungszahlungen, Covenants und Besicherungsverpflichtungen, zu treffen, um damit die langfristige Bestandssicherheit des Unternehmens zu beurteilen. Rating-Agenturen erstellen Ratings üblicherweise anhand einer Top-Down-Analyse, das heißt, die Bewertung eines Emittenten basiert – in dieser Reihenfolge – auf einer Länder-, Branchen- und Unternehmensanalyse. Auf allen Ebenen kommen qualitativ-subjektive wie auch statistisch-quantitative Merkmale zum Einsatz, wobei die Bedeutung Letzterer in der Gesamtschau überwiegt. Bei der Beurteilung des Länderrisikos (Country Risk) werden zum Beispiel das Bruttoinlandsprodukt, das reale Pro-Kopf-Wachstum oder der Anteil der kurzfristigen Verschuldung an der gesamten Inlandsverschuldung gemessen (quantitative Beurteilung) und das soziale und wirtschaftliche Umfeld, die Effizienz des Finanzsystems sowie die innere und äußere Sicherheit eines Landes (qualitative Beurteilung) analysiert. Dass die drei Ebenen von den einzelnen Rating-Agenturen unterschiedlich gewichtet werden, ist für das Rating-Ergebnis von eher sekundärer Bedeutung.

Die Branchenanalyse (Industry Risk) erfolgt anhand der Beurteilung der strukturellen Stärken und Schwächen der Branche, der bislang erzielten sowie prognostizierten durchschnittlichen Wachstumsraten, des Aufkommens möglicher Substitutionsprodukte oder von Nachfrageänderungen. Nach der Branchenanalyse erfolgt die eigentliche Unternehmensanalyse. Ausgangspunkt ist die Marktposition des Unternehmens innerhalb der Branche sowie die Beurteilung der Marktanteile und der Stellung im Wettbewerb. Aus den Geschäftsberichten der (mindestens) letzten beiden Jahre werden Kennzahlen ermittelt, die die Ertrags-, Liquiditäts- und Vermögenslage der Gesellschaft analysieren. Wichtige Kennzahlen sind zum Beispiel die Eigenkapitalquote, die Entwicklung der Cashflows und des EBITDA, der Kapitalumschlag und die Zinsdeckungsquote. Die quantitative Analyse beruht auf vergangenheitsorientierten Daten, die durch Planzahlen auch extrapoliert werden. Auch auf Unternehmensebene erfolgt eine qualitative Analyse, beispielsweise des

Managements, des Risikomanagements oder der Kunden- und Lieferantenstruktur.

Das Rating wird durch ein verständliches Buchstaben- beziehungsweise Zahlensymbol operationalisiert und gegebenenfalls zur weiteren Differenzierung mit einem Tendenzzeichen versehen, bei S&P durch die Ergänzung des Buchstabencodes mit einem Plus- oder Minuszeichen, bei Moody's durch den Zahlenzusatz 1, 2 oder 3. Die höchste und die beiden niedrigsten Rating-Kategorien werden ohne eine solche Tendenz angegeben. Darüber hinaus versehen die Rating-Agenturen ihre Bewertung mit einem positiven, stabilen oder negativen Ausblick, der einen Hinweis darauf geben soll, in welche Richtung sich das Rating beim nächsten Update verändern könnte.

Die Buchstabensymbole lassen sich grundsätzlich in zwei Gruppen zusammenfassen:

- Anleihen der höchsten vier Kategorien, also mit einem Rating von nicht schlechter als BBB- beziehungsweise Baa3, werden als »Investment« oder »High Grade« bezeichnet. Unternehmen oder Staaten dieser Kreditqualität wird eine zumindest angemessene Deckung von Zins und Tilgung attestiert. Emittenten mit dieser Zensur verfügen über ein ausreichendes Liquiditätspolster und können selbst dann noch ihren Verpflichtungen nachkommen, wenn der Absatz ihrer Produkte etwa im Fall eines konjunkturellen Einbruchs zurückgehen sollte. Zwar bedeutet ein AAA-Rating nicht, dass ein Emittent nicht ausfallen kann, jedoch ist die Wahrscheinlichkeit eines Ausfalls bei einer AAA-Anleihe (theoretisch) geringer als bei einer mit AA gerateten Anleihe.
- Anleihen der untersten fünf Kategorien, also mit einem Rating schlechter als BBB- oder Baa3, werden als »Sub-Investment-Grade«, »Speculative-Grade« oder »High-Yield-Anleihen«, seltener auch als »Junk Bonds«, wörtlich »Schrottanleihen«, bezeichnet. Sie sind durch ein höheres Ausfallrisiko gekennzeichnet, da die Emittenten zwar noch ihre Kredite verzinsen und zurückzahlen können, jedoch nur, wenn sich die Konjunktur nicht nachhaltig und nennenswert

verschlechtert. Je nach Bonität können Änderungen im Umfeld des Emittenten finanzielle Probleme auslösen, die eine Zins- oder Tilgungszahlung erschweren können. Im Extremfall können ausstehende Verbindlichkeiten nur dann bedient werden, wenn der Emittent selbst wieder Anschlusskredite erhält – womit sie bei strenger Auslegung bereits überschuldet sind.

	Moody's	S&P	Fitch	Bonitätseinstufung / Klassenbeschreibung
Investment Grade	Aaa	AAA	AAA	Sehr gut, höchste Bonität Praktisch kein Ausfallrisiko
	Aa1	AA+	AA+	Sehr gute bis gute Bonität Hohe Zahlungswahrscheinlichkeit
	Aa2	AA	AA	
	Aa3	AA-	AA-	
	A1	A+	A+	Gute bis befriedigende Bonität
	A2	A	A	Angemessene Deckung von Zins und Tilgung.
	A3	A-	A-	Viele gute Investmentattribute, aber auch Elemente, die sich bei Veränderung der wirtschaftlichen Lage negativ auswirken können
	Baa1	BBB+	BBB+	Befriedigende Bonität
	Baa2	BBB	BBB	Angemessene Deckung von Zins und Tilgung
	Baa3	BBB-	BBB-	Spekulative Charakteristika oder mangelnder Schutz gegen wirtschaftliche Veränderungen
Speculative Grade	Ba1	BB+	BB+	Ausreichende Bonität Sehr mäßige Deckung von Zins und Tilgung, auch in gutem wirtschaftlichen Umfeld
	Ba2	BB	BB	
	Ba3	BB-	BB-	
	B1	B+	B+	Mangelhafte Bonität Geringe Sicherung von Zins und Tilgung
	B2	B	B	
	B3	B-	B-	
	Caa1	CCC+	CCC+	Ungenügende Bonität
	Caa2	CCC	CCC	Niedrigste Qualität, geringster Anlegerschutz
	Caa3	CCC-	CCC-	Akute Gefahr eines Zahlungsverzuges
	Ca	CC	CC	Hochspekulativ, nahe Insolvenz des Emittenten, aber Möglichkeit, Nominalbetrag oder Zinsen zu erhalten
		C		Nahezu im Default, geringe Wahrscheinlichkeit, Nominalbetrag oder Zinsen zu erhalten
		RD		Restricted Default (ohne Insolvenzverfahren) bzw. Default
		D		Default (mit Insolvenzverfahren bzw. Geschäftsaufgabe)

Abbildung 9: Rating-Noten und ihre Bedeutung
Quelle: Moody's, S&P, Fitch

Die Buchstabenfolgen sind Symbole einer gemeinsamen Marktsprache, die weltweit akzeptiert und gesprochen wird. Anhand des Ratings kann das Risiko einer Anleihe einfach und einigermaßen zuverlässig überprüft werden. Eine Anleihe mit einem guten Rating sollte einen niedrigeren Coupon aufweisen als eine Anleihe mit einem schlechteren Rating.

Dieser Zusammenhang ist jedoch nicht so eng, wie man vermuten würde, da der Coupon in der Realität von den Investoren bestimmt wird, die unter Umständen eigene Vorstellungen über den richtigen Zins einer Anleihe haben. Bestes Beispiel hierfür sind die Mittelstandsanleihen von sogenannten Corporate Brand Names, Unternehmen mit bekanntem Markennamen also, die trotz einer vergleichsweise schlechten Bonität regelmäßig deutlich niedrigere Nominalzinsen als weniger bekannte Industrieunternehmen bezahlen.

Die Rating-Symbole geben zunächst eine eindimensionale und ordinale Reihenfolge an, mit der die Bonität der gerateten Anleihen gemessen wird. Für den Anleger erhält das Rating seine Bedeutung aus dem Zusammenhang zwischen Rating-Note und Ausfallquote beziehungsweise Ausfallwahrscheinlichkeit, auch »Probability of Default« oder kurz »PD« genannt. Dabei kann beobachtet werden, dass das Niveau der Ausfallwahrscheinlichkeiten im Zeitablauf nicht konstant verläuft, sondern schwankt. Der Anleger kann sich also nicht darauf verlassen, dass die aktuelle Ausfallwahrscheinlichkeit einer Anleihe im Zeitablauf stabil bleibt. Entscheidend für die Qualität einer Rating-Agentur ist daher, dass schlechtere Noten einer Rating-Agentur tendenziell höhere Ausfallraten aufweisen als bessere. Die Stärke dieses Zusammenhangs kann allein durch eine Analyse der historischen Ausfallwahrscheinlichkeiten ermittelt werden.

Die Rating-Note ist aber nicht das Einzige, das eine Rating-Agentur veröffentlicht. Neben der Rating-Note sind auch der Rating-Watch und der Rating-Outlook relevant. Auch nachdem eine Rating-Agentur für einen Emittenten oder dessen Emission eine Rating-Note ausgesprochen hat, wird die Kreditqualität des Emittenten überprüft. Verbessert oder verschlechtert sich die Kreditqualität, kommt es zu Herauf- oder

Herabstufungen der Rating-Note. Die Rating-Agentur wird diese Veränderungen jedoch nicht überraschend durchführen, sondern in einer Meldung darauf hinweisen, dass der Emittent auf »Rating-Watch« gestuft wurde, versehen mit dem Hinweis, ob eine mögliche Heraufstufung (Upgrade) oder Herabstufung (Downgrade) analysiert wird. Spätestens drei Monate nach der Veröffentlichung der Watch-Meldung erfolgt dann typischerweise die endgültige Entscheidung.

Darüber hinaus veröffentlichen Rating-Agenturen ein sogenanntes Rating-Outlook. Darunter ist die Richtung zu verstehen, in die die Rating-Note in den kommenden 6 bis 24 Monaten aller Wahrscheinlichkeit nach angepasst werden wird. Das Rating-Outlook lautet entweder »positiv« (Rating wird wahrscheinlich hochgestuft), »stabil« (Rating bleibt wahrscheinlich stabil) oder »negativ« (Rating wird wahrscheinlich herabgestuft).

In der nachstehenden Tabelle werden die von Moody's ermittelten Ausfallwahrscheinlichkeiten jeder Rating-Stufe dargestellt. Zu erkennen ist der zeitliche Verlauf der Ausfälle von Unternehmen, die mit einem bestimmten Rating gestartet sind. Ein Unternehmen, das eine Anleihe mit einem anfänglichen Rating von Baa platzieren konnte, ist nach fünf Jahren mit einer Wahrscheinlichkeit von 2,37 Prozent ausgefallen. Mit anderen Worten: Die statistische Wahrscheinlichkeit, dass eine Anleihe mit einem Rating von B nach drei Jahren nicht ausgefallen ist, liegt bei 100 Prozent minus 11,70 Prozent gleich 88,30 Prozent. Ein anderes Beispiel: Jede zehnte Anleihe mit einem Rating im C-Bereich ist bereits nach einem Jahr ausgefallen.

	1	2	3	4	5	6	7	8	9	10
Aaa	0,00%	0,01%	0,03%	0,07%	0,14%	0,21%	0,30%	0,42%	0,54%	0,69%
Aa	0,06%	0,17%	0,28%	0,43%	0,65%	0,91%	1,18%	1,42%	1,66%	1,91%
A	0,08%	0,25%	0,50%	0,79%	1,10%	1,43%	1,79%	2,14%	2,52%	2,91%
Baa	0,24%	0,69%	1,20%	1,78%	2,37%	2,97%	3,53%	4,13%	4,74%	5,36%
Ba	1,17%	2,77%	4,54%	6,40%	8,21%	9,95%	11,56%	13,10%	14,61%	16,19%
B	3,26%	7,45%	11,70%	15,59%	19,05%	22,03%	24,71%	27,02%	29,12%	30,95%
Caa-C	9,58%	16,97%	22,98%	27,96%	32,12%	35,49%	38,38%	40,95%	43,32%	45,33%

Abbildung 10: Globale durchschnittliche kumulierte Ausfallwahrscheinlichkeiten 1920–2019
Quelle: Moody's Investor Service (2019)

Die Tabelle zeigt, dass die Ausfallwahrscheinlichkeit über alle einzelnen Rating-Klassen eine tendenziell wachsende Funktion der Zeit ist. Die Wahrscheinlichkeit, dass ein Unternehmen in einem Jahr in Default geht, kann jedoch im Zeitablauf auch zurückgehen. Dies gilt vor allem für Anleihen im Speculative-Grade-Bereich. So liegt die Ausfallwahrscheinlichkeit einer CCC-Anleihe im zweiten Jahr mit 16,97 Prozent minus 9,58 Prozent gleich 7,39 Prozent unter der des ersten Jahres. Ursächlich hierfür ist, dass für diese Risikoklassen die ersten Jahre nach der Emission der Anleihe kritischer sind als die späteren Jahre. Konnten die ersten Jahre überstanden werden, kann davon ausgegangen werden, dass sich die finanzielle Lage weiter verbessert.

Ratings können entweder als Unternehmens- beziehungsweise Emittenten-Rating oder als Emissions- beziehungsweise Anleihe-Rating veröffentlicht werden. Erstere beziehen sich auf die grundsätzliche Stabilität des Unternehmens und seines Geschäftsmodells sowie dessen Fähigkeit, Finanzverpflichtungen in der Zukunft zu erfüllen; zu seiner Erstellung erfolgt eine Beurteilung des Geschäftsrisiko- und des Finanzrisikoprofils eines Unternehmens. Letztere beziehen die spezifische Verlusterwartung einer Emission in die Beurteilung mit ein, sofern diese – im Vergleich zu anderen Verbindlichkeiten des Emittenten – zu einem höheren (zum Beispiel durch eine Nachrangabrede) oder niedrigeren (zum Beispiel aufgrund von Covenants, Rangfolgepflichten oder speziellen Besicherungsmaßnahmen) Risiko der Anleihe beiträgt. Ein Emissions-Rating kommt also nur dann zu einem anderen Ergebnis als das Emittenten-Rating, wenn die Anleihe aufgrund ihrer spezifischen Ausgestaltung ein vom allgemeinen Unternehmensrisiko deutlich abweichendes Risikoprofil aufweist. Ist dies nicht der Fall, kommen Emittenten- und Emissions-Rating notwendigerweise zum identischen Ergebnis. Daher kann ein Emittent verschiedene Anleihen begeben haben, die durchaus unterschiedliche Ratings aufweisen, je nachdem, wie die Zusatzverpflichtungen ausgestattet sind.

Ratings werden entweder vom Emittenten beauftragt oder auf Initiative der Rating-Agentur erstellt. Bei Ersteren, den sogenannten Solicitated Ratings, werden den Rating-Agenturen unternehmensinterne Daten zur Verfügung gestellt, und auch das Management steht für

Rückfragen bereitwillig zur Verfügung. Dagegen werden Unsolicitated Ratings ohne Mitwirkung des Emittenten erstellt, indem öffentlich zugängliche Informationen ausgewertet werden.

Da Solicitated Ratings von dem Emittenten in Auftrag gegeben und damit auch bezahlt werden, ist mit ihnen in der Öffentlichkeit ein negativer Beigeschmack eines ›käuflichen Ratings‹ verbunden. Manche von Ihnen werden sich vielleicht noch an die Szene aus dem Hollywoodfilm *The Big Short* erinnern, in der der Hedgefonds-Manager Mark Baum (dessen Rolle auf dem FrontPoint-Manager Steve Eisman basiert) Interessenkonflikte innerhalb der Rating-Agenturen entdeckt, als diese sich weigerten, trotz steigender Ausfälle die Ratings der von ihnen betreuten Collateralized Debt Obligations (CDOs) herunterzustufen.[5] Auch wenn der Film ausgesprochen sehenswert ist, ist die Tatsache, dass Rating-Agenturen für die Erstellung eines Ratings entlohnt werden, in der Regel unproblematisch: zum einen, weil ohnehin die meisten Auftraggeber mit der Veröffentlichung des Ratings einverstanden sind, zum anderen, weil eine Nachbesserung des Ratings nicht mit Meinungsäußerungen zu erreichen ist, sondern allenfalls mit einer fehlerbehafteten Interpretation von harten Fakten. Nur wenn keine abschließende Übereinstimmung erzielt werden kann, kann der Emittent verlangen, dass das Rating unveröffentlicht bleibt – bezahlen muss der Auftraggeber dennoch. Infolgedessen lassen sich Emittenten selbst dann raten, wenn sie wissen, dass sie nur mittelmäßig abschneiden. Letztlich ließe sich auch für Unsolicitated Ratings eine vergleichbare Verschwörungstheorie schmieden, da man unterstellen könnte, Rating-Agenturen würden bei nicht bezahlten Ratings den Emittenten absichtlich mit einem schlechteren Rating versehen, um so eine Zusammenarbeit im Rahmen eines bezahlten Ratings zu erzwingen. Eine missbräuchliche Verwendung ließ sich bislang jedoch nicht feststellen.

Dennoch sind insbesondere die drei angelsächsischen Rating-Agenturen nicht erst seit der Enron-Krise im Jahr 2001, einem der größten Unternehmensskandale der US-Wirtschaft, massiver Kritik ausgesetzt. Kernpunkte der Kritik sind fehlende Unabhängigkeit und Objektivität, Interessenkonflikte und Intransparenz der Entscheidungsgrundlage. Hinzu kamen Vorwürfe, wonach Rating-Änderungen tendenziell langsam und prozyklisch erfolgten. Diese konnten nicht entkräftet werden, da gerade die Rating-Systematik nicht offengelegt wird: Sie stellt nämlich den Kern des Geschäftsmodells einer Rating-Agentur dar und wird streng gehütet. Das Einzige, das an diesen Vorwürfen überraschen mag, ist, dass sie erst so spät geäußert wurden. Denn selbst wenn ein Rating auf vermeintlich objektiven Modellen basieren mag, ist es doch immer auch abhängig von den Neigungen des Rating-Analysten. Unvermeidlich wird es bereits von den persönlichen Vorlieben des Rating-Analysten beeinflusst: Ein älterer, verheirateter und sparsam lebender Rating-Analyst mit mehreren Kindern wird einen Luxusgüterhersteller tendenziell anders beurteilen als ein unverheirateter und finanzstarker Single. Was für den einen eine akzeptable Managementqualität ist, mag für den anderen bereits unakzeptabel sein.

Eine weitere Unterscheidungsmöglichkeit betrifft die zwischen einem externen und einem bankinternen Rating. Externe Ratings werden von unabhängigen Rating-Agenturen durchgeführt mit dem Ziel, allen Adressaten eine verlässliche Grundlage für ihre Kauf- und Verkaufsentscheidungen zu geben. Sofern es überhaupt zu einer Beziehung zwischen Unternehmen und Rating-Agentur kommt, beruht diese ausschließlich auf der Erstellung des Ratings; längerfristige Geschäftsbeziehungen zwischen Unternehmen und Rating-Agentur sind nicht vorgesehen. Demgegenüber werden bankinterne Ratings von einem Kreditinstitut veranlasst, das laut KWG §18 einmal jährlich die wirtschaftlichen Verhältnisse seiner Kreditnehmer beurteilen muss. Anhand von bankinternen Ratings wird über die Höhe des Kreditengagements entschieden, den Zinssatz (beziehungsweise die Höhe des Credit Spreads), die zu stellenden Sicherheiten oder das erforderliche Eigenkapital. Bankinterne Ratings werden dementsprechend nicht veröffentlicht.

Unabhängig ob solicitated oder unsolicitated, ob bankenintern oder extern, ein Rating ist keine einmalige Stichtagsbetrachtung. Der Prozess umfasst stets eine fortlaufende Beobachtung der ratingrelevanten Faktoren. Unterschiede gibt es allerdings in Bezug auf die Länge der Gültigkeit des Ratings: Während die meisten Rating-Agenturen ihrer Analyse eine Through-the-Cycle-Philosophie zugrunde legen, die einen Beobachtungshorizont von mindestens einem Konjunkturzyklus hat, sind Banken-Ratings stärker auf eine zeitpunktbezogene Betrachtung ausgerichtet, die einen kurzfristigen Betrachtungshorizont aufweist.

Die unsichtbare Hand der (Kapital-)Märkte ist am besten in der Lage, die ›wahre‹ Kreditqualität eines Emittenten über den Kurs der Anleihe widerzuspiegeln. Sollte sich die Rating-Agentur bei der Vergabe des Ratings getäuscht haben, wird dies von den Sekundärmarktkräften unweigerlich korrigiert. Beim unaufmerksamen Erwerb einer Anleihe geht der Investor daher ein hohes Kursrisiko ein, durch das eine optisch attraktive Rendite rasch kompensiert wird. Positiv formuliert lassen sich durch eine eigenständige Analyse und Überwachung der Bonitätsentwicklung eines Unternehmens Kursverluste vermeiden.

Die Bedeutung von Covenants

»Erst wenn die Ebbe kommt, weiß man, wer nackt geschwommen ist.«

Warren Buffett, US-amerikanischer Großinvestor, Milliardär, Mäzen und Anlagelegende

Covenants oder Kreditvereinbarungsklauseln – der Begriff »covenant« stammt vom lateinischen »conventio«, also »Vereinbarung«, »Vertrag« – sind Bestimmungen in Kredit- und Anleiheverträgen, die die Interessen der Investoren schützen und den Anlegern zusätzliche Sicherheiten geben sollen. Charakteristisch an Covenants ist, ein bestimmtes Verhalten eines Schuldners zu erwirken, das im Sinne der Gläubiger ist. Vom juristischen Standpunkt aus sind Covenants vertraglich vereinbarte Verhaltenspflichten, deren Nichteinhaltung einen Vertragsverstoß darstellt und damit die andere Partei zur Kündigung des Kreditvertrages berechtigt. Diese Eigenschaft stellt eine interessante Wendung in der Rechtsstellung von Eigentümer und Nichteigentümer dar, da nur die zuerst Genannten (beziehungsweise die von ihnen Beauftragten, zum Beispiel

Vorstände) die Kontrolle über das Unternehmen haben, während den zuletzt Genannten derartige Einwirkungsmöglichkeiten fehlen.

Covenants sollten so festgelegt werden, dass die Gläubiger bei ihrer Verletzung frühzeitig eine drohende Liquiditätskrise erkennen und entsprechende Gegenmaßnahmen einleiten können. Daneben können Covenants den Emittenten in ein Verhaltenskorsett schnüren, das ihm bestimmte Handlungen untersagt, welche die Zinszahlungen oder die Kredittilgung gefährden könnten. Insofern sind Covenants ein Glaubwürdigkeitssignal des Managements, sich stets im Sinne der Anleihegläubiger zu verhalten. Kein Wunder also, dass der Einfluss von Covenants auf die Platzierung von High-Yield-Bonds oder von Mittelstandsanleihen durch die jüngste Finanzmarktkrise deutlich zugenommen hat. Häufig kann erst durch die Gewährung von Covenants die Grundlage einer positiven Investitionsentscheidung gelegt werden.

Inhaltlich unterliegen Covenants allein der Schuldner-Gläubiger-Beziehung. Dass Covenants unter juristischen Gesichtspunkten ausgesprochen vielschichtig ausgestaltet sind, erleichtert ihre Einschätzung nicht gerade. Dennoch hat sich in der Kapitalmarktpraxis eine Garnitur typischer Covenants herausgebildet, die für die Beurteilung von Anleihen von Bedeutung sind. Sie lassen sich unterscheiden in

- Affirmative oder Positive Covenants (Handlungspflichten), die den Schuldner zur Einhaltung bestimmter Zielvorgaben verpflichten,
- Negative Covenants oder Unterlassungspflichten, die den Schuldner anhalten, bestimmte unternehmerische Entscheidungen zu unterlassen,
- Informative Covenants (Information Undertakings), die den Schuldner zur Einhaltung bestimmter Informationspflichten anhalten, und
- Financial Covenants, die den Schuldner zur Einhaltung bestimmter betriebswirtschaftlicher Kennzahlen verpflichten; zu diesen zählen auch Event Risk Covenants, die sich aus liquiditätsverschlechternden Umständen ergeben.

Covenants			
Non-Financial oder General Covenants			Financial Covenants
Affirmative Covenants	Negative Covenants	Informative Covenants	
Einholung von Genehmigungen	Besicherungen	Jahresabschluss	Eigenkapital
Rechnungslegungsvorsch riften	Bürgschaften	Quartalsberichte	Finanzverbindlichkeiten
Einhaltung von Versicherungspflichten	Ausschüttungen	Ad-hoc-Pflicht	Ertragsentwicklung
Organschaftserklärungen	Mehrheit der Stimmrechte	Veröffentlichung von Ratings	Liquiditätslage
Einhaltung von Betriebsgenehmigungen	Verkauf von Unternehmensteilen		Cashflow

Abbildung 11: Überblick über Covenants

Das Problem des Nachrangs wurde bereits angerissen. Eine Linderung verschaffen Negativverpflichtungen oder etwas umständlicher Nichtschlechterstellungsgebote (englisch »Negative Pledge«), also Investorenschutzklauseln, die unabhängig von Volumen, Investorenprofil und sonstigen Besonderheiten der Anleihe in fast allen Anleihebedingungen standardmäßig aufgenommen werden. Trotz teilweise unterschiedlicher Formulierungen hat jede Negativverpflichtung im Grundsatz das Verbot des Emittenten beziehungsweise der die Anleihe garantierenden Muttergesellschaft zum Gegenstand, während der Laufzeit der Anleihe künftigen Gläubigern für gleich- oder nachrangige Forderungen Dritter Sicherheiten zu gewähren, die dem Gläubiger der betrachteten Anleihe verweigert werden. Dadurch soll verhindert werden, dass zukünftigen Investoren bevorrechtigte Ansprüche an der Haftungsmasse übertragen werden, die eine Nachrangigkeit der heutigen Gläubiger zur Folge hätten. Diese Einschränkung hinsichtlich der Bestellung von Sicherheiten ist inzwischen aus den meisten Anleihebedingungen nicht mehr wegzudenken, wird jedoch bei High-Yield-Anleihen häufig durch umfangreiche Ausnahmetatbestände aufgeweicht. Allerdings wird die Negativverpflichtung meist auf die Besicherung anderweitiger »Kapitalmarktverbindlichkeiten« beschränkt, die dann in den Anleihebedingungen als wertpapiermäßig verbriefte und handelbare Finanzierungsverbindlichkeiten definiert werden. Kreditverbindlichkeiten und sonstige nicht wertpapiermäßig verbriefte Finanzierungsverbindlichkeiten unterliegen also nicht dem Besicherungsverbot und können weiterhin uneingeschränkt besichert werden.

Die Limitation on Liens gehen einen ähnlichen Weg, indem sie garantieren, dass der Gläubiger der betrachteten Anleihe dieselben Besicherungen zugeteilt bekommt, die der Emittent späteren Gläubigern zugesteht. Auch die Gleichrang- oder Pari-passu-Klausel thematisiert die Rangstellung der Anleihen untereinander. Sie hat die Zusicherung des Emittenten zur Folge, nach der die Anleiheforderungen jederzeit in gleichem Rang mit allen übrigen und zukünftig zu emittierenden unbesicherten Forderungen anderer Gläubiger stehen sollen.

Ebenfalls zu den Standardklauseln der Anleihebedingungen zählt der Beherrschungswechsel, auch »Change of Control«- (»CoC«), »Merger-Put«- oder »Poison-Put«-Klausel genannt. Diese Klauseln sind mittlerweile in allen langfristigen Kreditverträgen üblich, unabhängig davon, ob diese als Verträge mit Bankenkonsortien über syndizierte Kreditlinien, als (Konsortial-)Kreditverträge, als Anleihen oder als Schuldscheindarlehen ausgestaltet sind. Sie räumen dem Gläubiger das Recht ein, im Falle eines Eigentümerwechsels des Schuldners die Anleihe zu einem vorab festgelegten Kurs fällig zu stellen. Aus Anlegersicht ist dieses Sonderkündigungsrecht ausgesprochen nachvollziehbar, da gerade gründergeführte Mittelständler häufig mit ihrem Eigentümer gleichgestellt werden. Aber auch bei High-Yield-Anleihen sind CoC-Klauseln gängig, etwa wenn der Emittent eine Tochtergesellschaft eines Konzerns ist, der wiederum keine Garantie oder Patronatserklärung für seine Tochter abgegeben hat. Geschäftsmodell und Risikoneigung des Managements sind damit stark vom Firmengründer und seiner operativ tätigen Familie abhängig und bilden überhaupt erst die Grundlage für die Investitionsentscheidung des Anlegers. Durch die Gewährung einer CoC-Klausel sendet ein eigentümergeführtes Unternehmen zudem ein Signal an die Anleger, dass die Inhaber – zumindest für die Laufzeit der zu begebenden Anteile – nicht den mehrheitlichen Verkauf des Unternehmens anstreben und selbst operativ ›an Bord‹ bleiben. Da die Gewährung einer CoC-Klausel für den Emittenten mit keinerlei Nachteilen, Handlungseinschränkungen oder Kosten verbunden ist, sollte auf sie gerade bei Mittelstandsanleihen oder High-Yield-Bonds nicht verzichtet werden.

Ausschüttungssperren (Limitations of Payments) kommen häufig bei Unternehmen mit geringer Eigenkapitalquote zum Einsatz. Nachdem eine Anleihe begeben wurde, haben die Anteilseigner des Emittenten, etwa die Aktionäre, einen Anreiz, die Dividenden zu Lasten der Gläubiger zu erhöhen. Im Extremfall könnte ein Unternehmen sämtliche Vermögenswerte verkaufen und den erzielten Verkaufserlös zuzüglich dem laufenden Kassenbestand an die Anteilseigner ausschütten; damit würden die Anteilseigner das verfügbare Vermögen aus dem Unternehmen abziehen, während die Anleihegläubiger vollkommen leer ausgehen würden (Asset Stripping). Um dies zu vermeiden, enthalten die Anleihebedingungen häufig einen Covenant, wonach der Verkauf von Vermögenswerten zwar grundsätzlich gestattet ist, die Ausschüttung der vereinnahmten Verkaufserlöse an die Aktionäre jedoch nicht.

Einem Emittenten kann in den Anleihebedingungen verboten werden, bestimmte (besonders werthaltige) Vermögensgegenstände zu verkaufen (Limitation of Asset Sale). Dies ist aus Sicht des Anlegers dann sinnvoll, wenn die Geschäftstätigkeit des Emittenten durch den Verkauf eines zentralen Vermögenswertes infrage gestellt werden würde. Allerdings ist die Zielrichtung der Kreditvereinbarungsklausel in der Regel nicht ein absolutes Veräußerungsverbot der Vermögenswerte, sondern die Festlegung, wie der Verkaufserlös letztlich verwendet werden soll – Schuldentilgung, also Rückführung der Anleihe wäre in diesem Szenario durchaus im Sinne der Gläubiger. Die Limitation-of-Asset-Sale-Covenant kann auch Sale-and-Lease-Back-Transaktionen verhindern, die eine signifikante Ausweitung des Leverage zur Folge hätten.

Bei der »Limitation of Indebtedness«, zu Deutsch »Beschränkung der Verschuldung«, wird dem Management die Aufnahme von Verbindlichkeiten nur bis zu einem bestimmten Maximalbetrag gestattet. Weitere, eher seltene Unterlassungspflichten sind Limitations on Transactions with Shareholders, mit denen Geschäfte mit Aktionären begrenzt werden sollen, Limitations on Mergers, mit denen Verschmelzungen mit anderen Unternehmen begrenzt werden sollen, oder Limitations on the Issuance of Capital Stock of Subsidiaries, mit denen Kapitalerhöhungen bei Tochtergesellschaften beschränkt werden sollen.

Die bisher beschriebenen Covenants wirken protektiv, das heißt, sie sollen einen Kreditausfall im Vorfeld vermeiden. Daneben gibt es Covenants, die die Stellung der Anleihegläubiger im Notfall verbessern sollen. So hat die Drittverzugsklausel, auch »Cross-Default-Klausel« genannt, zur Folge, dass ein Gläubiger eine Anleihe vorzeitig fällig stellen und den Emittenten zur Rückzahlung auffordern kann, sofern die Covenants einer anderen Kapitalmarktverbindlichkeit verletzt werden und sich der Emittent in Verzug der Zahlung oder anderer wesentlicher

Pflichten gegenüber Dritten befindet. Während für die Auslösung eines Cross Default entscheidend ist, ob ein Gläubiger sein Kreditverhältnis kündigen könnte, wird in der engen Auslegung, auch »Cross Acceleration« genannt, die Kündigung erst durch die tatsächlich erfolgte Kündigung einer anderen Kapitalmarktverbindlichkeit ausgelöst. Durch beide Covenants soll verhindert werden, dass sich die Haftungssumme durch die Befriedigung der Ansprüche anderer verringert und der Anleihegläubiger gegenüber anderen Gläubigern aufgrund der fehlenden Fälligkeit seiner Anleiheforderung benachteiligt wird. Zur abschließenden Beurteilung von Drittverzugsklauseln ist ein Blick in die Anleihebedingungen und eine Analyse der Begrifflichkeiten erforderlich. Für die unternehmerische Unabhängigkeit ist es aus Sicht des Emittenten nämlich bedeutend, dass die Verbindlichkeitsdefinition möglichst eng gefasst ist, während der Gläubiger eine möglichst weite Definition bevorzugt. »Eng« und »weit« beziehen sich dabei

- auf die der Drittverzugsklausel zugrunde liegende Schuldart: Üblich ist ein Eintreten des Cross Defaults nach der Verletzung von Zahlungsverpflichtungen aus anderen Kapitalmarktverbindlichkeiten; Emittenten bevorzugen dabei eine möglichst enge Definition, Gläubiger eine möglichst weite.
- auf die Höhe der fälligen Zahlungsverpflichtung: Üblich sind Bagatelluntergrenzen, da sonst im Extremfall der Zahlungsverzug bereits bei sehr niedrigen Fälligkeiten ausgelöst werden würde. Emittenten bevorzugen einen möglichst hohen Schwellenwert, Gläubiger einen niedrigen.
- auf die vereinbarte Schonfrist: Üblich sind 30 bis 60 Tage, in denen von dem vorzeitigen Kündigungsrecht kein Gebrauch gemacht werden darf. Emittenten bevorzugen eine möglichst lange Schonfrist, Gläubiger eine möglichst kurze.
- auf die Zahl der einbezogenen Gesellschaften: Emittenten bevorzugen es, wenn sich die Drittverzugsklausel auf den Emittenten selbst bezieht, Gläubiger, wenn sie alle oder bestimmte Tochtergesellschaften des Emittenten mit einschließt.

Vergleichbar mit den Negativverpflichtungen ist die Überwachung von Cross-Default-Klauseln aufgrund der Intransparenz von Bankkreditverträgen problematisch. Ohnehin ist fraglich, ob durch Drittverzugsklauseln das Liquiditätsproblem des Emittenten gelöst oder nicht sogar verschärft wird, so dass der eigentliche Zweck des Gläubigerschutzes sogar konterkariert werden würde.

Die Einhaltung von Informative Covenants ist bei Mittelstandsanleihen verpflichtend in den Allgemeinen Geschäftsbedingungen der Börsen festgelegt. Mittelständler, die eine Anleihe begeben, sind verpflichtet, innerhalb von sechs Monaten einen testierten Jahresabschluss mit Anhang und Lagebericht und innerhalb von drei Monaten nach Ablauf des Halbjahres einen (nicht notwendigerweise geprüften) Halbjahresbericht zu veröffentlichen. Im Being Public sollen ferner wichtige kurs- und investitionsrelevante Informationen veröffentlicht werden. Diese (Quasi-)Ad-hoc-Veröffentlichungen müssen auf der Homepage des Emittenten abgelegt und während der gesamten Laufzeit des Wertpapiers zum Abruf bereitgestellt werden. Ebenfalls zu den Informationspflichten zählt die regelmäßige Veröffentlichung eines Ratings, sofern der Emittent nicht börsennotiert ist.

Im Gegensatz zu Non-Financial Covenants beziehen sich Financial Covenants auf die Einhaltung bestimmter Kapitalstrukturrelationen und Finanzierungskennzahlen. Besonders beliebt ist die Vereinbarung von Schwellenwerten bei

- EBIT(DA) Interest Coverage Ratio, also dem Verhältnis aus EBIT(DA) und Zinsaufwand;
- Leverage oder Verschuldungsgrad, also dem Verhältnis aus zinstragenden Verbindlichkeiten und EBIT(DA);
- Fixed Charge Cover Ratio, auf Deutsch »Schulddienstdeckungsgrad«, also dem Verhältnis aus zu erbringendem Kapitaldienst (in der Regel Zinsaufwand, Leasing und Dividendenzahlungen) und EBITDA.

Diesen Kennzahlen ist gemein, dass sie auf die Fähigkeit des Emittenten abstellen, ausreichend Liquidität zu generieren. Neben diesen allein auf

Zahlungsströme abzielenden Covenants sind auch Kennzahlen üblich, die die Vermögenslage des Emittenten berücksichtigen. Bekannt sind etwa Schwellenwerte bei

- Eigenkapitalquoten beziehungsweise Eigen- zu Fremdkapitalquoten, wobei in den Anleihebedingungen häufig festgelegt ist, dass der Emittent bestimmte, zum Beispiel nachrangige Verbindlichkeiten eingehen darf, ohne dass die Verschuldungskennziffern belastet werden;
- Loan to Value, bei dem die Vermögenswerte in Relation zu den sie finanzierenden Darlehen gesetzt werden.

Durch die Vereinbarung von Obergrenzen sollen zum Beispiel Risiken aus einer überhöhten Verschuldung des Emittenten oder einer Aushöhlung des Vermögens vermieden werden. Kommt es zu einer Verletzung der Financial Covenants, stellt dies einen außerordentlichen Kündigungstatbestand seitens der Anleihegläubiger dar. Bei der Ausgestaltung der Financial Covenants wird der Emittent daher nicht an das Planungslimit gehen, sondern einen gewissen Puffer berücksichtigen, den sogenannten Headroom. Dieser verleiht dem Emittenten gegenüber den in der Unternehmensplanung erwarteten Zahlen einen Freiraum, so dass Financial Covenants letztlich nur verletzt werden, wenn die wirtschaftliche Entwicklung des Emittenten die internen Planzahlen zuzüglich des Headrooms überschreitet.

Da die Ausprägungen der Financial Covenants stetig sind, ist das Monitoring durch die Anleger mit entsprechendem Aufwand verbunden. Von einer fortlaufenden Überwachung wie etwa bei Kreditverträgen kann also keine Rede sein. Hinzu kommt, dass einige der den Indikatoren zugrunde liegenden Daten als sogenannte Non-GAAP-Figures nicht standardisiert sind, was ihre Berechnung nicht gerade erleichtert. In der Praxis sehen die Anleihebedingungen daher vor, dass der Emittent einmal jährlich eine Bestätigung abzugeben hat, in der die Einhaltung der Financial Covenants zugesichert wird.

Eine Verletzung der Covenants gesteht dem Anleger bestimmte Rechtsfolgen zu. Die bedeutendste Folge ist zweifelsohne die Kündigung der Anleihe. In der Realität wird die Anleihekündigung nicht unmittelbar vollzogen, sondern nur angedroht, um den Schuldner etwa zur Abhaltung einer Gläubigerversammlung zu verpflichten, in der die Anleihebedingungen gegebenenfalls weiter zugunsten der Gläubiger geändert werden. Andere mögliche Folgen eines Breach of Covenants sind ein Zins-Step-Up, also eine automatische Anpassung des Zinses nach oben, oder die Verpflichtung des Emittenten zur Bestellung weiterer Sicherheiten.

Covenants sind nicht Kür, sondern Pflicht: Es geht bei Covenants weniger um die Frage des Ob als um die Frage, welche Covenants in die Anleihebedingungen aufgenommen werden sollen. Dies ist durchaus im Interesse der Eigenkapitalgeber eines Emittenten. Empirisch geraten Emittenten von Anleihen, die mit einer Vielzahl von Covenants ausgestattet sind, seltener in Zahlungsverzug. Umso geringer ist die geforderte Verzinsung, was wiederum die Kreditkosten senkt und den Unternehmenswert steigert. Nichtsdestotrotz gibt es bestimmte Anleiheformen, für die Covenants geradezu sinnwidrig wären. So ist es nicht vorstellbar und auch nicht marktüblich, Hybridanleihen mit Covenants auszustatten. Da Hybridanleihen grundsätzlich nachrangig und zudem unbesichert ausgestaltet sind, würden Covenants wie eine Negativverpflichtung dem Gedanken einer Hybridanleihe zuwiderlaufen.

Wie sicher sind Besicherungsmaßnahmen?

»Man muss die Fakten kennen,
bevor man sie verdrehen kann.«

Mark Twain, eigentlich Samuel Langhorne Clemens
(1835–1910), US-amerikanischer Schriftsteller

Grundsätzlich ist die Bonität eines Emittenten die entscheidende Größe für das Risiko einer Anleihe. Je besser die Bonität, desto sicherer wird die Anleihe eingestuft und desto geringer ist das mit einem Engagement verbundene Risiko. Anleihen von multinationalen Großkonzernen, sogenannten Frequent Issuers mit langjähriger Kapitalmarktpräsenz, werden daher in der Regel unbesichert begeben und über den Zins sowie die eingeräumten Covenants gesteuert. Ähnlich einem Bankkredit können Anleihen aber auch besichert werden. Auf die der Besicherung unterliegenden Vermögenswerte hat der Insolvenzverwalter im Falle einer Zahlungsunfähigkeit keinen Zugriff. Durch dieses sogenannte Ring Fencing können sie vielmehr ausschließlich von den Anleihegläubigern verwertet werden, falls das übrige Vermögen nicht ausreicht, ihre Ansprüche zu befriedigen.

Gerade für Erstemittenten, insbesondere im High-Yield-Segment und bei den Mittelstandsanleihen, sowie bei Emittenten niedriger Bonität oder Kapitalausstattung kann durch spezifische Besicherungsmaßnahmen versucht werden, eine Verbesserung der Position eines Anleiheinvestors zu erreichen. Im Gegensatz zu Covenants, die ihre Wirkung bereits im Vorfeld eines möglichen Zahlungsausfalls entfalten sollen, reduzieren Sicherheiten weder die Default-Wahrscheinlichkeit noch verbessern sie die Kreditqualität eines Emittenten. Sie sind jedoch geeignet, den Schaden im Fall eines Defaults zu verringern, und senken damit die vom Kapitalmarkt geforderte Risikoprämie.

Beispiel: Ein Beispiel dafür, dass ohne Besicherung im Insolvenzfall für die Anleihegläubiger nicht mehr viel übrig bleiben würde, ist die Mittelstandsanleihe der Windreich GmbH (WKN A1CRMQ). Für diese Anleihe wurden zur Sicherung der Verbindlichkeiten gegenüber Kreditinstituten nicht nur die finanzierten Windkraftanlagen sicherungsübereignet und durch Geldmarktkonten und Wertpapierdepots verpfändet sowie selbstschuldnerische Bürgschaften des Gesellschafters eingegangen, sondern auch dessen im Anlagevermögen der Gesellschaft befindliche Oldtimer-Sammlung wurde verpfändet.

Die Besicherung unterstellt, dass der Kapitaldienst im Notfall aus den Verwertungserlösen des Besicherungsobjektes bestritten werden kann. Damit eine Besicherungsmaßnahme werthaltig ist, sollte die Sicherheit, wurde sie als Wertpapier gestellt, nicht nur liquide sein, sondern auch von einem Emittenten bester Bonität emittiert worden sein. Zur Vermeidung von Klumpenrisiken sollte kein Emittent für mehr als 10 Prozent des Besicherungsvolumens verantwortlich sein. Auch eine Korrelation zwischen dem Emittenten und den Wertpapieren des Besicherungsobjekts sollte nicht augenfällig sein. Wurden liquide Mittel als Sicherheit bestellt, sollten diese in möglichst quasi-risikolose Anlageformen wie AAA-Staatsanleihen investiert worden sein. Wurden dingliche Sicherheiten, etwa ein Grundstück, bestellt, ist deren Werthaltigkeit durch Gutachten zu dokumentieren. Besonders populär sind Besicherungen durch die Abtretung von Cashflows oder in Form einer Einräumung erstrangiger Grundpfandrechte, also Realsicherheiten, etwa bei Immobilienunternehmen. Eher selten sind dagegen Personalsicherheiten wie zum Beispiel Bürgschaften. In diese Kategorie fallen zum Beispiel Patronatserklärungen. Dabei erklärt ein Unternehmen oder eine Privatperson, den Emittenten wirtschaftlich zu unterstützen, beispielsweise bei Eintritt von Zahlungsschwierigkeiten.

Häufig werden den Gläubigern Garantieerklärungen als Sicherheiten angeboten, insbesondere bei Emissionen über ausländische Zweckgesellschaften. Diese verfügen in der Regel nicht über einen eigenständigen Geschäftsbetrieb, sondern dienen ausschließlich als Vehikel für die Begebung der Anleihe. Nicht die Zweckgesellschaft, sondern die Konzernmutter garantiert daher für die Leistung der Zinszahlungen und die Rückzahlung der Anleihe, wodurch die Anleihe als eine von der Mutter selbst ausgegebene angesehen werden kann.

In diesem speziellen Fall sind Besicherungsmaßnahmen das geeignete Mittel, um einem Emittenten mit einem eher schwachen Unternehmens-Rating den Zugang zum Kapitalmarkt zu ermöglichen.

Neben derartigen Personalsicherheiten können auch klassische Realsicherheiten wie Grundschulden oder Hypotheken zur Besicherung einer Anleihe abgetreten werden. Während sie bei Pfandbriefen und

Kommunalobligationen sogar essenzieller Bestandteil des Konzepts sind, sind sie bei Mittelstandsanleihen ein Mittel zur Verbesserung der Platzierungswahrscheinlichkeit der Emission.

Anleger assoziieren Immobilien als sichere Anlage. Kein Wunder, dass sie diese Einschätzung auch auf Aktien und Anleihen von Immobilienunternehmen übertragen. Diese Anschauung mag grundsätzlich richtig sein, dennoch empfiehlt es sich, den Emittenten genau anzuschauen, wenn zum Beispiel das aufgenommene Fremdkapital als Eigenkapital in einer Projektfinanzierung auftaucht und durch die Anleihe eine möglicherweise nicht gewollte Leverage-Finanzierung erfolgt.

Das Gegenteil der Besicherung: Der Nachrang

»Das große Unglück bei uns alten Spekulanten ist, dass wir zwar viele Erfahrungen gesammelt, unsere Waghalsigkeit jedoch verloren haben.«

André Kostolany (1906–1999),
ungarisch-deutscher Börsenexperte

In der Regel sind Schuldverschreibungen unbesichert. Hat ein Emittent mehr als eine Anleihe ausgegeben, ist die Reihenfolge, mit der Gläubiger im Insolvenzfall ihre Ansprüche auf das Vermögen des Emittenten geltend machen können, von entscheidender Bedeutung für das Ausmaß der Befriedigung ihrer Ansprüche.

Begibt ein Emittent eine Anleihe, deren Stellung niedriger als die von bereits im Umlauf befindlichen Anleihen ist, werden diese neu begebenen Schuldverschreibungen als »nachrangig« bezeichnet. In diesem Fall des schuldrechtlichen Nachrangs sind die Ansprüche der Anleihegläubiger im Fall einer Insolvenz oder Liquidation des Emittenten erst nach der vollständigen Befriedigung aller vorrangigen Gläubiger zu bedienen. Allein vor den Gesellschaftern etwa einer GmbH oder den Aktionären einer Aktiengesellschaft sind die Gläubiger von Nachranganleihen im Insolvenzfall vorrangig. Derartige Nachranganleihen stehen damit zwischen dem klassischen Fremdkapital und dem Eigenkapital, so dass bei einem Kauf die Bonität des Schuldners besonders intensiv geprüft werden sollte. Da die Inhaber dieser Anleihen bei einem Zahlungsausfall des Emittenten mit hoher Wahrscheinlichkeit einen geringeren Anteil ihres eingezahlten Nominalbetrags zurückerhalten, sind die für Nachranganleihen geforderten Zinsen höher als die anderer Anleihen mit höherer Seniorität.

Ein klassischer Nachrang, nach dem die Anleihegläubiger mit ihren Forderungen im Rang hinter alle übrigen Gläubiger des Unternehmens zurücktreten, ist für Unternehmensanleihen eher untypisch, die Forderungen der Anleihegläubiger sind vielmehr gleichrangig mit sonstigen externen Kapitalmarktverbindlichkeiten. Häufig sind in den Anleihebedingungen sogar Pari-passu-Klauseln üblich, die den Gleichrang explizit vorschreiben. Werden die Ansprüche aus einer Anleihe dagegen nachrangig ausgestaltet, müssen sich die entsprechenden Nachrangklauseln in Abhängigkeit von der Zwecksetzung des Nachrangs an den einschlägigen bilanziellen oder insolvenzrechtlichen Vorschriften orientieren. Die Konsequenz einer Nachrangabrede ist nämlich dass die Anleihe nicht länger als Fremdkapital, sondern als hybrides Kapital eingeordnet wird, das eine Zwitterstellung zwischen Eigen- und Fremdkapital einnimmt.

In der Regel sind Hybridanleihen mit einem festen Zinssatz ausgestattet, der über einen bestimmten Zeitraum gezahlt wird und sich danach im Zuge eines Step-Up in einen (höheren) variablen Zinssatz wandelt (sogenannte Fixed-to-Floating-Rate-Note). Dieser nach Ablauf der Festzinsperiode zu zahlende variable Zins orientiert sich an den üblichen Referenzzinssätzen wie EURIBOR oder LIBOR, zuzüglich einer emittentenabhängigen Risikoprämie. Der Aufschlag wird dabei regelmäßig so festgesetzt, dass er in einem normalen Marktumfeld eine höhere Verzinsung als andere Anleihen desselben Emittenten oder anderer Emittenten vergleichbaren Risikos verspricht. Daher wird dem

Emittenten bei Eintritt des Zins-Step-Up meist das Recht eingeräumt, die Hybridanleihe vorzeitig zu kündigen und zurückzuzahlen.

Anders ist der Fall des strukturellen Nachrangs gelagert. Struktureller Nachrang tritt immer dann auf, wenn der Vorrang von Drittgläubigern auf bewusste Strukturierungsmaßnahmen zurückzuführen ist. Wurde die Anleihe beispielsweise von einer Konzernmuttergesellschaft als Holdinggesellschaft oder Beteiligungsgesellschaft begeben, werden die Zahlungsansprüche der Anleihegläubiger erst nach den Ansprüchen von Gläubigern der operativen Konzerntochtergesellschaften erfüllt. In diesem Fall verfügt der Emittent über keinen eigenen operativen Geschäftsbetrieb und damit auch über keine oder nur geringe operative Vermögensgegenstände. Der Emittent ist zur Erfüllung seiner Verpflichtungen aus der Anleihe auf die Zahlungen der operativen Tochtergesellschaft angewiesen. Eine Bedienung der Ansprüche der Anleihegläubiger kann damit erst erfolgen, nachdem die Tochter ihre eigenen Verpflichtungen erfüllt hat. Wurden keine vorrangigen Sicherheiten durch die operativen Tochtergesellschaften bestellt, steht den Anleihegläubigern nur dieses Restvermögen zur Verwertung zu.

Ein Spezialfall liegt vor, wenn Anleihen aus kapitalmarkt- und steuerrechtlichen Gründen von ausländischen Tochtergesellschaften deutscher Unternehmen begeben werden. In diesem Fall begibt die ausländische Tochtergesellschaft, zum Beispiel eine in den Niederlanden ansässige Tochter (Nedco) eine Anleihe, deren Erlöse anschließend an die Mutter- oder andere Konzerngesellschaften als Darlehen weitergeleitet werden:

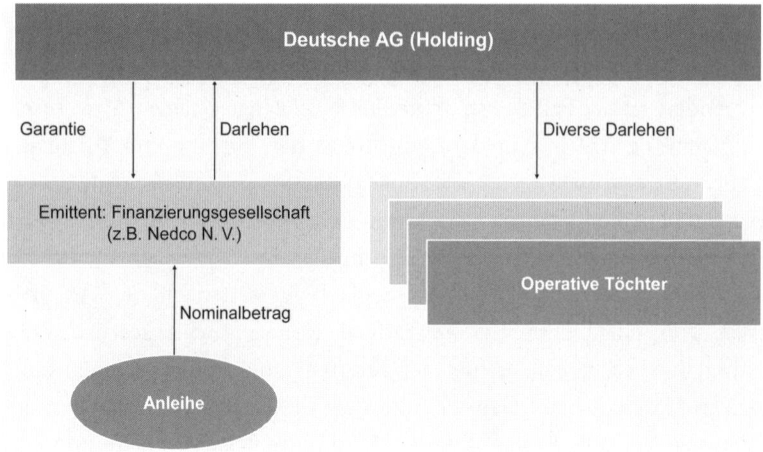

Abbildung 12: Beispielhafte Kapitalflüsse bei ausländischem Emittenten

Auch hier entsteht eine strukturelle Nachrangigkeit der Anleihegläubiger. Damit derartige Konstruktionen platzierbar sind, werden die Rückzahlungsansprüche der Anleihegläubiger gegen den Emittenten häufig durch Garantien anderer in- und ausländischer Konzerngesellschaften besichert.

Zwar ist die Anleihe unter rein formaljuristischen Gesichtspunkten anderen Finanzverbindlichkeiten – insbesondere Bankkrediten – gleichgestellt, da für diese jedoch regelmäßig Sicherheiten bestellt wurden, bringt der strukturelle Nachrang für die Anleihegläubiger tendenziell höhere Risiken mit sich, was sich im Anleihe-Rating niederschlagen muss.

Im Gegensatz dazu kann durch eine entsprechende Ausgestaltung der Anleihebedingungen, insbesondere durch Bürgschaften oder sogenannte Upstream-Garantien, eine Gleichstellung der Anleihegläubiger erreicht werden. Ob die Nachranganleihe dadurch allerdings tatsächlich pari passu mit den Drittgläubigern der operativen Töchter gestellt wird, ist nicht von vornherein klar und bedarf eingehender Prüfung.

Die unterschiedlichen Kurse einer Anleihe

»Geld ist nichts. Aber viel Geld, das ist etwas anderes.«

George Bernard Shaw (1856–1950),
irisch-britischer Literaturnobel- und Oscar-Preisträger

Wer eine Anleihe erwirbt, kauft keine bestimmte Stückzahl der Anleihe – wie bei Aktien –, sondern einen bestimmten Nenn- oder Nominalwert. Da bei Anleihen üblicherweise hohe Gesamtbeträge aufgenommen werden, wird, um ihre Handelbarkeit sicherzustellen, die Schuldverschreibung in zahlreiche kleinere, gleichlautende Beträge, die sogenannten Teilschuldverschreibungen, aufgeteilt. Die Summe der Teilschuldverschreibungen entspricht dem Gesamtvolumen der Anleihe und damit dem Betrag, der dem Unternehmen nach der Emission zugeflossen ist; Emissionskosten bleiben hierbei unberücksichtigt. Zum Fälligkeitstag wird der Nennwert an die Gläubiger zurückbezahlt.

Bei Benchmark-Anleihen großer Emittenten wie Deutsche Telekom oder Allianz liegt der kleinste Nennwert, die Mindeststückelung, bei 50 000 Euro oder einem Vielfachen davon. Dies stellt für die meisten Privatanleger ein unüberwindliches Hindernis dar, so dass ein Erwerb meist nur über Rentenfonds möglich ist. Um den Direkterwerb von Anleihen auch weniger vermögenden Privatinvestoren zu ermöglichen, sind an den Mittelstandsbörsen Mindeststückelungen von höchstens 1 000 Euro vorgeschrieben, was erheblich zur Attraktivität von Mittelstandsanleihen beigetragen hat. Auf diesen Nennwert bezieht sich im Übrigen die Zinszahlung der Anleihe, die deshalb auch »Nominalverzinsung« genannt wird.

Die Preisangaben beim Kauf oder Verkauf einer Anleihe beziehen sich in der Regel auf einen Nennwert von 100 Geldeinheiten (zum Beispiel Euro oder US-Dollar) und werden daher »Kurse« genannt. Die Preisquotierung erfolgt in Prozent des Nominalwerts. Notiert zum Beispiel der Kurs einer Anleihe bei 102,25, entspricht dies 102,25 Prozent des Nominalwerts von 1.

Im Gegensatz zu Aktien werden Anleihen zur besseren Vergleichbarkeit an der Börse ex Coupon notiert. Wer eine Anleihe kauft, muss neben dem aktuellen Kurs, dem sogenannten Clean Price, der von Privatanlegern zum Beispiel über onlinebasierte Finanzdienstleister wie onvista.de oder finanzen.net gratis und mit einer Verzögerung von 15 Minuten abgerufen werden kann, auch die aufgelaufenen Stückzinsen bezahlen. Stückzinsen repräsentieren die seit dem letzten Zinszahlungstermin aufgelaufenen Zinsansprüche, die beim Erwerb einer Anleihe vom Käufer an den Verkäufer zu zahlen sind. Wären die Stückzinsen bereits im Kurs enthalten, wie dies bei den Unternehmensgewinnen der Fall ist, würde der Kurs einer Anleihe bis zum Termin der Couponzahlung – auch wenn sonst alles gleich bliebe – stetig ansteigen, wodurch die tatsächliche Wertentwicklung der Anleihe nicht länger erkennbar wäre. Damit ergibt sich der vom Anleger zu zahlende Betrag (auch »Dirty Price« genannt) aus dem Clean Price zuzüglich der aufgelaufenen Stückzinsen, mit anderen Worten:

$$\text{Dirty Price} = \text{Clean Price} + \text{Stückzinsen}$$

Stückzinsen nehmen von Tag zu Tag zu und entsprechen am Tag vor dem jeweiligen Zinstermin dem vollen Betrag des Coupons. Unmittelbar nach der Couponzahlung sind die Stückzinsen gleich null. Damit gleicht der Kursverlauf einem sägezahnförmigen Muster:

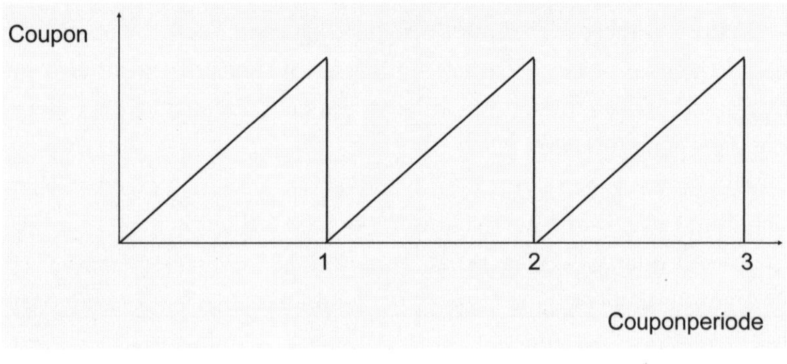

Abbildung 13: Stückzinsen

Wenn aber die Stückzinsen einen sägezahnförmigen Verlauf annehmen, dann gilt dies auch für den Dirty Price einer Anleihe.

Theoretisch wird zur Berechnung der Stückzinsen die vorgesehene Couponzahlung gleichmäßig auf die Anzahl der Tage verteilt, die zwischen zwei Couponterminen liegen. Eigentlich dürfte man erwarten, dass sich die Kapitalmarktteilnehmer längst auf eine Methode geeinigt haben, wie die Stückzinsen einer Anleihe korrekt berechnet werden. Erstaunlicherweise ist dem nicht so. Gängig sind vielmehr verschiedene Zinsusancen, auch »Day Count Conventions« genannt, in denen die beiden für die Berechnung der Stückzinsen relevanten Größen Anzahl der Tage einer Zinsperiode und Anzahl der Tage eines Jahres unterschiedlich festgelegt werden.

Die einfachste Variante ist die 360/360-Methode, auch »deutsche Methode« genannt. Bei diesem Verfahren werden die Monate stets mit 30 Tagen und das Jahr mit 360 Tagen angesetzt. In Monaten mit 31 Tagen werden der 30. und der 31. Tag zusammen als ein Zinstag berechnet. Bei Anleihekäufen im Februar werden die Tage kalendergenau gezählt, also 29 Tage in einem Schaltjahr, 28 in den übrigen Jahren. In der europäischen Variante wird der Februar bei Anleihekäufen, die nach dem Februar getätigt werden, mit 30 Tagen gezählt, in der US-amerikanischen Variante mit 28 beziehungsweise 29 Tagen. Die Verzinsung beginnt einen Tag nach dem letzten Valutatag und endet am letzten Valutatag. Die aufgelaufenen Zinsen berechnen sich damit nach folgender Formel:

$$\text{Stückzinsen} = \frac{30 \times \text{ M} + \text{D}}{360} \text{Nominalzins}$$

mit M: Anzahl der vollständigen Monate seit der letzten Couponzahlung, D: Anzahl der Tage des letzten angebrochenen Monats.

Bei der act/360-Methode, die auch »Eurozins-Methode« genannt wird und trotz ihres Namens unter anderem auch bei japanischen Anleihen zum Einsatz kommt, wird jeder Kalendertag gezählt: Der Januar hat also stets 31 Tage, der Februar 28 oder 29 Tage und so weiter. Für das ganze Jahr ergeben sich damit 365 oder 366 Tage. Zur zeitanteiligen Berechnung der Stückzinsen wird die Zahl der Kalendertage stets durch 360 dividiert.

Ähnlich verläuft die Berechnung der Stückzinsen bei der act/365- oder englischen Zinsmethode, für die als Basis 365 anstelle von 360 Kalendertagen verwendet werden.

Schließlich rechnet die act/act-Methode mit dem in Zeiten unlimitierter Rechnerkapazitäten naheliegenden Verfahren und verwendet über und unter dem Bruchstrich die effektiv angefallenen Kalendertage. Im Nenner stehen stets 365 beziehungsweise im Schaltjahr 366 Tage. Der Zeitraum vom 1. Januar bis zum 20. März eines Schaltjahres umfasst dementsprechend 31 (Januar) + 29 (Februar) + 20 (März) = 80 Tage. Die act/act-Methode wird von der ISMA, der International Securities Market Association, zur Berechnung der Effektivverzinsung von Ausland- und Euro-Anleihen verwendet.

Die Zinstermine entsprechen den Zeitpunkten, zu denen den Anlegern ihre Zinseinnahmen übertragen werden. Am häufigsten sind jährliche Zinstermine, aber auch halb- oder vierteljährliche Zinstermine sind üblich. Die Häufigkeit, mit der Zinsen ausgeschüttet werden, hat Einfluss auf das Effektivzinsniveau. Bei jährlicher Zinszahlung entspricht der Nominalzins dem nominellen Jahreszinssatz. Verspricht eine Einjahresanlage einen Nominalzins von 3,50 Prozent, der jährlich nachschüssig bezahlt wird, dann erhält der Anleger für einen Anlagebetrag von 10 000 Euro nach einem Jahr 350,00 Euro gutgeschrieben. Damit entspricht die Nominalverzinsung auch dem Effektivzins. Erfolgt dagegen eine halbjährliche Verzinsung, so erhält der Anleger nach sechs Monaten eine Gutschrift von 175,00 Euro, die neu angelegt werden und damit für eine Verzinsung im zweiten Halbjahr zur Verfügung stehen. Angenommen, es gelingt dem Anleger, diese Zinsgutschrift zu denselben Konditionen anzulegen, so stehen für das Gesamtjahr Zinseinnahmen in Höhe von 353,06 Euro zu Buche. Dem Nominalzins von 3,50 Prozent steht eine Effektivverzinsung von rund 3,53 Prozent gegenüber.

Die Wertstellung der Anleihe, auch »Valuta« genannt, erfolgt in den meisten Fällen ein bis drei Geschäftstage nach dem Tag des Geschäftsabschlusses. Welche Regelung greift, ist vom Wertpapier abhängig und bei der Bank zu erfragen: Bei deutschen Staatsanleihen, Pfandbriefen und den meisten Unternehmensanleihen ist eine Valutierung von T+3 üblich, US-amerikanische Staatsanleihen haben demgegenüber eine Valutierung von T+1. Gilt die Regelung Valuta T+3, so werden zu den bis zum eigentlichen Handelstag aufgelaufenen Stückzinsen drei weitere Tage hinzugezählt. Fällt auf diese drei Tage ein Wochenende oder ein Feiertag, verschiebt sich die Valutierung um diese Tage weiter nach hinten.

Beispiel: Eine Unternehmensanleihe soll mit einem Nominalzins von 7,25 Prozent ausgestattet sein. Die Fälligkeit der Anleihe ist am 27.05. des kommenden Jahres. Ein Anleger erwirbt am Mittwoch, den 17.04. des laufenden Jahres nominal 10 000 Euro dieser Anleihe zum Kurs von 107,55 Prozent. Valuta der Anleihe ist drei Tage nach dem Kaufzeitpunkt. Da dieser Tag auf einen Samstag fällt, ergibt sich als Valutatag der darauffolgende Montag, der 22.04. Die Zinsberechnungsmethode ist act/act-365. Seit dem letzten Coupontermin am 27.05. des vergangenen Jahres sind genau 340 Tage vergangen. Damit berechnen sich die Stückzinsen als

$$6,5\% \times \frac{340 \text{ Tage}}{365 \text{ Tage}} = 6,0547\%$$

Der Dirty Price liegt damit bei

$$\text{Dirty Price} = 107,55\% + 6,0547\% = 113,6047\%$$

Der vom Anleger zu zahlende Betrag beläuft sich mithin auf

$$113,6047\% \times 10000,00 \text{ Euro} = 11360,47 \text{ Euro.}$$

Je länger der letzte Coupontermin zurückliegt, desto höher sind die zu bezahlenden Stückzinsen. Erfolgt der Kauf am Couponzahlungstermin, fließt der Coupon vollständig dem Verkäufer zu und der Käufer bezahlt keine Stückzinsen.

Anleihen, die sich im Zahlungsverzug befinden (Default) und dementsprechend keine Zinsen mehr bezahlen, werden auch »flat« gehandelt. Der vom Käufer an den Verkäufer zu entrichtende Preis setzt sich in diesem Fall jedoch nur aus dem Clean Price zusammen, schließlich erfolgt keine Zinszahlung seitens des insolventen Emittenten.

Die Ausgabe einer Anleihe kann pari, über pari oder unter pari erfolgen. Eine Emission unter pari bedeutet, dass die Anleihe unter ihrem Nennwert begeben wird. Mit Fortschreiten der Laufzeit konvergiert der Kurs gegen seinen Nominalwert, zu dem die Anleihe getilgt wird (Pull-to-par-Effekt). Der Anleger erzielt damit seine Rendite sowohl aus den laufenden Couponzahlungen als auch aus dem programmierten Kursanstieg der Anleihe bis zum Fälligkeitstag und die effektive Rendite liegt über der Nominalverzinsung der Anleihe. Der Kurs der Anleihe muss daher unter dem Nominalwert notieren. Im umgekehrten Fall einer Emission über pari verringert sich die Rendite des Anlegers über die Laufzeit der Anleihe infolge der rückläufigen Kurse. Bei Anleihen, die über pari gehandelt werden, liegt die Effektivverzinsung unter dem Couponzins. Bei einer Anleihe, die zu pari gehandelt wird, entspricht der Effektivzins einer Anleihe gleich dem Nominalzins.

Von welchen Zinsen reden wir eigentlich?

»Gier ist gut.«

Gordon Gekko, fiktiver Finanzinvestor
in dem Film Wall Street (1987)

Bislang wurde mehrfach von »Zins« oder »Verzinsung« gesprochen, ohne dass diese Begriffe präzise bestimmt wurden. Diese Nachlässigkeit wollen wir nunmehr beseitigen. Beginnen wir mit dem Nominalzins, also dem auf das Nominalvolumen vereinnahmten Zins. Bei – theoretisch – risikolosen Anlagen ist der Nominalzins die einzige Performancekomponente, bei risikobehafteten Anlagen zumindest die wichtigste. Der Nominalzins vermittelt auf einen Blick einen – zugegeben oberflächlichen – Eindruck über die zu erwartenden Zinseinkünfte eines Investors.

Beispiel: Eine festverzinsliche Unternehmensanleihe soll mit einem Nominalzins i_{Nom} von 7,25 Prozent ausgestattet sein. Das bedeutet, dass der Anleger vom Emittenten bei einem Nennwert von 1 000 Euro für jedes Wertpapier einen jährlichen festen Betrag von 72,50 Euro als Zins erhält.

Von der Nominalverzinsung zu unterscheiden ist die sogenannte laufende Verzinsung i_L. Sie errechnet sich aus dem Quotienten aus der Nominalverzinsung i_{Nom} und dem Kurs P der Anleihe.

Beispiel: Die festverzinsliche Unternehmensanleihe aus dem letzten Beispiel wird aktuell mit einem Kurs P von 97,71 [Prozent] gehandelt. Die laufende Verzinsung i_L der Anleihe beläuft sich damit auf

$$i_L = \frac{i_{Nom}}{P} = \frac{7,25\%}{97,71} = 7,42\%$$

Betrachtet man einen längeren Zeitraum als ein Jahr, so sind die zwischenzeitlich vereinnahmten Zinseszinsen zu berücksichtigen. Ein bestimmtes Anfangskapital K_0, das über T Jahre zu einem Nominalzins von i_{Nom} angelegt wird, ergibt einen Endbetrag K_T von

$$K_T = K_0(1 + i_{Nom})^T$$

Beispiel: Angenommen, ein Anleger zeichnet für einen Betrag von 10 000 Euro die Unternehmensanleihe, dann sind bis zum Ende der Laufzeit inklusive der Tilgung

$K_T = 10000 \text{ Euron } (1 + 0{,}0725)^5 = 14190{,}13 \text{ Euro}$ zurückgeflossen.

Bei einer unterjährigen Verzinsung berechnet sich der Endwert gemäß folgender Formel:

$$K_T = K_0 (1 + \frac{i_{Nom}}{m})^{T \times m}$$

mit m als Anzahl der unterjährigen Zinsperioden.

Beispiel: Eine Unternehmensanleihe soll mit einer Nominalverzinsung von 8,0 Prozent und halbjährlicher Verzinsung zum 1. Juni und 1. Dezember eines Jahres ausgestattet sein. Die Laufzeit beträgt fünf Jahre. Bis zum Ende der Laufzeit erhält ein Anleger, der die Anleihe zu einem Betrag von 10 000 Euro gezeichnet hat, einen Betrag von insgesamt

$$K_T = 10000 \text{ Euron } (1 + \frac{8{,}0\%}{2})^{5 \times 2} = 14277{,}28 \text{ Euro}$$

zurück. Bei halbjährlicher Verzinsung erhält der Anleger mit 14 277,28 Euro also 87,15 Euro mehr, als wenn die Anleihe nur einmal pro Jahr Zinsen ausbezahlt.

Theoretisch setzt sich die Nominalverzinsung aus der quasi-risikolosen Verzinsung und einer Risikoprämie für das eingegangene Risiko zusammen. Spätestens seit dem Ausfall griechischer Staatsanleihen sollte es jedem Investor bewusst sein, dass es risikolose Anlagen nicht gibt. Selbst wenn das Ausfallrisiko durch Auswahl eines sehr guten Schuldners – wie beispielsweise dem deutschen Staat – minimiert wurde, kann er immer noch ausfallen, und selbst wenn er dies nicht tut, ist der Investor immer noch einem Kursänderungsrisiko durch Zinsschwankungen ausgesetzt, das bei einem Verkauf vor Endfälligkeit zum Tragen kommt. Die Risikoprämie soll die Anleger für die Möglichkeit eines Schadens aus Zahlungsstörungen oder dem vollständigen Default des Emittenten entschädigen. Der potenzielle Schaden setzt sich aus der Ausfallwahrscheinlichkeit und der Recovery Rate zusammen, welche wiederum abhängig ist von der Seniorität und eventuellen Besicherungskonzepten der Anleihe. Wie aber wird der Nominalzins in der Praxis festgelegt? In einer an Banalität kaum zu übertreffenden, gleichwohl wahren Antwort muss ein Emittent zur Bestimmung der Verzinsung seiner Anleihe die Schnittmenge ausfindig machen, die sich ergibt aus dem, was er zu zahlen bereit ist, und dem, was der Markt erwartet. Die Markterwartung schwankt jedoch ständig und was noch vor Kurzem als ausreichend empfunden wurde, mag heute für den Investor nicht mehr genügen.

Einfacher ist die Festlegung bei den sogenannten Frequent Issuers, Unternehmen also, die bereits eine oder mehrere Anleihen am Kapitalmarkt notiert haben. Bei ihnen ergibt sich der Nominalzins aus der aktuellen Effektivverzinsung bereits notierter Anleihen.

Beim Festpreisverfahren, einem der ältesten Preisfindungsmechanismen, einigen sich Emittent und Emissionsbank im Vorfeld der Transaktion über die Ausgestaltung der Anleihebedingungen. Die Nominalverzinsung wird also vor dem Beginn der Platzierung festgelegt und ist für alle Anleger verbindlich. Weichen dann die Preisvorstellungen der Anleger zu sehr von denen des Emittenten ab, ist eine vollständige Platzierung nicht sichergestellt oder die Platzierung erfolgt zu Konditionen, die für den Emittenten nachteilig sind.

Um dies zu vermeiden, wird heutzutage meist ein sogenanntes Pre-Sounding durchgeführt. Vor der eigentlichen Zeichnungsphase werden ausgewählten institutionellen Schlüsselinvestoren Research-Reports, Präsentationen und Marketingmaterial bereitgestellt, die generelle Aufnahmefähigkeit für das Anlageprodukt am Kapitalmarkt getestet und die Preisvorstellungen abgefragt. Da die kontaktierten Investoren zu den am Markt bekannten Haupt- beziehungsweise Ankerinvestoren zählen, hat ihr Feedback maßgeblichen Einfluss auf die Strukturierung der Transaktion. Nach dem Pre-Sounding gibt die Emissionsbank eine fest definierte Preisspanne bekannt, innerhalb derer die Investoren Gebote abgeben können. Diese werden während der Zeichnungsphase in einem Orderbuch aufgenommen. Nachdem ausreichend Zeichnungsaufträge eingegangen sind, wird die Zeichnungsphase beendet. Bei einer Überzeichnung erfolgt die Zuteilung der Anleihen an die einzelnen Investoren beziehungsweise Investorengruppen zum Teil nach einem bestimmten Schema, zum Teil aber auch nach Ermessen der Banken. Wer Anleihen in welchem Ausmaß zugeteilt bekommt und wer nicht, ist das Erfolgsgeheimnis einer guten Emissionsbank und entscheidend für die Kursentwicklung der Anleihe während der ersten Tage nach der Platzierung.

Grundsätzlich gilt, dass riskantere Anleihen mit einem höheren Nominalzins ausgestattet werden müssen als weniger riskante Anleihen. Da die Nominalverzinsung einer bis zum Ende der Laufzeit gehaltenen Anleihe den Höchstbetrag darstellt, den Investoren aus dieser Anleihe vereinnahmen können, liegen die Liquiditätszuflüsse einer riskanteren Anleihe unter Umständen ex post unter dem versprochenen Betrag. Ein Emittent mit höherem Bonitätsrisiko muss daher eine höhere Verzinsung anbieten als ein Emittent einer identischen Anleihe mit niedrigerem Bonitätsrisiko. Andernfalls würden Anleger denselben Betrag für eine Anleihe mit höherem Bonitätsrisiko wie für eine Anleihe mit niedrigerem Bonitätsrisiko bezahlen – was ein Widerspruch zum unterstellten rationalen Handeln der Marktteilnehmer wäre. Je höher das Bonitätsrisiko ist, desto geringer ist ex post der durchschnittliche Liquiditätszufluss und desto höher muss der Ausgleich sein, damit ein Investor diese Anleihe erwirbt.

Vom Nominalzins zu unterscheiden ist der Effektivzins, auch »Yield-to-Maturity« (»YTM«) genannt. Finanzmathematisch entspricht die Effektivverzinsung einer Anleihe demjenigen Zinssatz, zu dem die laufenden Zinsen und der Rückzahlungsbetrag diskontiert werden müssen, so dass die Summe ihrer Barwerte dem aktuellen Kurs entspricht. Sie bildet den bevorzugten Wertmaßstab für die Beurteilung der Attraktivität einer Anleihe. Die Effektivverzinsung einer Anleihe hängt von zahlreichen Faktoren ab, unter anderem von den Nominalzinsen, dem Nominalbetrag, dem Emissions- und Rückzahlungspreis, der Laufzeit, den Zinszahlungsterminen und den fälligen Nebenkosten.

Die Effektivverzinsung i_{eff} eines Schuldtitels berechnet sich gemäß nachstehender Barwertformel:

$$P_0 = \sum_{t=1}^{T} \frac{\text{Cashflow}_t}{(1 + i_{eff})^t}$$

Demnach entspricht der aktuelle Kurs eines Schuldtitels P_0 der Summe aller in der Zukunft vereinnahmten Zahlungsströme, diskontiert mit ihrer Effektivverzinsung. Ein Beispiel soll dies veranschaulichen. Angenommen, eine 5-prozentige Anleihe wird an der Börse mit 103,55 Prozent gehandelt. Die Restlaufzeit beträgt genau zwei Jahre. Ein Investor, der einen Nominalbetrag von 10 000,00 Euro anlegt, kann folgende Zahlungsströme erwarten:

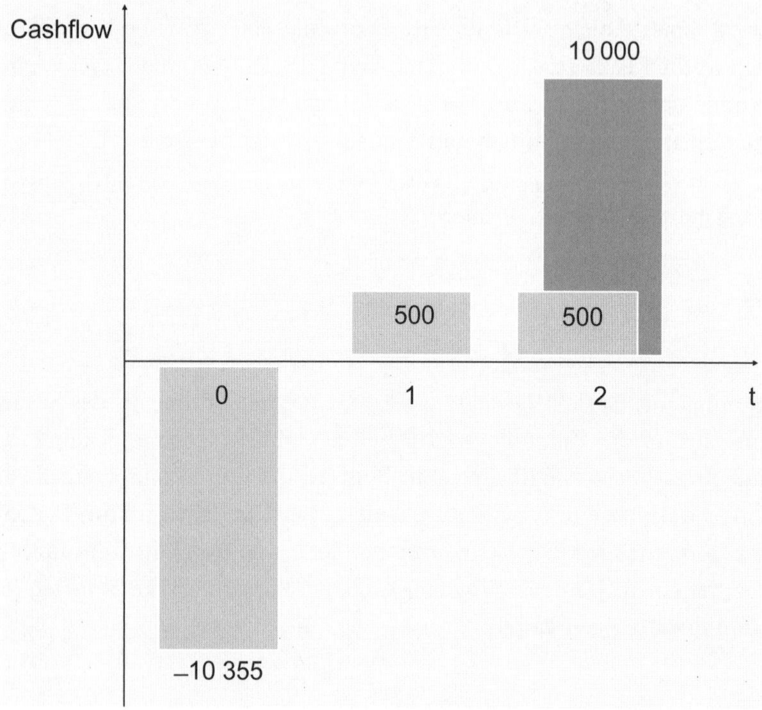

Abbildung 14: Zahlungsströme einer zweijährigen Beispielsanleihe

Die Effektivverzinsung seiner Anleihe entspricht demjenigen Zinssatz, bei dem die Summe der Zahlungsströme null ergibt. Aus obiger Formel ergibt sich damit:

$$10355 \text{ Euro} = \frac{500 \text{ Euro}}{1+i_{\text{eff}}} + \frac{500 \text{ Euro}}{(1+i_{\text{eff}})^2} + \frac{10000 \text{ Euro}}{(1+i_{\text{eff}})^2}$$

Nach Auflösung dieser quadratischen Gleichung nach i_{eff} ergibt sich eine Effektivverzinsung i_{eff} von rund 3,1 Prozent.

Auch wenn die Formel relativ trivial aussieht, ist ihre Lösung hochkomplex und übersteigt spätestens bei einer dreijährigen Restlaufzeit die mathematischen Fähigkeiten der meisten Anleger, bei längerer Restlaufzeit auch die Kapazitäten vieler Taschenrechner. Zum Glück ist eine eigenständige Berechnung der effektiven Rendite in der Praxis unnötig, da diese auf einer Vielzahl von Webseiten tagesaktuell abzulesen ist, unter anderem auf den Webseiten der jeweiligen Börsen sowie auf diversen Internetportalen wie onvista.de oder anleihen-finder.de.

Für diejenigen, die es genau wissen wollen, erfolgt die taggenaue Berechnung der Effektivverzinsung durch Auflösung folgender Formel nach i_{eff}:

$$P_0 = \sum_{d=1}^{T \times 365} \frac{\text{Cashflow}_d}{(1 + i_{eff})^{\frac{d}{365}}}$$

Einfacher wird es dagegen, wenn man die Effektivverzinsung einer Nullcouponanleihe mit einer Laufzeit von T Jahren berechnen soll. Sie erhält man anhand nachstehender Formel:

$$i_{eff} = \sqrt[T]{\frac{K_T}{P_0}} - 1$$

Es ist also die T-te Wurzel aus dem Quotienten aus Rückzahlungskurs K_T und aktuellem Anleihekurs P_0 zu berechnen.

Beispiel: Ein Zero Bond wird in drei Jahren zum Nominalwert zurückbezahlt. Aktuell wird der Zero Bond bei einem Kurs von 84,95 gehandelt. Daraus errechnet sich eine Effektivverzinsung in Höhe von

$$i_{eff} = \sqrt[T]{\frac{K_T}{P_0}} - 1 = \sqrt[3]{\frac{100,00}{84,95}} - 1 = 5,59\%$$

Kritiker bemängeln am Konzept der Effektivverzinsung, dass sie für den Anleger wenig relevant sei. Liegt der Effektivverzinsung als Performancekennziffer doch die Annahme zugrunde, dass die regelmäßig anfallenden Couponzahlungen wieder zum Effektivzins angelegt werden können. Abgesehen von Zerobonds ist diese Annahme angesichts erheblicher Transaktionskosten und der Variabilität der Marktzinssätze unrealistisch.

Von der Effektivverzinsung zu unterscheiden ist die erwartete Rendite, die ein Anleger erzielen kann, nachdem er eine Anleihe erworben hat. Denn die Effektivverzinsung unterstellt, dass der Emittent nicht ausfällt. Fällt er aus, liegt die Effektivverzinsung des Anlegers i_{effDef} bei minus 100 Prozent – zumindest sofern eine Recovery Rate (Konkursausfallquote) von null unterstellt wird. Die erwartete Rendite des Anlegers ist also von der Wahrscheinlichkeit abhängig, mit der der Emittent insolvent geht. Unterstellen wir für das obige Beispiel eine Insolvenzwahrscheinlichkeit PD von 0,97 Prozent, so ergibt sich eine erwartete Verzinsung i_{erw} der Anleihe in Höhe von

$$i_{erw} = i_{eff} \times (1 - PD) + i_{effDef} \times PD =$$
$$3{,}1\% \times (1 - 0{,}97\%) + (-100\%) \times 0{,}97\% = 2{,}1\%$$

Die erwartete Verzinsung einer Anleihe liegt also in jedem Fall unter ihrer ›versprochenen‹ Verzinsung.

Noch einen weiteren Faktor sollten wir berücksichtigen: die Inflationsrate. In Zeiten der Inflation, in der die Preise ebenfalls ansteigen, entsprechen die nominalen Zinssätze nicht der Zunahme der Kaufkraft. Die inflationsbereinigte Wachstumsrate der Kaufkraft wird durch den realen Zinssatz angegeben. Diesem wird im Vergleich zu Nominal- und Effektivzins in der Praxis deutlich weniger Aufmerksamkeit zuteil als in der Theorie, vor allem in der aktuellen Phase der Niedriginflation. Er soll berücksichtigen, dass auch das Geldvermögen in einem allgemein steigenden Preisniveau an Wert beziehungsweise Kaufkraft einbüßt. Der Realzins i_R errechnet sich näherungsweise durch den Abzug der erwarteten Preisänderungsrate π vom Nominalzins i_{Nom}, ein Zusammenhang, der in den Wirtschaftswissenschaften unter dem Begriff »Fisher-Parität« bekannt ist:

$$i_R \approx i_{Nom} - \pi$$

Beispiel: Angenommen, die Verbraucherpreise in Deutschland erhöhen sich im April eines Jahres gegenüber dem Vorjahreswert um 1,2 Prozent. Wird eine Bundesanleihe mit zwölfmonatiger Restlaufzeit mit einer Rendite von 0,14 Prozent gehandelt, errechnet sich eine reale Verzinsung dieser Anleihe von rund minus 1,06 Prozent. Dies bedeutet, dass ein Anleger, der deutsche Staatsanleihen erwarb, am Ende des Jahres weniger kaufen konnte, als er zu Beginn des Jahres hätte kaufen können.

Die Realverluste, die durch eine vermeintlich sichere Anleihe wie die des deutschen Staates auf Jahressicht noch akzeptabel sein mögen, kommen auf längere Sicht einer De-facto-Entwertung des Vermögens gleich.

Trotz ihrer Schönheit ist obige Faustformel mathematisch nicht ganz korrekt, da ihr zufolge bei einer unterstellten Inflationsrate von 100 Prozent der Ertrag vollständig aufgezehrt werden würde, er sich in Wirklichkeit aber ›nur‹ auf die Hälfte seines Wertes reduziert. Zur präzisen Bestimmung der Realverzinsung sollte daher folgende Formel angewendet werden:

$$i_R = \frac{1 + i_{Nom}}{1 + \pi} - 1$$

Beispiel: Bezogen auf das eben vorgestellte Beispiel einer Anleihe mit zwölfmonatiger Restlaufzeit verringert sich die Realverzinsung auf

$$i_R = \frac{1+0{,}0014}{1+0{,}0120} - 1 = -0{,}0105 = -1{,}05\%$$

Die Approximation (minus 1,06 Prozent) kommt ihrem mathematisch korrekten Wert (minus 1,05 Prozent) also recht nahe. Bei hohen Werten der Nominalverzinsung und Preissteigerung hingegen kommt es zu erheblichen Abweichungen der beiden Berechnungsmethoden: So ergibt die Fisher-Parität bei einer Nominalverzinsung von 10,0 Prozent und einer Inflationsrate von 8,0 Prozent eine Realverzinsung von 2,0 Prozent, während der mathematisch korrekte Wert nur 1,85 Prozent beträgt.

Unabhängig davon, ob man die Fisher-Parität oder die mathematisch korrekte Variante wählt, in beiden Fällen ist die Bestimmung der erwarteten Preisveränderungsrate problematisch. Im Gegensatz zu den Nominalzinsen von Anleihen ist sie nicht direkt beobachtbar. Man könnte Expertenbefragungen durchführen, doch stehen derartige Daten in der Realität nur für einen Zeitraum von einem Jahr zur Verfügung. In der Praxis behilft man sich daher meist mit der Verwendung von vergangenheitsorientierten Inflationsraten. Dabei werden zukünftige zu vereinnahmende Nominalzinsen um eine bereits eingetretene Preisveränderungsrate korrigiert. Auf kurze Sicht ist diese Unschärfe vertretbar, da sich Inflationsraten innerhalb kurzer Zeiträume nicht schlagartig verändern. À la longue lassen sich Realzinsen jedoch aufgrund der Ungewissheit über die Preisveränderungsraten eines längeren Zeitraums nicht hinreichend exakt bestimmen.

Was hat die Laufzeit mit der Verzinsung zu tun?

»Die Jugend wäre eine schönere Zeit, wenn sie erst später im Leben käme.«

Charlie Chaplin (1889–1977), britischer Komiker, Schauspieler, Regisseur, Komponist und Produzent

Geldanlage bedeutet Verzicht auf Geld für eine bestimmte Zeit. Allenthalben werden Vermögensgegenstände anderen zu deren Verwendung überlassen: Wohnungen werden vermietet, Maschinen verleast, Gelder verliehen. Für die Vermietung, das Leasing und die Leihe sind vom Nutzer bestimmte Beträge zu bezahlen. Dass dies so ist, liegt am Zeitwert des Geldes. Denn 1 Euro heute hat nicht denselben Wert wie 1 Euro morgen oder in einem Jahr, da dieser Euro zwischenzeitlich verzinslich angelegt werden könnte, um seinem Besitzer einen Ertrag zu erwirtschaften. Heutiges Geld kann durch verzinsliche Anlage in zukünftiges Geld umgetauscht werden. Der Ertrag des Anlegens liegt im Konsum von morgen, der durch den Konsumverzicht heute erst ermöglicht wird. Das Umtauschverhältnis zwischen gegenwärtigem und zukünftigem Wert ist der Zins. Der Zins entspricht damit den Opportunitätskosten, die entstehen, wenn Geld gehalten statt angelegt wird.

Aus Vereinfachungsgründen werden bei der Ermittlung der Opportunitätskosten in der Praxis meist unrealistische Annahmen getroffen, insbesondere was die Wiederanlagemöglichkeit der vereinnahmten Zinsen anbelangt. Denn die entscheidende Frage, die sich stellt, ist, ob ein Anleger in jedem Zeitraum, in dem er auf den Konsum verzichtet, dieselben Opportunitätskosten hat. Beantwortet wird die Frage durch die sogenannte Zinsstrukturkurve, englisch »Yield Curve«. Diese bildet den funktionalen Zusammenhang zwischen Restlaufzeit und Verzinsung ab. Ermittelt wird die Zinsstrukturkurve in der Praxis durch die Gegenüberstellung von Restlaufzeit und Nullcouponzinssatz. Nur bei einem Zerobond werden keine zwischenzeitlichen Zinsen gezahlt, sondern nur zwei Zahlungspunkte berücksichtigt, der Beginn und das Ende des Zinsprodukts. Die Zinsstrukturkurve wird implizit über die gehandelten Zerobonds abgeleitet. Da dies ein recht komplexes Unterfangen ist, empfiehlt es sich, die jeweils aktuelle Zinsstrukturkurve Deutschlands auf der Homepage der Deutschen Bundesbank unter der Rubrik »Statistiken« abzurufen.

Die nachstehende Grafik zeigt den schematischen Verlauf möglicher Zinsstrukturkurven. Links werden die Renditen der kurzlaufenden Anleihen abgetragen, je weiter rechts wir uns an der Achse entlangbewegen, desto länger ist die Restlaufzeit der Anleihen:

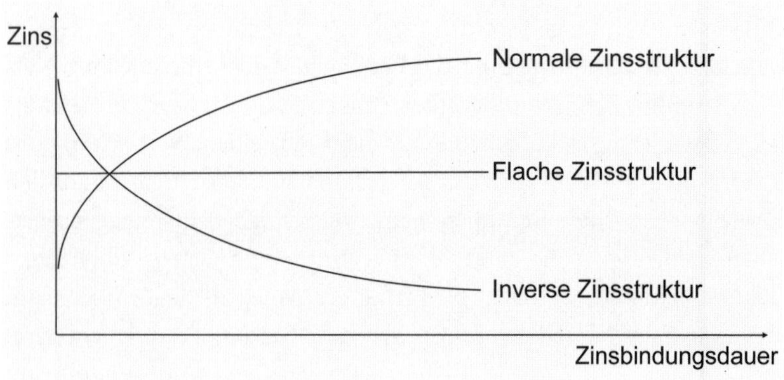

Abbildung 15: Arten von Zinsstrukturkurven
Quelle: Eigene Darstellung

Bei normalen beziehungsweise degressiven Zinsstrukturen werden für kürzere Laufzeiten niedrigere Zinsen und für längere Restlaufzeiten höhere Zinsen gezahlt. Kapitalgeber, die länger auf ihr Kapital verzichten, erwarten für diese Bereitschaft einen Aufschlag in Form eines höheren Coupons. Normale Zinsstrukturkurven beschreiben den ›Normalfall‹, der in etwa 70 Prozent der Fälle vorliegt. Bei inversen oder fallenden Zinsstrukturen ist dieser Zusammenhang umgekehrt. Die kurzfristigen Zinsen sind höher als die langfristigen. Dieser Zustand erscheint irrational, ist aber typisch in Hochzinsphasen, wenn Schuldner nicht länger bereit sind, sich langfristig zu hohen Zinsen zu verschulden. Die Verschuldung erfolgt dann so lange kurzfristig, bis das Zinsniveau für die Schuldner erneut einen Anreiz bietet, sich langfristig zu verschulden. Typisch sind inverse Zinsstrukturkurven auch, wenn Anleger Angst vor Zinssteigerungen haben und daher kurze Laufzeiten nachfragen, was die Rendite ansteigen lässt. Inverse Zinsstrukturkurven sind selten, sie treten in weniger als 10 Prozent der Fälle auf. Bei flachen Zinsstrukturen (knapp ein Fünftel der Fälle) werden für alle Laufzeiten etwa dieselben Zinsen bezahlt. Darüber hinaus sind an den Kapitalmärkten Mischformen zu beobachten, bei denen absolute oder lokale Extrempunkte zwischen der kürzesten und der längsten Laufzeit auftreten, sogenannte buckelige Zinsstrukturkurven.

Zinsen ändern sich sekündlich. Die Veränderungen sind stark von Zufälligkeiten geprägt und überlagert. Zudem ändern sich die Zinsen für die verschiedenen Anlagefristen weder simultan noch in demselben Ausmaß. Während die Zinssätze am kurzen Ende unter dem Einfluss der Geldpolitik der Notenbanken stehen und durch den Leitzins, zu dem sich Banken über Nacht Bargeldreserven leihen können, festgelegt werden, sind die Kapitalmarktzinsen am langen Ende – zumindest theoretisch – das Ergebnis von Angebot und Nachfrage; sie werden so lange angepasst, bis das Angebot für die Darlehensvergabe für jede Laufzeit der Nachfrage nach der Aufnahme nach Darlehen entspricht. Die Zinsen am langen Ende können von der Notenbank dennoch indirekt beeinflusst werden, indem diese durch ihre geldpolitischen Instrumente das Angebot am Kapitalmarkt verändert: So verfolgt die Europäische Zentralbank derzeit eine Mindestpreispolitik für Anleihen, indem sie sich aktiv in den Preisbildungsprozess an den Kapitalmärkten einmischt. In dieser wenig restriktiven Geldpolitik steht mehr Geld zur Verfügung als ohne eine Intervention der Zentralbank. Infolge des Überangebots an Geld geht der Zins als Knappheitsindikator zurück, so dass es sich für Unternehmen lohnt, sich stärker zu verschulden und mehr zu investieren. Für die Konsumenten ist es gleichzeitig weniger rentabel zu sparen, was sich positiv auf ihren heutigen Konsum auswirkt. Eine Belebung der Nachfrage führt, bei Auslastung der Güter- und Arbeitsmärkte, zu einer Erhöhung der Preise und Löhne. Damit steigen auch die Inflationserwartungen der Marktteilnehmer, wodurch sich die Zinsen am langen Ende erhöhen. Neue Informationen verändern aber nicht nur das Niveau der Zinsstrukturkurve, sondern auch ihre Neigung und ihre Form.

Innerhalb der Zinsstrukturkurven wiederum können Kurven dargestellt werden, die die Abhängigkeit der Yield to Maturity von den einzelnen Risikoklassen darstellen. In nachstehender Abbildung ist dieser Zusammenhang dargestellt. Gezeigt werden je zwei Zinsstrukturkurven für investmentwürdige Anleihen (AAA und BBB) und für spekulative Anleihen (BB und CC). Es wird deutlich, dass eine Spitzenbonität wie AAA zu jeder Zinsbindungsdauer die niedrigste Verzinsung anbietet. Der vertikale Abstand zwischen den Zinsstrukturkurven einer quasirisikolosen Staatsanleihe (AAA) und den darüber liegenden Kurven wird als »Credit Spread« oder »Default Spread« bezeichnet. Der Credit Spread entspricht der Renditedifferenz zwischen einer kreditausfallbehafteten Unternehmensanleihe und einem nicht ausfallgefährdeten und liquiden Referenzzinssatz. Dieser Referenzzinssatz wird meist durch Staatsanleihen approximiert. Der Credit Spread wird üblicherweise in Basispunkten (Bps), also 1/100 Prozentpunkten angegeben. Credit Spreads bleiben im Zeitverlauf nicht konstant, sondern verändern sich mit den Erwartungen der Marktteilnehmer über die zukünftigen Ausfallwahrscheinlichkeiten.

Lässt man verzerrende Eigenschaften von Unternehmens- und Staatsanleihen, also unter anderem Zinszahlungszeitpunkte, Unterschiede in der Dokumentation, der Börsennotierung, dem Marktsegment oder dem Emissionszeitpunkt außer Acht, kann der Credit Spread in nachstehender Abbildung als vertikaler Abstand zwischen der Zinsstrukturkurve eines Unternehmens und einer Bundesanleihe ermittelt werden:

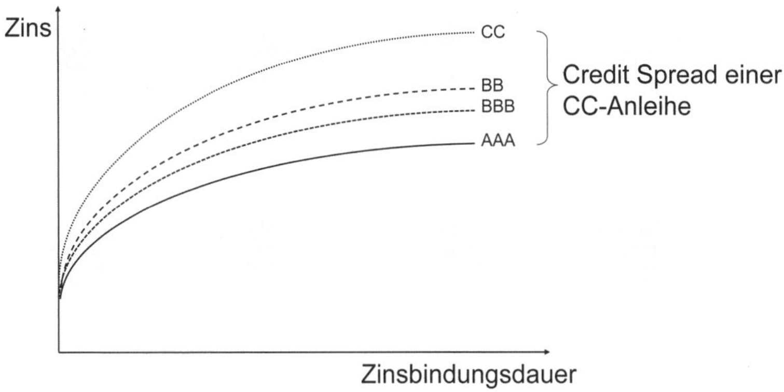

Abbildung 16: Zinsstrukturkurven bei ausgewählten Risikoklassen

Beispiel: Als sich 2010 die Anzeichen verdichteten, dass es der griechischen Regierung nicht gelingen würde, fällige Kredite zurückzuführen, erreichten die Risikoaufschläge für langfristige griechische Staatsanleihen täglich neue Rekordwerte. Eine Neubewertung erfuhren auch andere südeuropäische Staatsanleihen, nachdem sie von den führenden Rating-Agenturen heruntergestuft wurden. Die Flucht vor Risiko führte gleichzeitig zu steigenden Kursen der Staatsanleihen von ›sicheren‹ Staaten wie Deutschland, Norwegen oder der Schweiz. Während des Höhepunkts der Krise Anfang 2012 betrugen die Zins-Spreads griechischer Staatsanleihen mit zehnjähriger Laufzeit gegenüber vergleichbaren Bundesanleihen mehr als 3500 Basispunkte.

Private und damit risikobehaftete Emittenten, die eine Anleihe begeben, müssen also zusätzlich zum ›risikofreien‹ Zins einer Staatsanleihe einen Aufschlag dafür bieten, dass die Zahlungen des Coupons und die Rückzahlung des Nominalkapitals nicht sichergestellt sind:

- Generell entspricht der Credit Spread der Zusatzrendite, die ein Investor vereinnahmen kann, indem er ein Wertpapier erwirbt, das im

Verhältnis zu einem anderen Wertpapier ein höheres Kreditrisiko aufweist. Darüber hinaus kann dieser Credit Spread eine Prämie für weitere Faktoren beinhalten, zum Beispiel für höhere Liquiditätsrisiken der Unternehmensanleihe im Vergleich zu Staatsanleihen, für Unterschiede in deren steuerlicher Behandlung oder für Besonderheiten in den Anleihebedingungen (zum Beispiel Call-Recht des Emittenten).
- Bildlich gesehen entspricht diese Risikoprämie einer Versicherung, die der Emittent bezahlt, um das Risiko, zahlungsunfähig zu werden, abzusichern.
- Finanzmathematisch entspricht der Credit Spread der Differenz zwischen den Fälligkeitsrenditen einer risikobehafteten Unternehmensanleihe und einer laufzeitadäquaten Staatsanleihe. Liegt zum Beispiel die Verzinsung einer fünfjährigen Bundesanleihe bei 1,35 Prozent, während eine fristenkongruente Unternehmensanleihe mit 7,25 Prozent rentiert, beläuft sich der Spread auf 590 Basispunkte.
- Bewertungstechnisch entspricht der Credit Spread jenem Zinssatz, mit dem zukünftige Zahlungsströme von riskanten Unternehmensanleihen im Rahmen der relativen Preisermittlung abdiskontiert werden, um deren Barwert zu ermitteln.

Credit Spreads als Indikatoren des firmenspezifischen Ausfallrisikos sind von verschiedenen Faktoren abhängig, darunter

- vom Rating des Emittenten,
- von den von den Rating-Agenturen berechneten Ausfallwahrscheinlichkeiten,
- von der erwarteten Recovery Rate,
- von der Restlaufzeit der Anleihe,
- von deren Besicherung – falls vorhanden – und
- von eventuell gegebenen Garantien.

Zudem sind Credit Spreads zeitpunktbezogene Größen. Bis Mitte 2007 lagen die Credit Spreads von Unternehmensanleihen auf weltweit historischen Tiefstständen. Das heißt, dass Investoren für eine relativ geringe

Prämie bereit waren, das im Vergleich zu Staatsanleihen höhere unternehmerische Risiko zu tragen. Mit dem Ausbruch der Subprime- und der anschließenden Staatsschuldenkrise hat sich dies grundlegend gewandelt: Die Furcht vor Ansteckungseffekten innerhalb des Finanzsektors und die damit verbundene Risikoaversion der Anleger haben zu einem deutlichen Anstieg der Credit Spreads von Unternehmensanleihen – ersichtlich zum Beispiel am sogenannten iTraxx[6] – geführt. »iTraxx« ist der Name einer Familie von Credit-Default-Indizes, die repräsentativ für die europäischen und asiatischen Kreditderivatemärkte stehen. Zu den populärsten iTraxx-Indizes zählt der iTraxx Europe Crossover, der die Ausfallrisiken (Credit Default Swaps) von 50 europäischen Adressen im Sub-Investment-Grade-Bereich für Laufzeiten von drei, fünf, sieben und zehn Jahren abdeckt.

5. Risiken von Anleihen

»Man sollte nur in Firmen investieren, die auch ein absoluter Vollidiot leiten kann. Denn eines Tages wird genau das passieren.«

Warren Buffett, US-amerikanischer Großinvestor, Milliardär, Mäzen und Anlagelegende

Beileibe sind Risiken keine Erfindung der Neuzeit. Zu allen Zeiten mussten Anleger Risiken tragen. Dennoch gibt es unterschiedliche Vorstellungen darüber, was Risiko eigentlich ist. In den meisten wissenschaftlichen Disziplinen beschreibt »Risiko« die Wahrscheinlichkeit eines Ereignisses mit negativen Auswirkungen. Die ökonomische Rechtfertigung dafür, Risiken zu tragen, ist die Chance oder, bezogen auf die Kapitalmärkte, die Rendite. Damit die Kapitalmärkte funktionieren, muss dieses Paar aus Chance und Risiko von den Kapitalmarktteilnehmern unterschiedlich bewertet werden: Wo der eine alles in düsteren Farben sieht, erkennt der andere bereits den Silberstreif am Horizont. Diese in den Finanzwissenschaften gängige Definition für »Risiko« wird auch im traditionellen chinesischen Zeichen für »Risiko« widergespiegelt:

風險

Hier repräsentiert der erste Teil des Zeichens »Wind«, während der zweite Teil für »Gefahr« steht. Der Ursprung dieser Kombination ist bei den Fischern zu suchen, die zuerst entdeckt haben, dass der Wind sowohl eine Chance bietet als auch eine Gefahr mit sich bringt. Eine Chance, dorthin zu treiben, wo es viele Fische gibt, ein Risiko, von dieser Reise nicht wieder zurückzukommen.

In der Entscheidungstheorie beschreibt »Risiko« eine Situation, in der die Eintrittswahrscheinlichkeiten bestimmter Szenarien bekannt sind; wenn diese unbekannt sind, wird von »Ungewissheit« gesprochen. Ungewissheit und Risiko bilden das Gegenstück zu Sicherheit, bei der der Ausgang einer Entscheidung genau vorhergesagt werden kann.

Die Wirtschaftswissenschaften weichen von dieser allein auf die Negativabweichungen von der erwarteten Zielgröße abzielenden Definition ab: Der Begriff des Risikos umfasst Abweichungen vom Erwartungswert. Die dazugehörige Kennzahl ist die Varianz oder Standardabweichung der Renditen. Ein Ergebnis, das besser ist als erwartet, wird demnach ebenso als Risiko beschrieben wie ein unter den Erwartungen liegendes Ergebnis. Wird unter »Risiko« die Streuung eines Wertes um ein erwartetes Ergebnis verstanden, so ist ein Wertpapier nur dann risikolos, wenn seine tatsächliche Rendite in jedem Umweltzustand ex post der erwarteten entspricht. Dies führt zu der skurrilen Situation, dass ein Anleger, der mit Sicherheit weiß, dass sich der Kurs eines Wertpapiers im folgenden Jahr von 100 Euro auf 50 Euro halbieren wird, völlig risikolos wäre, da die erwartete Rendite von minus 50 Prozent sicher wäre und keiner Abweichung unterliegen würde.

Fragen wir dagegen Freunde oder Verwandte, was sie unter Risiko im Allgemeinen und unter Risiko im besonderen Kontext der Geldanlage verstehen, bekommen wir vermutlich Antworten wie:

- die Wahrscheinlichkeit einer negativen Jahresrendite,
- die Höhe des Verlustes eines Anlageobjekts,
- die Wahrscheinlichkeit, sich schlechter als eine bestimmte Benchmark zu entwickeln,
- die Wahrscheinlichkeit, sich schlechter als die inflationsadjustierte Benchmark zu entwickeln,

- die Wahrscheinlichkeit, dass sich das eingesetzte Kapital verringert oder
- die Wahrscheinlichkeit eines Totalverlustes.

Risiko scheint also ein subjektives Phänomen zu sein. In jedem Fall wird Risiko freiwillig übernommen. In der Bereitschaft, Risiken zu übernehmen, definiert sich der einzelne Anleger. Durch Risiko wird der Anleger zum Intermediär, zum Umverteiler ökonomischer Risiken und damit zum Finanzier von Unternehmen.

Dem großen Ben Graham zufolge, einem der Pioniere der Wertpapieranalyse, ist Risiko keine Zahl, sondern die Gefahr des permanenten Kapitalverlustes. Diese Einschätzung scheint auch für die Zwecke dieses Buches geeignet zu sein, denn entgegen der herrschenden Meinung sind Anleihen alles andere als sicher oder risikolos, und der Kapitalverlust ist allgegenwärtig. ›Todsichere Anlagetipps‹ gibt es nur im Film. Nichtsdestotrotz vertreten häufig gerade Privatanleger die Meinung, dass Anleihen sichere, ja sogar risikolose Anlagen seien, insbesondere im Verhältnis zu Aktien. Viele Anleger lassen sich von hohen Coupons einer Anleihe begeistern, ohne auf die Wahrscheinlichkeit zu achten, dass sie die Coupons überhaupt erhalten, geschweige denn den eingesetzten Geldbetrag am Ende der Laufzeit. Unterstützt wird diese Einschätzung von Vermögensberatern und selbst von renommierten Geschäftsbanken, die steigende Erträge nicht mit steigenden Risiken erklären. Vielmehr suggerieren sie, dass die von ihnen betreuten Kunden kraft ihrer überlegenen Anlagestrategie höhere Renditen erwirtschaften können als die Kunden anderer Bankhäuser.

Da die von einer Anleihe versprochenen Zinsströme den Höchstbetrag darstellen, den ein Investor aus seiner Anleihe erzielen kann, liegen die Cashflows, die der Anleger tatsächlich vereinnahmt, unter Umständen unter diesem Betrag. Je höher das mit der Vereinnahmung der Zinsströme verbundene Risiko, desto geringer ist der Preis, den ein Investor für diese Anleihe zu zahlen bereit ist. Da die Effektivverzinsung einer Anleihe von der erwarteten Nominalverzinsung und dem hierfür zu bezahlenden Preis abhängt, ist die Rendite einer Anleihe mit hohem

Risiko ex post höher als die Rendite einer Anleihe mit geringerem Risiko. Höhere Renditen sind daher tendenziell mit höheren Risiken verbunden, niedrigere Renditen mit niedrigeren Risiken. Diese Regel gilt ex ante, also in der Vorausschau. Marktanomalien, in denen Anleger höhere Renditen erwirtschaften konnten, ohne zugleich höhere Risiken in Kauf genommen zu haben, sind jedoch Ausnahmen von der Regel, denn bereits der gesunde Menschenverstand lehrt, dass es im Leben kein »Free Lunch« gibt.[7]

Ganz unten in der Risikoskala rangieren tendenziell kurzfristige Sparbriefe, Sparpläne, Bankeinlagen und Geldmarktfonds. Als die vermeintlich sichersten, wenn nicht sogar völlig risikofreien Wertpapiere galten viele Jahre Staatsanleihen, also zum Beispiel Bundesanleihen, Gilts oder T-Notes beziehungsweise T-Bonds. Dass diese Einschätzung nicht richtig war, wurde den Anlegern spätestens nach dem Schuldenschnitt für griechische Staatsanleihen im Oktober 2011 deutlich. Damals verloren die privaten Anleihegläubiger nach der Neubewertung der Griechenland-Anleihen nominal 53,5 Prozent ihrer Forderungen, durch die faktisch niedrigeren Zinssätze sogar noch mehr. Doch selbst wenn derartige Extremfälle selten sind, sind die Kurse von Staatsanleihen im Zeitablauf Veränderungen unterworfen, da sie abhängig vom allgemeinen Zinsniveau sind. Deutlich höher in der Risikoskala rangieren langfristige Euro- und Fremdwährungs-Unternehmensanleihen, Aktien und Aktienfonds. Als die riskantesten Papiere gelten schließlich Optionsscheine, Optionen und Futures.

Neben dem Kreditrisiko, dass ein Emittent seinen Zahlungsverpflichtungen nicht oder nur zum Teil nachkommen kann, sind mit dem Erwerb von Anleihen weitere Risiken verbunden:

- Bonitätsrisiken, also Veränderungen im Rating eines Emittenten, die Kursbewegungen zur Folge haben,
- Zinsänderungsrisiken, also das Risiko, dass sich Veränderungen des allgemeinen Zinsniveaus in Veränderungen der Anleihekurse niederschlagen,

- Liquiditätsrisiken, also das Risiko, dass eine Kauf- oder Verkaufsorder kursbeeinflussende Auswirkungen hat,
- Sicherungsrisiken, also das Risiko, dass die vom Kreditnehmer gewährten Sicherheiten an Wert verlieren oder bereits zum Zeitpunkt der Darlehensaufnahme falsch eingeschätzt wurden,
- Wiederanlagerisiken, also das Risiko, dass die während der Laufzeit einer Anleihe vereinnahmten Couponzahlungen nur zu niedrigeren Zinsen wiederangelegt werden können,
- Währungsrisiken, also das Risiko einer Euro-Aufwertung bei Fremdwährungsanleihen, was Währungsverluste zur Folge hat,
- Kündigungsrisiken, also das Risiko, dass der Emittent von seinem vereinbarten Kündigungsrecht Gebrauch macht und die Anleihe vor Ende der Laufzeit zurückbezahlt,
- Auslosungsrisiken, also das Risiko, dass die Anleihe des Gläubigers ausgelost und früher als gedacht zurückgezahlt wird.

Darüber hinaus gibt es zahlreiche grundsätzliche mit der Geldanlage verbundene Risiken, unter anderem:

- politische Risiken,
- Managementrisiken und
- Betrugsrisiken.

Die wichtigsten dieser Risiken sollen im Folgenden vorgestellt und aufbereitet werden.

Ausfallrisiken: Der Default des Emittenten

»Jede Wirtschaft beruht auf … der irrtümlichen Annahme, der andere werde gepumptes Geld zurückzahlen.«

Kurt Tucholsky (1890–1935), deutscher Schriftsteller und Journalist

Die ersten beiden der genannten Risiken betreffen das sogenannte Kreditrisiko beziehungsweise seine beiden Komponenten, das Ausfallrisiko und das Bonitätsrisiko. Bei Anleihen öffentlich-rechtlicher Emittenten, von Gebietskörperschaften, von Bundesländern oder von Gemeinden haftet der Emittent mit seinen Vermögenswerten und der Berechtigung, Steuern zu erheben. Bei privatwirtschaftlichen Emittenten entscheidet die Kreditqualität, ob und zu welchen Bedingungen einem Emittenten Zugang zum Kapitalmarkt gewährt wird.

An erster Stelle einer Anlageentscheidung sollte daher die Einschätzung des Ausfallrisikos stehen und damit die nicht ganz unbedeutende Frage, ob der Anleger seine Zinsen und am Ende der Laufzeit auch seinen Kapitaleinsatz zurückbekommt. Dieses Risiko, das Solvenzrisiko, beschäftigt sich also mit der Fähigkeit eines Emittenten, jederzeit den Verpflichtungen aus der laufenden Verzinsung nachzukommen und am Ende der Laufzeit den Endfälligkeitsbetrag zurückzuzahlen. Wer solvent ist, hat – bildlich gesprochen – ausreichend finanzielle Mittel zur freien Verfügung, um an einem bestimmten Stichtag alle Zahlungsverpflichtungen termingerecht zu erfüllen. Wer diese Mittel nicht hat, wird insolvent. Gemäß dem Baseler Ausschuss für Bankenaufsicht gilt dieser Zustand als erreicht, wenn ein Emittent mit seinen Zahlungsverpflichtungen mehr als 90 Tage im Verzug ist, wenn ein Konkurs- oder Schutzschirmverfahren eingeleitet wurde, wenn Gläubiger die ausstehenden Forderungen abgeschrieben haben und es als unwahrscheinlich angesehen wird, dass die Zahlungsverpflichtungen jemals voll erfüllt werden.[8] In der Regel gehen Kredit- und Solvenzrisiken Hand in Hand: Ein Emittent, der nicht in der Lage ist, seinen laufenden Zinsverpflichtungen nachzukommen, wird auch seinen Rückzahlungsverpflichtungen nicht entsprechen können. Das Ziel der Beurteilung der Kreditwürdigkeit ist also keine Ja-Nein-Entscheidung, sondern liegt in der Quantifizierung der Kreditrisikoprämie, die der Ausfallwahrscheinlichkeit der Anleihe entspricht.

So ist das Ausfallrisiko das Ereignis, das beim Anleger die größten Ängste verursacht. Im Leben eines Anlegers ist der Default ein seltenes, obschon markantes Ereignis. Es beeinflusst das Risikoverhalten von Investoren ganz erheblich, selbst wenn diese von dem Ereignis bislang verschont geblieben sind.

Ein Mangel an Kapitaldienstfähigkeit kann zum Beispiel während des Abflauens des konjunkturellen Umfelds entstehen, etwa im Gefolge langfristiger Wirtschaftskrisen. Derartige gesamtwirtschaftliche Veränderungen betreffen alle Unternehmen eines Landes oder einer Wirtschaftsregion, wenn auch in unterschiedlichem Maße. Daneben können auch branchen- oder unternehmensspezifische Veränderungen die Bonität eines Unternehmens belasten. Jüngstes Beispiel sind die rückläufigen Einspeisesätze in der Solarindustrie, die zu Insolvenzen innerhalb der gesamten Photovoltaikbranche geführt haben, denen sich auch ehemals führende Unternehmen nicht entziehen konnten. Aber auch positive Auswirkungen auf die Kreditqualität eines Unternehmens sind denkbar, etwa durch die Erfindung eines innovativen Produkts: So war Apple bis zur Einführung des iPod am 23. Oktober 2001 ein dahinsiechendes Unternehmen ohne Alleinstellungsmerkmale. Schließlich können auch politische Entwicklungen wie innenpolitische Umstürze die Bonität von Unternehmen oder Staaten belasten.

In der wirtschaftswissenschaftlichen Literatur werden dem Kreditrisiko vier Dimensionen zugeschrieben:

- die für einen bestimmten Zeitraum definierte Ausfallwahrscheinlichkeit, englisch »Probability of Default«, kurz »PD« genannt, also die Wahrscheinlichkeit, mit der ein Schuldner seinen Zahlungsverpflichtungen nicht vollständig nachkommt, also mindestens ein Teil der Zahlung ausfällt;

- der ausfallbedrohte Betrag, englisch »Exposure at Default«, kurz »EaD«, also der zum Zeitpunkt des Ausfalls vom Kreditnehmer geschuldete Betrag (Obligo), bestehend aus dem nicht getilgten Kreditbetrag und den zum Ausfallzeitpunkt noch nicht bezahlten Zinsen;
- die Verlustquote beim Ausfall, englisch »Loss Given Default«, kurz »LGD«, also der prozentuale Anteil des Forderungsbetrags, der im Fall eines Ausfalls tatsächlich verloren geht;
- der erwartete Verlust eines Kredits, englisch »Expected Loss«, kurz »EL«.

Diese Dimensionen stehen in nachstehendem Zusammenhang:

$$\text{EL} = \text{PD} \cdot \text{EaD} \cdot \text{LGD}$$

Abbildung 17: Dimensionen des Kreditausfallrisikos

Beispiel: Eine Unternehmensanleihe mit einem Nominalvolumen von 100,0 Millionen Euro und einer Restlaufzeit von einem Jahr ist mit einem Coupon von 4,75 Prozent ausgestattet. Das dem Unternehmen vergebene Rating impliziert eine Ausfallwahrscheinlichkeit von 1,25 Prozent pro Jahr. Die verwertbaren Vermögensgegenstände belaufen sich auf 22 Millionen Euro. Weitere Kredite existieren nicht. Damit beläuft sich der erwartete Verlust aus der Anleihe bei Zugrundelegung folgender Parameter

$$\text{PD} = 0{,}0125$$

$$\text{EAD} = 100{,}0 + 100{,}0 \times 0{,}0475 = 104{,}7 \text{ Mio. Euro}$$

$$\text{LGD} = 1 - \frac{22{,}0}{100{,}0} = 0{,}78$$

aus folgender Formel:

$$EL = 0,0125 \times 104,7 \times 0,78 = 1,021 \text{ Mio. Euro}$$

Damit ergibt sich für den Anleger folgende Verlustverteilung:

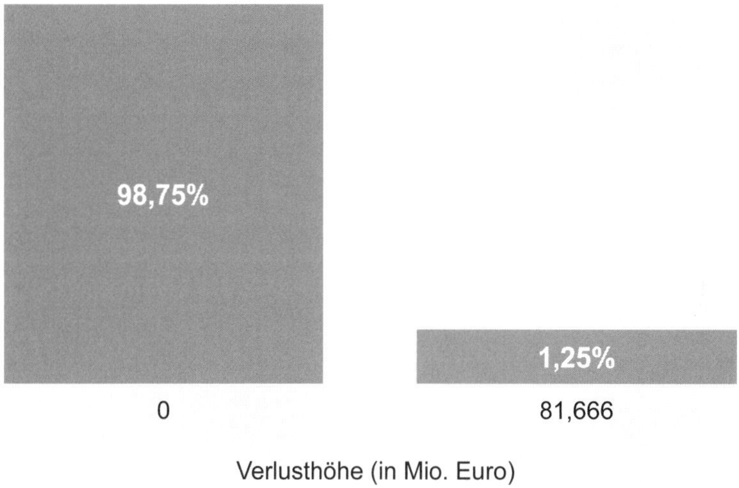

Abbildung 18: Verlustverteilung

Daran schließt sich die Frage an, welche Verzinsung ein Schuldtitel eigentlich anbieten muss, damit die erwarteten Verluste wenigstens kompensiert werden. Ohne Einbeziehung der Recovery Rate lässt sich diese Frage anhand nachstehender Formel des Credit Spread beantworten:

$$\text{Credit Spread} = (1 + r_f) \times \frac{\text{Probability of Default}}{\text{Probability of Survival}}$$

Die Höhe des Credit Spread ist damit abhängig von der aktuellen quasirisikolosen Verzinsung r_f und der Default- beziehungsweise Survival-Wahrscheinlichkeit. Ein Beispiel soll den Zusammenhang erläutern.

Beispiel: Ein Anleger will von zehn Unternehmen Anleihen in Höhe von jeweils 10000 Euro mit einer Laufzeit von einem Jahr erwerben. Seinen Schätzungen zufolge werden zwei Schuldner ausfallen. Wie hoch muss der über dem risikolosen Basiszins von derzeit 1,0 Prozent liegende Aufschlag (Credit Spread) sein, damit der Anleger aus seiner Kapitalanlage keine Verluste macht? Beginnen wir mit der Berechnung der erwarteten Verluste. Wenn zwei Schuldner ausfallen, beläuft sich der Ausfall des Nominals auf 20000 Euro. Diesem zuzuschlagen ist jedoch der entgangene Gewinn, den der Anleger hätte erzielen können, wenn er den Betrag risikolos angelegt hätte, also

$$\text{Entgangener Gewinn} = r_f \times \text{Kreditausfall} =$$

$$0{,}01 \times 20000 \text{ Euro} = 200 \text{ Euro}$$

In Summe liegen die Verluste des Anlegers also bei 20200 Euro. Aus obiger Formel errechnet sich der Zusatzzins, den der Anleger verlangen muss, damit die erwarteten Verluste kompensiert werden. Dieser liegt bei

$$\text{Credit Spread} = (1 + r_f) \times \frac{\text{Probability of Default}}{\text{Probability of Survival}} =$$

$$(1 + 0{,}01) \times \frac{0{,}20}{1 - 0{,}20} = 0{,}253 = 25{,}3\%$$

Der Anleger müsste also von den zehn Schuldnern Zinsen in Höhe von

$$\text{Zinsforderung} = r_f + \text{Credit Spread} = 1{,}0\% + 25{,}3\% = 26{,}3\%$$

verlangen, damit das Depot nach einem Jahr nicht schlechter gestellt wäre, als wenn der Anleger sein Vermögen gleich in risikolose Wertpapiere angelegt hätte.

Die jeweiligen Einflussfaktoren auf den erwarteten Verlust wurden in nachstehender Abbildung zusammengefasst:

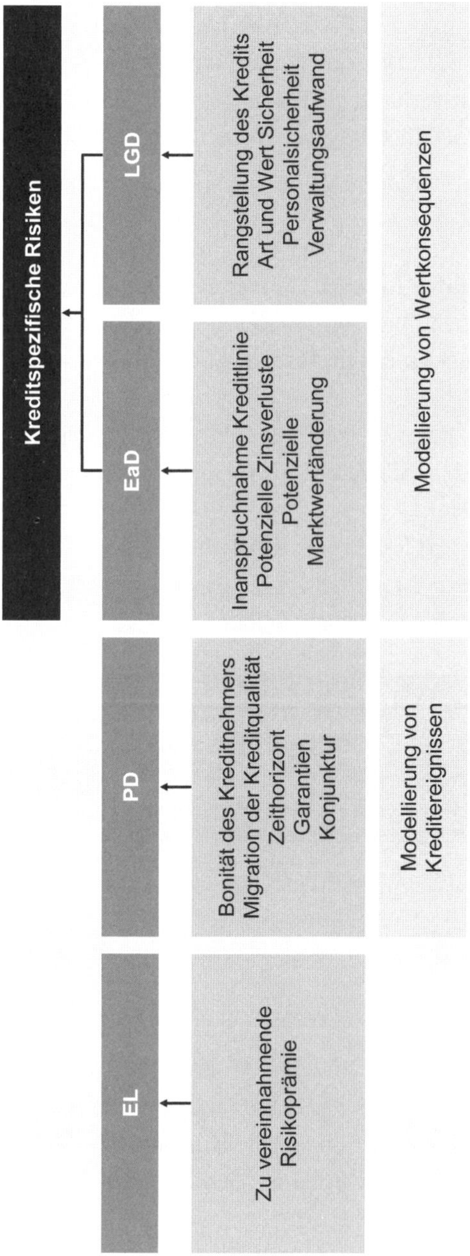

Abbildung 19: Einflussfaktoren auf den erwarteten Verlust (Auswahl)

Eine besondere Beachtung findet in dieser Abbildung der Loss Given Default, also der prozentuale Anteil des Forderungsbetrags, der beim Ausfall (Default) tatsächlich verloren geht. Wie wir in obigem Beispiel gesehen haben, kann der LGD über folgende Formel dargestellt werden:

$$LGD = 1 - RR$$

wobei mit »RR« die sogenannte Recovery Rate bezeichnet wird. Je höher die Recovery Rate ist, desto niedriger ist der LGD und desto höher der Anteil des Anleihevolumens, das im Insolvenzfall gesichert werden kann.

Die Höhe der Recovery Rates ist von zwei Faktoren abhängig: vom Rang der Anleihe im Falle der Insolvenz und von den gestellten Sicherheiten (englisch »Collaterals«).

Der Rang einer Anleihe legt fest, in welcher Reihenfolge die Gläubiger im Insolvenzfall an der Verwertung des Unternehmensvermögens partizipieren. Dabei gibt es eine festgelegte Reihenfolge:

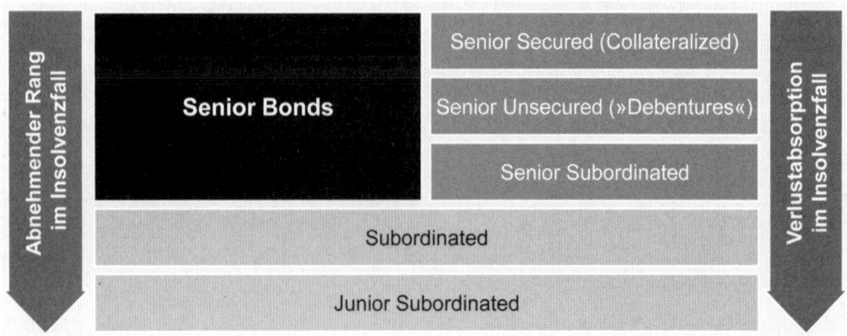

Abbildung 20: Rang von Anleihen

Senior Bonds, die im Rang stets vor anderen Anleihen liegen, können wiederum unterteilt werden in Senior Secured, also besicherte Anleihen, Senior Unsecured, also unbesicherte Anleihen, und Senior Subordinated, also die nachrangigen Anleihen mit Senior-Status. Subordinated Bonds sind nachrangige Anleihen, die im Insolvenzfall erst dann aus der Verwertung des Unternehmensvermögens bedient werden, wenn die Gläubiger der vorrangigen Senior-Anleihen befriedigt wurden. An hinterster Rangstelle stehen die Junior Subordinated Bonds, die dafür die höchste Verzinsung aufweisen.

Abgesehen von unbesicherten und demzufolge hochverzinslichen Kontokorrentkrediten vergeben Banken Kredite ausschließlich gegen die Bestellung von Sicherheiten. Anleihen sind dagegen im Normalfall unbesichert (in diesem Fall werden sie auch »Debentures« genannt), weshalb sie auch höhere Zinsen tragen als klassische Bankkredite. Sind Anleihen mit Sicherheiten ausgestattet, wird die Art der Besicherung in den Anleihebedingungen näher geregelt. Sie kann dinglicher Art (Grundschuld, Hypothek, Wertpapiere) oder persönlicher Art sein (beispielsweise über eine Patronatserklärung seitens der Muttergesellschaft).

Bonitätsrisiken: Wenn sich das Rating verschlechtert

»Risiko entsteht dadurch, nicht zu wissen, was man tut.«

Warren Buffett, US-amerikanischer Großinvestor,
Milliardär, Mäzen und Anlagelegende

Im Gegensatz zu Ausfallrisiken, die den Default einer Anleihe thematisieren, umfassen Bonitätsrisiken die Risiken, die sich aus einer Veränderung der Emittenten-Bonität ergeben. Im Alltag steht die Bonität für den Ruf oder die Reputation eines Menschen, seltener eines Unternehmens. Am Anleihemarkt steht Bonität als Synonym für die Fähigkeit beziehungsweise Bereitschaft, den eingegangenen Haupt- und Nebenpflichten vollumfänglich und auch termingerecht nachzukommen. Verändert sich die Fähigkeit oder die Bereitschaft, drückt sich dies in den Bonitätsrisiken aus. Bonitätsrisiken bedeuten damit keine unmittelbare Ausfallgefahr, sondern lediglich eine Veränderung der Ausfallwahrscheinlichkeit, die sich aber in Kursveränderungen niederschlägt.

Letztlich sind Kreditrisiken damit eine Unterkategorie der Bonitätsrisiken, denn der Default als Extremfall der Bonitätsverschlechterung ist in Letzteren ebenfalls enthalten. Jeder Emittent unterliegt grundsätzlich Bonitätsrisiken, die bis zur Zahlungsunfähigkeit reichen: also nicht nur Unternehmen, sondern auch Staaten, und zwar nicht nur Staaten der Dritten Welt, sondern auch der Eurozone.

Eine Verschlechterung der Bonität eines Emittenten bewirkt – solange die Anleihe nicht mit einem Zins-Step-Up versehen ist – einen Rückgang des Anleihekurses. Dieser fällt umso stärker aus, je länger die Restlaufzeit der Anleihe ist. Gleichzeitig bedeutet eine Verschlechterung der Bonität, dass ein Emittent für weitere Anleihen höhere Zinsen bezahlen muss, um die verschlechterte Bonität auszugleichen. Das Bonitätsrisiko kann somit auch als »Spread-Risiko« bezeichnet werden.

Bei Anleihen, deren Rating sich verschlechtert, wird, wie nach Gewinnwarnungen bei Aktien, mit tendenziell rückläufigen Kursen zu rechnen sein. Umgekehrt werden die Kurse von Anleihen, deren Rating sich im Zeitablauf verbessert, steigen. Je nach Rating-Note kann sich das Rating-Event auch überproportional auswirken. So sind es zwei Herabstufungen, die am Kapitalmarkt für die meiste Aufmerksamkeit sorgen: erstens der Verlust der AAA-Bestnote und zweitens der Verlust des Investment-Grade-Status.

Ein AAA beziehungsweise Aaa ist das beste zu vergebende Rating. In ihm wird ausgedrückt, dass die Fähigkeit des Emittenten, seinen Zins- und Tilgungsverpflichtungen jederzeit nachzukommen, besonders stark ausgeprägt ist und dass die Sicherheitsspanne (die »Margin of Safety«) sehr groß und stabil ist. Der Verlust der AAA-Bestnote ist naturgemäß relativ selten, da diese heutzutage nur noch ausgewählten Staaten vorbehalten ist. Nachstehende Abbildung zeigt, zu welchen Rating-Klassen die Staaten mit Euro-Währung gehören.

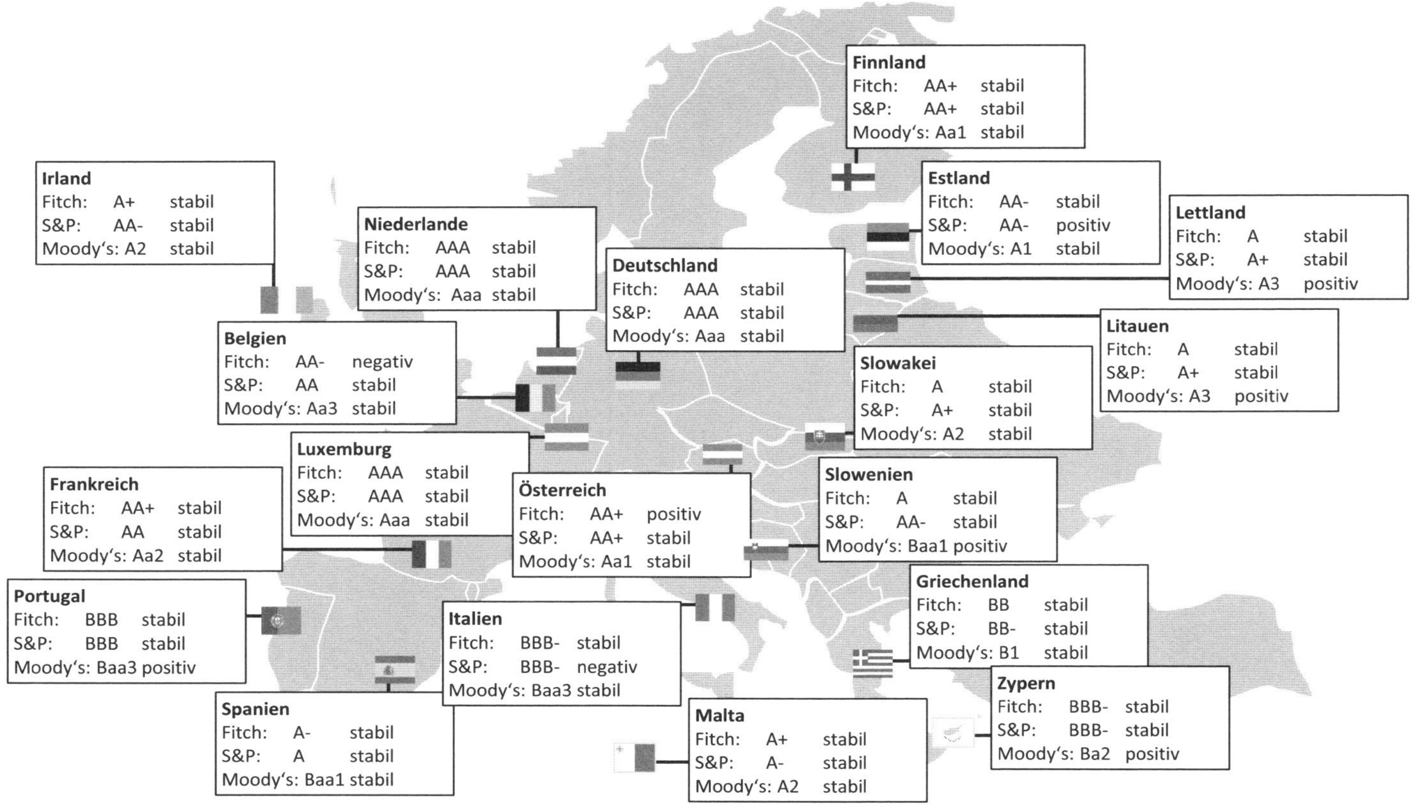

Abbildung 21: Rating-Klassen in der Eurozone
Quelle: Bloomberg Composite Rating (Stand Juni 2020)

Wesentlich häufiger als der Verlust der Rating-Bestnote ist demgegenüber der Verlust des Investment-Grade-Ratings. In einem Marktumfeld, in dem Teilinsolvenzen von EU-Staaten die Nachrichtenlage beherrschen und Rating-Downgrades weniger im oberen Bonitätsbereich, beispielsweise von AA+ auf AA, zu verzeichnen sind, sondern im mittleren Bereich um BBB und damit an der Schwelle zum Sub-Investment-Grade, kommt es naturgemäß häufiger zu einem Verlust dieses Bonitätsstatus als noch vor einigen Jahren. Dennoch kann es für die Performance einer Anleihe von entscheidender Bedeutung sein, ob diese noch als Investment Grade oder schon als Speculative Grade geratet wird. Denn gerade institutionelle Investoren sind häufig per Gesetz oder durch interne und externe Anlagerichtlinien verpflichtet, ausschließlich in Anleihen von Schuldnern mit einem bestimmten Mindest-Rating zu investieren. Verliert ein Emittent seinen Investment-Grade-Status – man nennt diese Unternehmen auch »Fallen Angels« –, kann bei ihm häufig ein ungewöhnlicher Verkaufs- und Kursdruck seitens dieser regulierten Investoren beobachtet werden. Privatanleger, die sich zunächst abwartend verhalten, werden bei anhaltenden Kursverlusten ebenfalls nervös, verkaufen mit zeitlicher Verzögerung und verlängern so die Phase des Kursverfalls. Kein Wunder also, dass sich die Effektivverzinsung bei einem Rating-Downgrade von BBB auf BBB- nur um etwa 0,2 Prozent erhöht, bei einer weiteren Rating-Verschlechterung und einem Verlust des Investment-Grade-Status jedoch um durchschnittlich 1,4 Prozent. In diesem Umfeld kann ein antizyklisches Anlageverhalten sinnvoll sein.

Einen wahren Dominoeffekt kann eine Rating-Herabstufung bei Bankanleihen haben. Wird zum Beispiel die Senior-Anleihe auf BBB herabgestuft, was angesichts des Investment-Grade-Charakters wenig alarmierend wäre, führt dies bei der Tier-2-Anleihe zu einem Rating-Downgrade auf BBB- (ebenso unproblematisch) und bei der Tier-1-Anleihe auf BB+. Als Fallen Angel ist Letztere daher wesentlich größerem Verkaufsdruck ausgesetzt als die Anleihen höherer Seniorität.

Noch ein zweiter Effekt ist für die Kursentwicklung relevant. Bei Anleihen des Investment-Grades, die eine gute Kreditqualität aufweisen, sind Kursgewinne aufgrund von Bonitätsverbesserungen naturgemäß selten – weil es einfach nicht viele bessere Rating-Noten gibt. Empirischen Studien zufolge ist für Anleihen mit einem A-Rating die Wahrscheinlichkeit für ein Rating-Downgrade auf BBB mehr als doppelt so hoch wie ein Rating-Upgrade auf AA. In den schlechteren Rating-Kategorien ist die Wahrscheinlichkeit einer Anleihe, herauf- oder herabgestuft zu werden, dagegen gleichmäßiger verteilt. Diese Rating-Veränderungen im Zeitablauf werden in sogenannten Übergangsmatrizen dargestellt. Diese zeigen wir in nachstehender Abbildung. In einer solchen Migrationsmatrix sind die tatsächlich beobachteten Übergangsraten (Übergangswahrscheinlichkeiten) innerhalb eines Zeitraums von einem oder mehreren Jahren zwischen den Rating-Noten zusammengefasst. So ist der dargestellten einjährigen Migrationsmatrix von Moody's zu entnehmen, dass 86,12 Prozent der Unternehmen, die ursprünglich mit Baa geratet worden waren, nach Ablauf eines Jahres ein unverändertes Rating erfuhren. 4,01 Prozent dieser Unternehmen konnten ihr Rating auf A verbessern, in 3,61 Prozent der Fälle verschlechterte sich dagegen das Rating auf Ba.

Ursprüngliche Rating-Note		Rating-Note nach einem Jahr							
		Aaa	Aa	A	Baa	Ba	B	Caa	Ca-C
	Aaa	87,88%	7,80%	0,59%	0,07%	0,02%	0,00%	0,00%	0,00%
	Aa	0,79%	85,30%	8,46%	0,42%	0,06%	0,03%	0,02%	0,00%
	A	0,05%	2,49%	86,97%	5,19%	0,46%	0,10%	0,04%	0,00%
	Baa	0,03%	0,13%	4,01%	86,12%	3,61%	0,65%	0,14%	0,02%
	Ba	0,01%	0,04%	0,40%	6,09%	76,62%	6,97%	0,70%	0,11%
	B	0,01%	0,03%	0,13%	0,42%	4,86%	73,67%	6,53%	0,50%
	Caa	0,00%	0,01%	0,02%	0,07%	0,31%	6,29%	68,82%	2,67%
	Ca-C	0,00%	0,00%	0,04%	0,00%	0,52%	2,21%	9,69%	38,74%

Abbildung 22: Migrationsmatrix, 1970–2019
Quelle: Moody's Investors Service (2019)

Ausnahmen bestätigen jedoch die Regel. In Einzelfällen können auch Rating-Downgrades Kurssteigerungen zur Folge haben, wenn nämlich die Anleihebedingungen sogenannte Rating Triggers vorsehen. Bei einem Rating Trigger erhöht sich der Coupon einer Anleihe in einem vorher festgelegten Rahmen, wenn das Rating bestimmte Schwellen unterschreitet, und sinkt, wenn diese Schwellen wieder überschritten werden. In diesem Fall kann der Effekt des Couponanstiegs den Effekt des Rating-Downgrades überlagern.

Zinsänderungsrisiken oder: Das Zusammenspiel von Marktzins und Kurs

»Das größte Risiko unserer Zeit liegt in der Angst vor dem Risiko.«

Helmut Schoeck (1922–1993),
deutsch-österreichischer Soziologe und Publizist

Im Gegensatz zu den bisher beschriebenen, im Fachjargon auch als »systematisch« bezeichneten Risiken beschreiben Marktrisiken, Marktpreisrisiken oder Marktpreisänderungsrisiken nicht nur die Risiken einer einzelnen Anleihe, sondern die aller an einer Börse gehandelten Anleihen. Als Risiken, die auf marktimmanente Veränderungen zurückzuführen sind, beschreiben Marktrisiken die systematischen Risiken, die nicht diversifiziert werden können – außer man hält sich von diesem Kapitalmarkt fern. Zu den Marktrisiken zählen politische Risiken, wirtschaftliche Risiken oder Naturkatastrophen, aber auch Zinsänderungsrisiken.

Grundsätzlich wird der Kurs einer Anleihe durch Angebot und Nachfrage nach dieser Anleihe festgelegt. Dabei orientieren sich Angebot und Nachfrage am Verhältnis der Nominalverzinsung dieser Anleihe zum jeweiligen Zinsniveau anderer Anleihen vergleichbaren Risikos, dem Marktzinsniveau. Zinsänderungsrisiken ergeben sich für den Anleger aus der Ungewissheit über die zukünftigen Änderungen des Marktzinsniveaus. Denn nicht nur Aktien, sondern auch Anleihen sind Kursschwankungen unterworfen. Anleger, die ihre Bestände vor der Endfälligkeit, also der Rückzahlung der Anleihe zum Nominalwert, verkaufen wollen (oder müssen), unterliegen diesen Zinsänderungsrisiken und erleiden in der Regel Kursverluste. Doch wie entstehen diese Verluste?

Allgemein gilt, dass Inflationserwartungen die Zinsen auf dem Kapitalmarkt beeinflussen. Ändern sich die volkswirtschaftlichen Einflussfaktoren auf die Inflationserwartungen, passen die Investoren ihre Portefeuilles diesen geänderten Erwartungen an. Durch die Umschichtungen innerhalb der Portefeuilles der Anleger ändern sich auch die Kurse der Anleihen und in der Folge die Effektivzinsen.

Da eine Anleihe immer in Relation zu anderen, hinsichtlich Restlaufzeit, Bonität, Coupon und einer Reihe anderer Kriterien vergleichbaren Anleihen bewertet wird, fällt der Kurs einer bestimmten Anleihe, wenn das allgemeine Zinsniveau steigt, und steigt der Kurs der Anleihe, wenn das allgemeine Zinsniveau fällt. Erwirbt ein Anleger eine bestimmte festverzinsliche Anleihe und steigt anschließend das herrschende Marktzinsniveau, dann ist der mit der erworbenen Anleihe verbundene Coupon im Verhältnis zu den anderen Anleihen zu niedrig und damit nicht länger marktgerecht. Investoren werden diese Anleihe nur zu einem niedrigeren Kurs kaufen, um dadurch den Nachteil aus einer nicht mehr marktgerechten Nominalverzinsung auszugleichen. Erwirbt man zum Beispiel eine festverzinsliche Anleihe für 100,0 Prozent, die eine Nominalverzinsung von 5,0 Prozent verspricht, beläuft sich die Effektivverzinsung ebenfalls auf 5,0 Prozent. Sinkt der Kurs der Anleihe, ist für die Vereinnahmung der 5,0-prozentigen Nominalverzinsung ein geringerer Betrag aufzuwenden als im Ausgangsfall, so dass sich die Effektivverzinsung über die gesamte Laufzeit gegenüber dem Ausgangsfall erhöht. Notiert die Anleihe dagegen über dem Kurs von 100,0 Prozent, muss ein Investor einen höheren Betrag für die Vereinnahmung des Nominalzinses bezahlen, so dass die Effektivverzinsung unterhalb des Nominalzinses liegt.

Zu einem ganz anderen Ergebnis kommt man, wenn man den Standpunkt des bestehenden Anleihegläubigers und seines Vermögens einnimmt: Bei ihm bewirken Zinssteigerungen, dass er seine zwischenzeitlichen Couponeinnahmen zu einem höheren Zins wiederanlegen kann, so dass sein Endvermögen steigt. Zinssenkungen haben demgegenüber zur Folge, dass dieser Anleger die laufenden Couponzahlungen nur noch zu einer geringeren Nominalverzinsung anlegen kann und damit der Endwert aus dem Wertpapier sinkt. Doch welcher Effekt überwiegt?

Diese Frage beantwortet die sogenannte Duration. Sie beschreibt die prozentuale Wertänderung einer Anleihe oder eines Portefeuilles aus Anleihen, die durch eine Änderung des Marktzinsniveaus ausgelöst wird. Für die Duration sind verschiedene Definitionen bekannt. Die am weitesten verbreitete Definition stammt von Frederick R. Macaulay, der diese bereits 1938 entwickelt hat. Demnach entspricht die Duration der durchschnittlichen Restlaufzeit der Zahlungsströme einer Anleihe. Die Duration wird daher in Jahren angegeben. Eine Duration von 2,75 bedeutet daher zwei Jahre und neun Monate.

Trotz ihrer Bedeutung für die Bewertung von Anleihen wird die Duration selbst in professionellen Anleihemagazinen nicht angegeben, sondern muss vom Anleger selbst berechnet werden. Daher soll die Duration-Formel kurz vorgestellt und anhand eines Beispiels erklärt werden. Laut Macaulay entspricht die Duration der barwertgewichteten mittleren Restlaufzeit einer festverzinslichen Anleihe, also:

$$D = \frac{\sum_{t=1}^{T} \frac{gCF_t}{(1+i_{eff})^g}}{\sum_{t=1}^{T} \frac{CF_t}{(1+i_{eff})^g}}$$

mit D: Macaulay-Duration

g: Gewichtungsfaktor

CF_t: Cashflow der Periode t, also Nominalverzinsung iNom und Tilgung zum Zeitpunkt T

T: Restlaufzeit (in Jahren)

i_{eff}: Effektivverzinsung der Anleihe

Im Nenner der Formel steht nichts anderes als der Barwert der Zahlungsströme, also die diskontierten Zins- und Tilgungsströme, die der Gläubiger während der Laufzeit der Anleihe vereinnahmen kann. In einem perfekten Kapitalmarkt entspricht dieser Barwert dem Kurs der Anleihe zum Zeitpunkt t0. Im Zähler wird jede Zins- und Tilgungszahlung ebenfalls diskontiert, aber zusätzlich mit einem Faktor g gewichtet. Bildlich gesprochen entspricht der Gewichtungsfaktor der Zeitdauer, die eine Zahlung vom Berechnungstag entfernt ist. Damit ist die Duration eine sehr viel genauere Maßzahl für die Sensitivität einer Anleihe gegenüber Änderungen des Marktzinsniveaus als die Restlaufzeit. Der Gewichtungsfaktor g ergibt sich aus folgender Beziehung:

$$g = t + \left(\frac{d}{D} - 1 \right)$$

In dieser Formel entspricht d der Anzahl der Tage bis zur nächsten Zinszahlung und D der Anzahl der Tage zwischen zwei Zinszahlungsterminen. In den meisten theoretischen Übungen zur Duration wird d aus Vereinfachungsgründen gleich null gesetzt, so dass der Gewichtungsfaktor g den Jahren entspricht, die die Anleihe bis zur Endfälligkeit läuft.

Beispiel: Wir betrachten eine Unternehmensanleihe mit einer Nominalverzinsung von 1,875 Prozent und einer Restlaufzeit von genau fünf Jahren. Die Anleihe notiert aktuell bei 102,77 Prozent, wodurch sich eine Effektivverzinsung von 1,3 Prozent berechnen lässt. Die Duration der Anleihe ergibt sich dann aus den mit g gewichteten diskontierten Zahlungsströmen CF_0 der Anleihe, also:

Zeitpunkt t	CF_t	i_{eff}	CF_0	g	gCF_0
1	1,875	1,3%	1,851	1	= 1×1,851 = 1,851
2	1,875	1,3%	1,827	2	= 2×1,827 = 3,654
3	1,875	1,3%	1,804	3	= 3×1,804 = 5,411
4	1,875	1,3%	1,781	4	= 4×1,781 = 7,122
5	101,875	1,3%	95,504	5	= 5×95,504 = 477,519
Summe			102,77		495,56

Damit ergibt sich eine Duration von

$$D = \frac{495,56}{102,77} = 4,82$$

also von rund 4,8 Jahren. Steigt der Marktzins um 0,1 Prozentpunkte, wird der Kurs der betrachteten Anleihe um voraussichtlich

$$4,82 \times 0,001 = 0,00482 = 0,482\%$$

sinken, also von 102,77 Prozent auf 102,28 Prozent.

Beispiel: Betrachten wir nun die ebenfalls fünfjährige Anleihe eines Vergleichsunternehmens, die mit einer Nominalverzinsung von 9,5 Prozent ausgestattet ist. Die Anleihe notiert bei 96,26 Prozent, wodurch sich eine Effektivverzinsung von 10,5 Prozent berechnen lässt. Für sie ergibt sich folgende Tabelle der Zahlungsströme:

Zahlungsströme im Vergleich

Zeitpunkt t	CF_t	i_{eff}	CF_0	g	gCF_0
1	9,50	10,5%	8,60	1	= 1×8,60 = 8,60
2	9,50	10,5%	7,78	2	= 2×7,78 = 15,56
3	9,50	10,5%	7,04	3	= 3×7,04 = 21,12
4	9,50	10,5%	6,37	4	= 4×6,37 = 25,49
5	109,50	10,5%	66,47	5	= 5×66,47 = 332,33
Summe			96,26		403,10

und eine Duration von

$$D = \frac{403,10}{96,26} = 4,19$$

Damit liegt die Duration dieser Anleihe mit rund 4,2 Jahren um mehr als sechs Monate unter der der zuerst vorgestellten Anleihe. Bei einem Anstieg des Marktzinsniveaus um 0,1 Prozent errechnet sich damit eine Reduzierung des Kurses der Vergleichsanleihe auf 95,84 Prozent.

Damit bestätigt sich, dass ein Wertpapier umso empfindlicher auf Veränderungen des allgemeinen Zinsniveaus reagiert, je höher die Duration des Wertpapiers ist. Erwartet ein Anleger also einen Rückgang des allgemeinen Zinsniveaus – was mit einem Kursanstieg seiner Anleihen verbunden wäre –, sollte er sein Portefeuille mit Anleihen einer möglichst hohen Duration bestücken. Rechnet der Anleger dagegen mit einem Anstieg des allgemeinen Zinsniveaus, sollte er auf Anleihen mit einer möglichst geringen Duration setzen.

Darüber hinaus ist die Duration umso geringer,

- je höher der Coupon einer Anleihe ist,
- je höher der Marktzinssatz ist,

- je kürzer die Restlaufzeit der Anleihe ist,
- je höher (falls vorhanden) die vorzeitigen Tilgungen sind und
- je früher diese anfallen.

Eine Erhöhung der Duration seines Portefeuilles erreicht der Anleger am besten, indem er kurzlaufende Wertpapiere durch langlaufende ersetzt oder das Portefeuille durch Langläufer ergänzt. Die höchste Duration weisen Zerobonds auf. Ein Beispiel soll dies veranschaulichen.

Beispiel: Ein Unternehmen begibt einen Zerobond mit einem Volumen von 300,0 Millionen Euro und einer Laufzeit von fünf Jahren. Die Duration-Formel verkürzt sich damit zu

$$D = \frac{\frac{gCF_t}{(1+i_{eff})^g}}{\frac{CF_t}{(1+i_{eff})^g}}$$

und damit zu

$$D = g$$

Die Duration eines Zerobonds entspricht damit grundsätzlich seiner Restlaufzeit.

Das Zinsänderungsrisiko ist also, bei ansonsten gleichbleibenden Bedingungen, umso höher, je länger die Restlaufzeit der Anleihe ist. Es kann jedoch beobachtet werden, dass mit steigender Restlaufzeit die Duration nur unterproportional ansteigt. Auch wenn die Laufzeit einer Anleihe unendlich wäre, würde die Duration diesen Wert nie erreichen. Der maximale Wert, den die Duration einer Anleihe einnehmen kann, errechnet sich bei jährlicher Verzinsung gemäß nachstehender Formel:

$$D_{max} = \frac{1}{i_{eff}} - 1$$

Die Liquidität der Anleihe: Manchmal ist die Fungibilität doch ein relevanter Faktor

»Fühle die Angst und tu es trotzdem!«

Susan Jeffers (1938–2012), US-amerikanische Autorin von Ratgeberbüchern

Ein vielfach unterschätzter Aspekt einer Anleihe ist die Handelbarkeit an den Börsen im sogenannten Secondary- oder Zweitmarktgeschäft. Nicht nur bei institutionellen Investoren, auch bereits bei Privatanlegern kann eine Kauf- oder Verkaufsorder kursbeeinflussende Auswirkungen haben, insbesondere dann, wenn es sich bei den Anleihen um Klein(st)-Emissionen von unter 25 Millionen Euro handelt. Aber auch bei liquiden Anleihen können Liquiditätsrisiken beobachtet werden, zum Beispiel in Zeiten sogenannter Finanzmarktkrisen. In diesen Marktphasen erhöht sich der Stellenwert der Liquidität für die Anleger und selbst vermeintlich liquide Anleihen können mit einem erheblichen Abschlag zu ihren theoretischen Werten gehandelt werden.

Der Terminus für Handelbarkeit ist die Liquidität einer Anleihe. Mit der Liquidität wird die Frage beantwortet, wie leicht es für einen Investor ist, einen bestimmten Betrag an den Börsen schnell zu kaufen oder zu verkaufen, ohne dass dies Auswirkungen auf die Kursentwicklung hat. Liquiditätsrisiken verkörpern die Gefahr, dass Anleger ihre Anleihen nicht zu dem beobachteten Wert kaufen oder verkaufen können. Einem Anleger, der darauf angewiesen ist, seine Position zu verkaufen, wird dies bei einer illiquiden Anleihe nur mit einem Abschlag vom Marktpreis gelingen. Liquiditätsrisiken betreffen folglich nur Anleger, die ihre Wertpapiere nicht bis zur Endfälligkeit halten wollen, die also in der Sprache der Investoren keine Hold-to-Maturity-Strategie verfolgen. Ein Investor, der in Anleihen investiert, bei denen er im Verkaufsfall aufgrund vergleichsweise geringer Nachfrage und geringen Angebots mit Kursabschlägen rechnen muss, wird daher eine entsprechende Liquiditätsprämie fordern. Diese Liquiditätsprämie ist gewissermaßen der Renditeunterschied zwischen einer Anleihe der höchsten Liquidität und der betrachteten Anleihe mit geringerer Liquidität (bei sonst gleicher Ausstattung der Anleihe). Sofern Anleger Wertpapiere bis zur Fälligkeit halten, können sie diese Liquiditätsprämie für sich vereinnahmen.

Liquiditätsprämien werden insbesondere von institutionellen Investoren gefordert, die tendenziell eine taktische Investitionsstrategie verfolgen und Anlagen mit einem liquiden und funktionsfähigen Sekundärmarkt präferieren. Privatanleger investieren demgegenüber eher langfristig beziehungsweise verfolgen eine langfristige Buy-and-Hold-Strategie. Für sie ist die Liquidität im Sekundärmarkt von eher untergeordneter Bedeutung.

Neben den Abschlägen, die ein Anleger im Notfall hinnehmen muss, ist bei wenig liquiden Wertpapieren der sogenannte Spread zwischen Ankaufs- oder Geldkurs und Verkaufs- oder Briefkurs zu den Transaktionskosten hinzuzuzählen. Der Geldkurs (englisch »Bid«) ist der höchste Preis, zu dem ein Marktteilnehmer bereit ist, ein Wertpapier zu kaufen. Zu diesem Preis könnte ein Verkäufer sein Wertpapier unmittelbar verkaufen und den »Geld«-Betrag vereinnahmen. Das Pendant zum Geldkurs ist der Briefkurs (englisch »Ask«). Der Briefkurs ist der niedrigste Kurs, zu dem ein Verkäufer bereit ist, zu verkaufen und im Gegenzug das Wertpapier, den »Brief«, abzugeben. Er liegt über dem Geldkurs. Das arithmetische, allerdings wenig aussagekräftige Mittel zwischen Geld- und Briefkurs wird »Mittelkurs« genannt. Da Anleihen nicht immer bis zur Endfälligkeit gehalten werden, kann die Geld-Brief-Spanne erhebliche Teile der Performance erodieren. Dabei gilt: Je kleiner der Spread zwischen An- und Verkaufskurs, desto effizienter der Markt und desto geringer fallen für den Anleger die gesamten Verkaufskosten an.

Doch woran erkennt man, ob die betrachtete Anleihe auch über die erforderliche Liquidität verfügt? In der Regel ist die Liquidität einer Anleihe positiv mit dem Emissionsvolumen korreliert. Als Faustregel gilt, dass das (sich nicht in festen Händen befindliche) Anleihevolumen einmal im Jahr an der Börse umgesetzt wird. Bei rund 250 Handelstagen ergibt diese Regel bei einer Anleihe mit einem platzierten und frei verfügbaren Volumen von 25 Millionen Euro einen durchschnittlichen Handelsumsatz von 100 000 Euro pro Tag. Vermögensverwalter, die zum Teil siebenstellige Beträge in einzelne Wertpapiere investieren, müssen bei einem Verkauf über die Börse unter Umständen mehrere Wochen warten, bis ihre Order vollständig ausgeführt ist.

Doch Vorsicht: Das im Wertpapierprospekt angekündigte Anleihevolumen steht nur für den Maximalbetrag. Die Angabe im Prospekt lautet beispielsweise, dass Schuldverschreibungen mit einem Gesamtnennbetrag von »bis zu 50 Millionen Euro« begeben werden. Das tatsächliche Emissionsvolumen kann von diesem Betrag abweichen, oftmals erheblich, was naturgemäß Konsequenzen für die erwartete Liquidität der Anleihe hat.

Beispiel: Die MBB Clean Energy AG, ein international tätiger Investor und Stromproduzent im Bereich der erneuerbaren Energien, hat im Mai 2013 eine Unternehmensanleihe mit sechsjähriger Laufzeit (WKN A1TM7P) begeben. Zum Ende des öffentlichen Angebots konnte mit 72 Millionen Euro noch nicht einmal ein Viertel des ursprünglich angestrebten Betrags von 300 Millionen Euro platziert werden.

Sicherungsrisiken: Fallschirm für den Notfall

»Drei Dinge treiben den Menschen in den Wahnsinn. Die Liebe, die Eifersucht und das Studium der Börsenkurse.«

John Maynard Keynes (1883–1946), britischer Wirtschaftswissenschaftler, Politiker und Mathematiker

Nachdem eine Anleihe begeben wurde, besteht für Anleger die Gefahr des sogenannten Moral Hazard, also einer Verhaltensänderung des Managements gegen die Interessen der Gläubiger – die als Fremdkapitalgeber naturgemäß kein Kontrollrecht über das Management des Emittenten ausüben können. Im Extremfall ist vorstellbar, dass die eingesammelte Liquidität vollständig an die Eigentümer des Emittenten ausgeschüttet wird und als Haftungsmasse für die Gläubiger nicht länger zur Verfügung steht. Weniger auffällig, aber im Effekt vergleichbar, ist die Verwendung des Emissionserlöses für hochriskante Investitionsprojekte, die, wenn sie aufgehen, den Ruf und das Salär des Unternehmenslenkers verbessern, und wenn nicht, für ihn nur temporäre Konsequenzen haben, da er sich dann eben eine neue Beschäftigung sucht; auch in diesem Fall hätte das Verhalten des Managements für die Anleger eine deutliche Verschlechterung des Chance-Risiko-Verhältnisses zur Folge.

Um diese »moralische Versuchung«, so die wörtliche Übersetzung von »Moral Hazard«, zu mildern und Vertrauen in die Zeit nach der Anleiheplatzierung zu schaffen, werben manche Emittenten mit einer Besicherung ihrer Anleihen. Während Anleger bei unbesicherten Unternehmensanleihen ausschließlich auf die Bonität des Emittenten setzen und darauf vertrauen, dass der Coupon und die Kapitalrückzahlung durch den Cashflow des Unternehmens geleistet werden, können Investoren bei besicherten Anleihen die gestellten Sicherheiten verwerten und ihre Ansprüche aus den entsprechenden Erlösen befriedigen. Die Klaviatur von Besicherungskonzepten reicht von Rechten an Vermögensgegenständen wie Immobilien, Mobilien, Beteiligungen und Wertpapieren bis hin zu Bürgschaften oder vergleichbaren Verpflichtungen Dritter.

Profitieren können Anleger von Sicherheiten jedoch nur dann, wenn diese auch werthaltig sind. So banal diese Forderung klingen mag, so häufig wird sie in der Praxis umgangen.

Beispiel: Die insolvente BKN biostrom hat während der Begebung ihrer Anleihe (WKN A1KQ8V) auf die Besicherung ihrer Wertpapiere verwiesen. In dem zweistufigen Besicherungskonzept war vorgesehen, erstens die Erlöse aus der Anleiheemission durch die Bestellung von Pfandrechten an Kommanditanteilen an den jeweiligen Projektgesellschaften und zweitens die Bedienung der Anleihezinsen durch eine Abtretung der von den Zweckgesellschaften vereinnahmten Einspeisevergütungen an einen Treuhänder zu besichern. Die

Werthaltigkeit der Besicherung wurde jedoch nicht überprüft. Als der Emittent letztlich zahlungsunfähig wurde, haben die Verkaufserlöse der Kommanditanteile nicht ausgereicht, um die Forderungen der Anleihegläubiger zu erfüllen.

Wesentlich für die Werthaltigkeit von Besicherungen ist zunächst, dass die als Sicherheit dienenden Vermögenswerte zur Rating-Erstellung vorliegen und damit bewertet werden. In der Fachsprache des Kapitalmarktes sollten die Sicherheiten also nicht den Charakter eines Blind Pools haben. Darüber hinaus sollte der Wert der Sicherheiten zumindest in Höhe des Anleihebetrags liegen und diese im Idealfall sogar übertreffen. Damit würde durch den Wert der Sicherungsobjekte nicht nur die Rückzahlung sämtlicher Verbindlichkeiten abgedeckt, sondern auch ein Puffer für eventuelle Wertverluste bei Preisschwankungen geschaffen. Schließlich sollten die Sicherheiten durch einen Treuhänder kontrolliert werden.

Beispiel: Bei der Ende 2012 begebenen Anleihe der Immobilien-Projektgesellschaft Salamander-Areal Kornwestheim mbH (WKN A1RFBP) wurde die Bonität des Emittenten mit BB, die der Emission mit A geratet. Die Anleihe mit einem Volumen von 30 Millionen Euro ist durch eine zweitrangige Grundschuld besichert. Der gutachterlich ermittelte Wert des Objekts liegt bei über 80 Millionen Euro. Nach Abzug erstrangiger Bankverbindlichkeiten in Höhe von 30 Millionen Euro verbleibt also ein deutlicher Sicherheitspuffer.

Wiederanlagerisiken: Warum der Effektivzins irrelevant ist

»Man kann den Markt ebenso gut vorhersagen, wie man vorhersagen kann, in welcher Richtung ein Vogel von seinem Ast losfliegen wird.«

Warren Buffett, US-amerikanischer Großinvestor, Milliardär, Mäzen und Anlagelegende

Insbesondere aus der vorzeitigen Kündigung einer Anleihe (Call Risk), aber auch nach der planmäßigen Tilgung ergeben sich Wiederanlage- oder Reinvestitionsrisiken, wenn der Mittelzufluss nicht zu denselben Konditionen angelegt werden kann, etwa weil das allgemeine Zinsniveau rückläufig ist. Gleiches gilt für die zwischenzeitlich vereinnahmten Zinsen. Diese Wiederanlagerisiken sind nicht zu unterschätzen. In nachstehender Tabelle werden die Wirkungen zweier Zahlungsströme einer 5,0-prozentigen Anleihe dargestellt, einmal ohne (links) und einmal mit (rechts) Wiederanlage der zwischenzeitlich vereinnahmten jährlichen Zinszahlungen:

Vergleich der kumulierten Zahlungsströme mit und ohne Zinseszinseffekt (jährliche Verzinsung)

t	Ohne Wiederanlage	Mit Wiederanlage
0	1 000,00	1 000,00
1	1 050,00	1 050,00
5	1 250,00	1 276,28
10	1 500,00	1 628,89
20	2 000,00	2 653,30
30	2 500,00	4 321,94

Das Zahlenbeispiel verdeutlicht, dass die Berücksichtigung von Zinseszinsen einen erheblichen Effekt auf die Gesamtperformance einer

Anlage hat. Die Anzahl der jährlichen Zinszahlungen hat ebenfalls Auswirkungen auf die Rendite einer Anlage: Je häufiger die unterjährigen Zinszahlungen sind, desto höher ist die Effektivverzinsung einer Anleihe. So werden in nachstehender Tabelle die Endbeträge einer 5prozentigen Anleihe dargestellt, deren Zinszahlungen im halbjährigen Turnus vorgenommen werden:

Vergleich der kumulierten Zahlungsströme mit und ohne Zinseszinseffekt (halbjährliche Verzinsung)

t	Ohne Wiederanlage	Mit Wiederanlage
0	1 000,00	1 000,00
1	1 050,00	1 050,63
5	1 250,00	1 280,08
10	1 500,00	1 638,62
20	2 000,00	2 685,06
30	2 500,00	4 399,79

Welche gravierenden Folgen die Verzinsung von Zinsen aufweisen kann, wird von den meisten Anlegern völlig unterschätzt.

Ein einfaches Beispiel kann Ihnen dies veranschaulichen: Hätten Sie zu Jesu Geburt 100 Euro zu einem Zinssatz von 3 Prozent angelegt, läge Ihr Vermögen im Jahr 2020 bei einfacher Verzinsung (also ohne Zinseszinseffekt) bei 6 160 Euro. Die Formel, mit der Sie dieses Ergebnis nachrechnen können, lautet:[9]

$$V_{2020} = 100\,[\text{Euro}] \times (1 + 0{,}03 \times 2020) = 6.160\,[\text{Euro}]$$

Mit Berücksichtigung der Zinseszinsen läge Ihr Endvermögen dagegen bei sage und schreibe: 8 534 810 924 721 040 000 000 000 000 Euro, großzügig abgerundet also acht Quadrilliarden Euro, nachzurechnen mit folgender Formel:

$$V_{2020} = 100\,[\text{Euro}] \times (1 + 0{,}03)^{2020} =$$

$$8534810924721040000000000000\,[\text{Euro}]$$

Dieses Gedankenexperiment vom sogenannten Josephspfennig wurde erstmals 1771 von dem englischen Moralphilosophen, Geistlichen und Ökonomen Richard Price beschrieben, der damit die schwer vorstellbaren Beträge berechnet hat, die durch das exponentielle Wachstum entstehen können.[10] Damit Sie diesen Betrag einordnen können: 2017 belief sich das Geldvermögen aller Erdbewohner auf etwa 170 Billionen Euro, ein winziger Bruchteil dessen, was ein fiktiver Sparer über einen so langen Zeitraum trotz einer vermeintlich geringen Durchschnittsverzinsung und eines überschaubaren Anfangsvermögens hätte sein Eigen nennen können.

Falls Sie nun aber glauben, dass Sie als Anleihegläubiger von diesem Zinseszinseffekt genauso profitieren können wie im genannten Beispiel: Sie tun es nicht. Während eine ganze Industrie darauf geeicht ist, die durch den Zinseszinseffekt ermöglichte Effektivverzinsung zu vermarkten, ist es Anleihebesitzern im Normalfall gar nicht möglich, diese zu realisieren. Warum nicht, werden Sie sich fragen. Stellen Sie sich vor, Sie kaufen sich Anleihen im Betrag von 5 000 Euro, ein nicht unansehnlicher Betrag also. Angenommen ferner, die Nominalverzinsung beträgt 3,0 Prozent. Sie vereinnahmen also Zinsen von 150 Euro pro Jahr. Versuchen Sie dann doch mal, sich für 150 Euro eine weitere Anleihe zu kaufen, wenn der niedrigste Nominalbetrag von Anleihen in Deutschland 1 000 Euro beträgt. Sie müssten also sieben Jahre warten, bis Sie das Geld gespart hätten, um aus den Zinsen eine Anleihe mit einem Nominalbetrag von 1 000 Euro zu kaufen, doch bis dahin ist die Anleihe längst zurückgezahlt.

Ein Problem, das im Übrigen nicht nur Privatanleger betrifft. Denn bei den sogenannten Benchmark-Anleihen, die von institutionellen Investoren bevorzugt werden, liegt das Nominalvolumen einer Anleihe mitunter bei 250 000 Euro oder einem Vielfachen davon. Auch institutionelle Investoren sind somit nicht automatisch in der Lage, die vereinnahmten Zinsen wiederanzulegen.

Währungsrisiken: Wenn man Wechselkurse berücksichtigen muss

»Heimat ist da, wo ich verstehe und wo ich verstanden werde.«

Karl Theodor Jaspers (1883–1969), deutscher Psychiater und Philosoph

Erwirbt ein Anleger eine Anleihe in einer Fremdwährung, ist neben der Analyse von Bonität und Solvenz des Emittenten auch eine Einschätzung über die zukünftige Entwicklung des der Anleihe zugrunde liegenden Währungspaares erforderlich. Vermeintlich hohe Nominalzinsen einer Fremdwährungsanleihe können durch eine ungünstige Währungsentwicklung mehr als aufgezehrt werden, so dass per saldo sogar ein Verlust hingenommen werden muss.

Der Kauf von Auslandsanleihen kann weitere Risiken zur Folge haben. Politische Risiken oder Makrorisiken, also Risiken, die mit der Stabilität des Landes beziehungsweise seiner Volkswirtschaft zusammenhängen. Ob und inwieweit sich diese Risiken auf ein weltweit tätiges Unternehmen auswirken können, hängt von dem Grad des Engagements, dem Exposure, dieses Unternehmens in dem jeweiligen Land ab. Makrorisiken dürften umso größer sein, je länger die Laufzeit der Anleihe ist und je weniger entwickelt ein Land ist.

Von Bedeutung sind Währungsrisiken für Anleger auch beim Erwerb von Staatsanleihen aus dem Nicht-Euroraum. Ob ein Staat in der Lage ist (den Willen vorausgesetzt), die Zinsen auf seine Anleihen zu bezahlen, hängt von seinen Devisenreserven ab. Langfristig fließen Devisen über einen Exportüberschuss von Waren und Dienstleistungen, kurzfristig auch über die Aufnahme von Verbindlichkeiten in ein Land. Gehen die Devisenreserven zur Neige, müssen Staaten sich weiter verschulden, was zunächst meist auch gut gelingt. Im zweiten Schritt werden Sonderziehungsrechte als Devisenhilfe gezogen oder andere Unterstützungsmaßnahmen bei der EZB oder dem IWF gefordert.

Reichen auch diese Maßnahmen nicht aus, kann ein Land zahlungsunfähig werden. Jüngere Beispiele für diese Entwicklungen sind Argentinien, Mexiko und Brasilien während der 1980er-Jahre, die Asienkrise (1997/98), die Russland- beziehungsweise Rubelkrise (1998/99) oder die Griechenlandkrise (2010/11).

Kündigungsrisiken: Von Calls und Puts

»Wer jedes Risiko ausschalten will, der zerstört auch alle Chancen.«

Hans-Olaf Henkel, deutscher Spitzenmanager

Neben der planmäßigen Tilgung zum Ende der Laufzeit können die Anleihebedingungen auch eine außerplanmäßige Rückzahlung von Anleihen vorsehen. Nur wenn sie in den Anleihebedingungen ausdrücklich vorgesehen ist, ist eine Kündigung der Anleihe ohne das Vorliegen eines besonderen Grundes möglich.

Liegt das Recht, die vorzeitige Kündigung einer Anleihe auszulösen, beim Anleger, spricht man von einem Put, liegt das Recht beim Emittenten, von einem Call. Ein Anleger wird seine Put-Option nur dann ausüben, wenn er sein Geld zu attraktiveren Konditionen wiederanlegen kann. Spiegelbildlich wird der Emittent seine Call-Option nur dann ausüben, wenn der aktuelle Marktzins von Anleihen vergleichbarer Bonität unter dem Nominalzins der Anleihe liegt, da in diesem Fall die Anschlussfinanzierung zu günstigeren Konditionen durchgeführt werden kann. Dem Schuldner ermöglicht die Einräumung eines Sonderkündigungsrechtes also eine Feinjustierung der Durchschnittsverzinsung seiner Kapitalmarktverbindlichkeiten. Zum Schutz der Anleger ist in den meisten Anleihebedingungen, in denen eine Call-Option enthalten ist, eine Kündigung des Emittenten erst nach einer gewissen Mindestlaufzeit (Non-Call-Period) vorgesehen. Zum Ausgleich liegt der dann zu zahlende Rückzahlungspreis zudem in der Regel über dem bei einer planmäßigen Tilgung vorgesehenen Betrag.

Nichtsdestotrotz sollten Anleger Anleihen kritisch einstufen, die dem Emittenten ein einseitiges Kündigungsrecht (Call) einräumen. Letzten Endes wird von dieser Call-Option nur der Emittent profitieren, da er sein Recht nur in einem rückläufigen Zinsumfeld ausüben wird und er sich günstiger refinanzieren kann. Der Anleger steht dann vor der undankbaren Aufgabe, die frei werdenden Mittel erneut anzulegen, was ihm aufgrund sinkender Zinsen nur durch Inkaufnahme höherer Risiken gelingen wird.

Weitere Möglichkeiten der Tilgung

»Das war nicht ganz unrisikovoll.«

Karl-Heinz Rummenigge, Fußballspieler und -funktionär

Bei gesamtfälligen Anleihen erhält der Anleger den Nominalbetrag der Anleihe am Fälligkeitstag in einem Betrag zurückbezahlt. Dies stellt den Normalfall dar. Annuitäten-Anleihen werden demgegenüber nicht in einem Betrag zurückgezahlt, sondern nach und nach in gleich hohen Jahresraten; zudem kann auch ein tilgungsfreier Zeitraum vereinbart werden. Heutzutage eher unüblich sind Auslosungs-Anleihen, bei denen ungewiss ist, wann der Investor seinen Nominalbetrag zurückerhält. Nach Ablauf einer festgelegten Anzahl tilgungsfreier Jahre ermittelt der Emittent durch Auslosung diejenigen Wertpapierurkunden, die zum nächsten Tilgungstermin zurückgezahlt werden. Schließlich ist es möglich, dass die Tilgung einer Anleihe nicht in Form von Geld erfolgt, sondern, wie im Fall von Wandel- oder Umtauschanleihen, in Form von Aktien.

6. Überblick über die Börsenplätze

»Börsenwissen ist das, was übrig bleibt, wenn man schon alle Details vergessen hat.«

André Kostolany (1906–1999),
deutsch-ungarischer Börsenexperte

In diesem Kapitel soll ein Überblick über die verschiedenen Handels- und Börsenplätze sowie Transparenzlevels, die jeweiligen Regularien und Zeichnungsmöglichkeiten gegeben werden.

Der OTC-Handel

»Eines der lustigen Dinge an der Börse ist, dass jedes Mal, wenn eine Person kauft, eine andere verkauft und beide überzeugt sind, sie seien klug.«

William A. Feather (1889–1981),
US-amerikanischer Verleger und Autor

Nachdem eine Anleihe durch Investoren im Rahmen einer Emission gezeichnet wurde, beginnt ihr Börsenhandel. Theoretisch zumindest, denn im Gegensatz zu Aktien werden Anleihen überwiegend außerbörslich gehandelt, was auch im Deutschen mit dem Fachbegriff »Over-the-Counter«, kurz »OTC«, bezeichnet wird. Dies bedeutet, dass Anleger meist über informelle Netzwerke von Anleihehändlern einmalige Geschäfte miteinander abschließen. Im Gegensatz zu den transparenten Börsenplätzen können Angebote zum Kauf und Verkauf einer bestimmten Anleihe damit nicht von allen Marktteilnehmern auf einer zentralen Plattform beobachtet werden.

Warum das so ist? Erstens, weil es viel mehr Anleihen gibt als Aktien. Unternehmen haben im Normalfall nur eine Aktiengattung emittiert, können aber weit über 100 Anleihen mit unterschiedlichen Renditen und Laufzeiten und in verschiedenen Währungen begeben haben. All diese Anleihen an der Börse zu handeln, würde einen enormen Aufwand bedeuten. Zweitens, weil typische Anleihetransaktionen sehr viel größer sind als Aktiengeschäfte: So dürfte die durchschnittliche Höhe eines Aktienkaufs bei unter 10 000 Euro liegen, während der durchschnittliche Handel mit Anleihen im institutionellen Geschäft vermutlich die 500 000-Euro-Marke übersteigt. Und drittens, weil Anleihen über den größten Teil ihrer Laufzeit viel seltener gehandelt werden als Aktien. In der Regel ist das Handelsvolumen einer Anleihe, also die Häufigkeit, mit der eine Anleihe innerhalb eines bestimmten Zeitraums ge- und verkauft wird, nur in den ersten Tagen nach der Emission hoch; später sinkt das Handelsvolumen deutlich ab und tendiert oft sogar gegen null. Mit der Folge, dass Anleihen nicht selten über mehrere Monate oder sogar Jahre überhaupt nicht gehandelt werden – was es schwierig und kostspielig machen würde, einen Börsenhandel aufrechtzuerhalten.

Wenn institutionelle Anleger wie Rentenfondsmanager großvolumige Unternehmens- oder Staatsanleihen auf dem Sekundärmarkt kaufen oder verkaufen, sind sie auf den OTC-Handel, den außerbörslichen Handel, angewiesen. Dazu kontaktiert der Investor einen Broker und bittet ihn, Geld- und Briefkurse für ein Wertpapier zu stellen – die er dann annehmen kann oder nicht. Der Broker übernimmt damit die Funktion des Market Makers, eines Intermediärs also, der jederzeit bereit ist, An- und Verkaufspreise für ein bestimmtes Wertpapier abzugeben. Market Maker verdienen an der Differenz zwischen den angezeigten Geld- und Briefkursen. Die Differenz ist zugleich die Entschädigung für das eingegangene Risiko, dass Wertpapiere, die sie kaufen und im Bestand halten, möglicherweise an Wert verlieren, bevor sie weiterverkauft werden.

In den USA ist die Situation sogar noch komplexer. Hier sind alle Rentenhändler, die in diesen außerbörslichen Märkten aktiv sind und die dort »Broker-Dealer« genannt werden, dazu verpflichtet, Transaktionen mit Unternehmensanleihen gemäß einem von der US-Börsenaufsichtsbehörde SEC genehmigten Regelwerk an die FINRA (Financial Industry Regulatory Authority) zu melden. Als Selbstregulierungsbehörde für außerbörsliche Anleihehändler veröffentlicht die FINRA die an sie übermittelten außerbörslichen Sekundärmarkttransaktionspreise von Unternehmens- und Kommunalanleihen mit kurzer Verzögerung auf ihrem proprietären TRACE-System, der Trade Reporting and Compliance Engine. Verglichen selbst mit einfachen Online-Finanzdienstleistern ist die Transparenz von TRACE begrenzt: Angezeigt werden nur bereits durchgeführte Transaktionen, nicht jedoch die Geld- und Briefkurse; überdies sind bestimmte Anleihegruppen vom System gänzlich ausgeschlossen, zum Beispiel Anleihen mit einer Laufzeit von weniger als einem Jahr.

Der unregulierte Freiverkehr

»Eine Investition in Wissen bringt die höchsten Renditen.«

Benjamin Franklin (1706–1790), US-amerikanischer Politiker, Autor, Philosoph, Erfinder, Bürgerrechtler und Wissenschaftler

Noch bis ins 18. Jahrhundert hinein wurden Wertpapiere auch vor den eigentlichen Börsen gehandelt, auf dem Bürgersteig, oftmals in der Nähe der örtlichen Glücksspielhäuser. Abgewickelt wurden die Börsengeschäfte von zwielichtigen Gesellen, den sogenannten Bordsteinhändlern. Mit ihnen konnten Anleger jene Wertpapiere handeln, die nicht in den offiziellen Börsenhandel einbezogen waren. Heutzutage ist der Freiverkehr – anders als der regulierte Markt – ein privatrechtlicher, jedoch von einem bestimmten Börsenbetreiber (also etwa Deutsche Börse AG für die Frankfurter Wertpapierbörse oder Bayerische Börse AG für die Börse München) organisierter Markt. Diese Börsensegmente bieten Emittenten die Vorteile einer Notierung, ohne sie gleichzeitig mit den Nachteilen des Being Public zu belasten, insbesondere was die Kosten und internen Organisationsstrukturen beim Emittenten anbelangt.

Beispiel: Die Schneekoppe-Anleihe (WKN A1EWHX) wurde am 20.09.2010 emittiert und hatte eine Laufzeit bis 20.09.2015. Das Emissionsvolumen betrug 10,0 Millionen Euro bei einem Coupon der Schneekoppe von 6,45 Prozent. Die Anleihe wurde am Freiverkehr der Börse Düsseldorf und mehreren anderen Börsenplätzen gehandelt.

Die ›Nachteile‹ einer Notierungsaufnahme bestehen aus Sicht des Emittenten in der Einhaltung der Zugangsvoraussetzungen und der Folgepflichten. Allerdings sind die Zugangsvoraussetzungen im Freiverkehr deutlich niedriger als an anderen Handelssegmenten. Zwar ist die Veröffentlichung eines von der BaFin gebilligten Wertpapierprospekts an den meisten unregulierten Börsenplätzen zwingend erforderlich, nicht jedoch die Veröffentlichung eines Ratings. Emittenten müssen im Freiverkehr zwar bestimmte kapitalmarktrechtliche Folgepflichten einhalten, insbesondere die durch die Marktmissbrauchsverordnung (MMVO) vorgegebenen Regelungen des Insiderrechts, das den Insiderhandel, die unrechtmäßige Offenlegung von Insiderinformationen, das Handeln trotz Kenntnis von Insiderinformationen und die Marktmanipulation verbietet, nicht aber zwingenderweise die für einen Anleger an sich elementaren Informationspflichten wie die Veröffentlichung von Quartals- oder Halbjahresabschlüssen.

Börsensegmente für Mittelstandsanleihen

»Ein intelligenter Investor ist ein Realist, der an Optimisten verkauft und von Pessimisten kauft.«

Benjamin Graham (1894–1976),
Vater der fundamentalen Wertpapieranalyse

Dass der unregulierte Freiverkehr dementsprechend den meisten Anlegern kein besonders vertrauenserweckendes Handelssegment ist, erscheint unmittelbar einsichtig. Diese Einschätzung teilten auch die führenden Investmentbanken, die lange Zeit die Auffassung vertraten, Emissionsvolumen unterhalb der 200-Millionen-Euro-Schwelle würden wirtschaftlich keinen Sinn ergeben und ein zu risikoreiches Engagement darstellen. Dass der typische Mittelstand eine Anleihe begab, blieb daher eher die Ausnahme. Unternehmen hatten sich – wenig verwunderlich – in den Augen vieler Banker idealerweise über ihre Hausbank zu refinanzieren.

Dann kamen Finanzmarktkrise und Kreditklemme. Durch die immer strengeren Kreditvergabevorschriften der Aufsichtsbehörden für Banken (Basel III) wurde die Kreditvergabepolitik der Banken zunehmend restriktiv und für die Emittenten teuer. Bankkredite verloren für mittelständische Unternehmen an Attraktivität und Flexibilität. Getrieben von der Sorge, dass der Mittelstand nicht mehr mit ausreichendem Fremdkapital versorgt werden könnte, entstanden zu Beginn des zweiten Jahrzehnts neue Börsensegmente. Die Börse Stuttgart verstand es als erste, diesen aufkeimenden Kapitalbedarf zu deuten und darauf zu reagieren, indem Unternehmen des Mittelstands eine neue kapitalmarktbezogene Form der Unternehmensfinanzierung zur Verfügung gestellt wurde. Im Mai 2010 wurde an der Börse Stuttgart mit bondm erstmals ein für die Begebung von Anleihen mittelständischer Unternehmen spezialisiertes Marktsegment geschaffen. Ebenfalls als Novum hat die Börse Stuttgart selbst für die Titel der Emittenten geworben und die

Platzierung der Anleihen durch die gezielte Ansprache von Investoren unterstützt.

Mit Ausnahme Berlins sind die deutschen Börsenplätze nach und nach in dieses Marktsegment eingetreten. Erst wurden an den Börsen Düsseldorf (der mittelstandsmarkt) und München (m:access bonds) spezifische Primär- und Sekundärmarktplattformen für die Einbeziehung von Anleihen mittelständischer Unternehmen in den Börsenhandel eingerichtet, kurz darauf folgten die Frankfurter Wertpapierbörse (Entry Standard für Anleihen, inzwischen ersetzt durch das Freiverkehrssegment Scale, sowie Prime Standard) und die Börse Hamburg-Hannover (Mittelstandsbörse). Abgesehen vom Prime Standard der Frankfurter Wertpapierbörse handelt es sich bei all diesen Marktplattformen um privatrechtlich ausgestaltete Freiverkehrssegmente der jeweiligen Börsen.

Nach den Rückschlägen durch die negativen Entwicklungen bei kleinen und mittelständischen Anleiheemittenten wurden die Zulassungsvoraussetzungen an fast allen Börsenplätzen inzwischen deutlich verschärft, beim Stuttgarter bondm wurde sogar ein Aufnahmestopp und die sukzessive Abwicklung der notierten Anleihen verordnet. Auch den Begriff »Mittelstandsanleihen« wollen einige Verantwortliche der Börsen nicht mehr verwenden, weil dieser in der Öffentlichkeit »negativ besetzt« sei.[11]

Abbildung 23 (nächste Seite): Börsensegmente für Mittelstandsanleihen im Überblick[12]
Quelle: Zusammenfassung der Angaben der einzelnen Börsen

	Scale	Prime Standard	Mittelstandsbörse	m:access	Primärmarkt
Börsensegment	Freiverkehr	regulierter Markt	Freiverkehr	Freiverkehr	Freiverkehr
Börse	Frankfurt	Frankfurt	Hamburg-Hannover	München	Düsseldorf
Zielgruppe	Kleine und mittelständische Unternehmen aus Deutschland bzw. Europa	Finanzierungsbedarf > 100 Mio. Euro	Kapitalsuchende Unternehmen aus dem Mittelstand und Unternehmen, die Alternativen zum Hausbankkredit suchen	Mittelständische Unternehmen mit min. 3 Jahren Historie	Kleine und mittlere Unternehmen
Rechnungslegung	HGB oder IFRS	HGB oder IFRS	Keine Vorgabe	HGB oder IFRS	HGB, IFRS oder US-GAAP
Emissionsbegleiter	Deutsche Börse Capital Market Partner	IPO-Berater, Emissionsbank, WP oder PR-Agentur	An der Börse zugelassener Kapitalmarktpartner	Emissionsexperte	Kapitalmarktpartner
Prospektpflicht	Ja, Billigung durch BaFin	Ja, Billigung durch BaFin	Ja, Billigung durch BaFin oder andere zuständige Behörde	Ja	Ja, Billigung durch BaFin
Rating-Pflicht	Unternehmens- oder Anleihe-Rating	Ja, Ausnahme: DAX/MDAX-Notiz	Optional	Ja	Nein
Mindest-Rating	Nein	Nein	Nein	Nein	Nein
Stückelung	Bis zu 1.000 Euro	Bis zu 1.000 Euro	Keine Mindeststückelung	Bis zu 1.000 Euro	Keine Mindeststückelung
Emissionsvolumen	> 20 Mio. Euro	> 100 Mio. Euro	Beliebig	> 10 Mio. Euro	Nein
Branchenausschluss	Nein	Nein	Nein	Nein	Nein
Sonstige	Erfüllung von min. drei der Kriterien: EBIT ICR > 1,5 EBITDA ICR > 2,5 Debt/EBITDA < 7,5 Net Debt/EBITDA < 5 RBC > 0,2 Debt/RBC < 0,85				Laufzeit >3 Jahre

Während Benchmark-Anleihen – vergleichbar mit Large-Caps-Aktien – zum überwiegenden Teil nicht über die Börsen, sondern direkt zwischen den involvierten Parteien, dem Käufer und dem Verkäufer, gehandelt werden, ist bei Mittelstandsanleihen der Privatkunde die explizit angesprochene Investorenklasse. Dementsprechend wurde an den meisten Börsensegmenten ein Nominalwerthöchstbetrag von 1 000 Euro vereinbart.

Eine entscheidende Rolle bei einer Anleiheplatzierung kommt dem Kapitalmarktpartner zu. Er berät das Unternehmen vor dem Börsengang, unterstützt es bei den notwendigen Vorbereitungen für die Emission und berät bei der Einhaltung der Transparenz- und Folgepflichten sowie bei der Kommunikation mit den Bond-Investoren. Doch seine wichtigste Rolle hat der Kapitalmarktpartner, bevor er überhaupt von einem Emittenten mandatiert wird: Denn es ist seine (nicht immer zur vollständigen Zufriedenheit aller erfüllte) Aufgabe, die Anleihefähigkeit eines Emittenten kritisch zu durchleuchten, also eine aussagekräftige Unternehmensplanung inklusive der zugrunde liegenden Prämissen zu erstellen, die Entwicklung der Markt- und Wettbewerbssituation darzustellen, die Stabilität der Cashflows zu prüfen und für eine sinnvolle Verwendung der eingeworbenen Mittel einzustehen. Im Idealfall trifft er eine Vorauswahl und sortiert jene Emittenten aus, die nicht anleihefähig sind.

Damit eine Anleihe fortlaufend notiert wird, müssen die Emittenten nach der Aufnahme der Börsennotierung bestimmte Folgepflichten gegenüber den Kapitalanlegern erfüllen, insbesondere Informationspflichten. Sie sollen sicherstellen, dass den Investoren wichtige Informationen, die für die Kursentwicklung einer Anleihe und die Entscheidung, in diese zu investieren, entscheidend sind, nicht vorenthalten werden. Beispiele dafür sind gravierende Ertragsrückgänge, ein Wechsel in der Geschäftsführung, die Veräußerung von Unternehmensteilen, die Übernahme substanzieller Unternehmensbeteiligungen, Kapitalerhöhungen, die Ausgabe weiterer Schuldverschreibungen oder Genussrechte.

Innerhalb von vier bis sechs Monaten müssen Emittenten von Mittelstandsanleihen einen geprüften beziehungsweise testierten Jahresabschluss mit Anhang und Lagebericht veröffentlichen. Drei beziehungsweise vier Monate nach Ablauf des Halbjahres ist an den meisten Börsen ein Halbjahresbericht beziehungsweise Zwischenlagebericht zu veröffentlichen, der allerdings nicht von einem Wirtschaftsprüfer geprüft worden sein muss.

Mit Ausnahme der Mittelstandsbörse der Börse Hamburg-Hannover und des Primärmarkts Düsseldorf, wo bereits beim Börsengang die Veröffentlichung eines Ratings nur optional ist, ist an allen Börsensegmenten die Veröffentlichung von Folge-Ratings verpflichtend, und zwar alle zwölf Monate. Damit soll sichergestellt werden, dass jederzeit ein aktuelles Rating verfügbar ist, das die aktuelle Lage eines Unternehmens und nicht nur eine Situation in der Vergangenheit beschreibt. Für bereits mit Aktien börsennotierte Anleiheemittenten sind Ratings dagegen nicht verpflichtend. Sollten sie zum Börsengang ihrer Anleihe dennoch ein Rating in Auftrag gegeben haben, wird dieses zum Zeitpunkt des Folge-Ratings erfahrungsgemäß eingestellt. Das Vorgehen entspricht zwar grundsätzlich den Regularien der Mittelstandssegmente, ist jedoch nicht im Sinne des Erfinders und nährt den Verdacht, dass Ratings von börsennotierten Unternehmen während der Platzierungsphase nur als zusätzliches, Transparenz und Stabilität suggerierendes Element eingesetzt werden.

Zu Beginn des Geschäftsjahres hat jeder Emittent einen Unternehmenskalender auf seiner Homepage zu veröffentlichen und als PDF-Dokument zum Download anzubieten. Darin müssen alle im laufenden Geschäftsjahr anstehenden und für die Anleger wichtigen Termine aufgeführt sein, insbesondere also die Tage, an denen (spätestens) der Jahres- und Halbjahresabschluss publiziert, die Zinsen bezahlt und, sofern vorgeschrieben, das Folge-Rating veröffentlicht werden sollen. Ist der Emittent eine AG, so ist auch der Tag der Hauptversammlung zu veröffentlichen. Freiwillige Angaben betreffen die Veröffentlichung von Roadshow-Terminen oder die Teilnahme an Kapitalmarktkonferenzen wie etwa dem im November stattfindenden Eigenkapitalforum der Deutsche Börse AG.

	Scale	Prime Standard	Mittelstandsbörse	m:access	Primärmarkt
Jahresabschluss und Lagebericht	Geprüft innerhalb von 6 Monaten	Geprüft innerhalb von 4 Monaten	Geprüft innerhalb von 6 Monaten	Nur Kernaussagen des geprüften Jahresabschlusses	Testiert innerhalb von 6 Monaten
Halbjahresabschluss/ Zwischenlagebericht	Innerhalb von 4 Monaten	Innerhalb von 3 Monaten	Nein	Nein	Innerhalb von 3 Monaten
Einhaltung der Ad-hoc-Publizität	Ja	Ja	Ja	Ja	Ja
Factsheet zum Unternehmen	Nein	Nein	Ja	Nein	Nein
Unternehmenskalender	Ja	Ja	Ja	Ja	Ja
Jährliches Folge-Rating	Ja	Ja	Nein	Ja	Nein
Jährliche Investorenkonferenz	Ja	Ja	Nein	Ja	Nein
Führen von Insiderlisten	Ja	Ja	Ja	Ja	Ja
Directors' Dealings	Ja	Ja	Ja	Ja	Ja
Sprache Berichterstattung	Deutsch oder Englisch	Deutsch oder Englisch	Deutsch	Deutsch	Deutsch

Abbildung 24: Die Folgepflichten im Überblick
Quelle: Börsenangaben

Der regulierte Markt

»Wenn du deine Gewinner nicht behältst, kannst du deine Verlierer nicht bezahlen.«

Jack D. Schwager, US-amerikanischer Börsenhändler und Autor

Um eine Anleihe an einem regulierten Markt zu platzieren, sind dieselben Voraussetzungen wie bei einer Aktienemission zu beachten. Insbesondere müssen Emittenten am regulierten Markt eine Reihe von gesetzlichen Pflichten beachten, darunter die Verpflichtung,

- Jahresabschlüsse nach IFRS aufzustellen,
- Halbjahresabschlüsse zu veröffentlichen,
- Zwischenmitteilungen wie Q1- und Q3-Berichte zu veröffentlichen,
- bestimmte Zusatzangaben (zum Beispiel zur Vergütung von Vorstand und Aufsichtsrat) in den Anhang des Abschlusses aufzunehmen,
- Ad-hoc-Mitteilungen zu veröffentlichen,
- sogenannte Directors' Dealings zu veröffentlichen,
- Überschreitungen bestimmter Eigentümerschwellen zu veröffentlichen sowie
- das Verbot von Insiderhandel und
- das Verbot der Marktmanipulation einzuhalten.

Da viele institutionelle Investoren die Notiz in einem regulierten Segment als Bedingung für ein Investment fordern, lassen viele Emittenten ihre Anleihen in regulierten Marktsegmenten, bevorzugt in Luxemburg oder Irland, notieren. Der Umsatz im Sekundärmarkt findet zwar überwiegend im OTC-Handel zwischen den Banken statt, die Notiz an einer dieser Börsen wird jedoch bis zur Anleihetilgung aufrechterhalten.

7. Kauf und Zeichnung von Anleihen

»Lerne jeden Tag, am besten von den Erfahrungen anderer. Das ist billiger.«

John C. Bogle (1929–2019), US-amerikanischer Investor, Erfinder des Index Investing

Wer seine erste Anleihe erwerben will, muss – selbst in Zeiten des Online-Bankings – ein Depot eröffnen. Doch wie eröffnet man heutzutage ein Depot? Und wenn man ein Depot hat: Wie kauft man Anleihen?

Der Weg zum Depot

»Wenn man kein Geld hat, denkt man immer an Geld. Wenn man viel Geld hat, denkt man nur noch an Geld.«

J. Paul Getty (1892–1976), US-amerikanischer Öl-Tycoon, reichster Mensch seiner Zeit

Jeder, der Wertpapiere, also zum Beispiel Aktien, Anleihen, ETFs oder Fonds, kaufen, halten und verkaufen will, benötigt ein Wertpapierdepot, kurz »Depot«. Dieses Depot ist dabei nicht mit einem herkömmlichen Konto zu verwechseln. Überweisungen oder Daueraufträge können über ein Depot nicht abgewickelt werden. Das Depot ist allein dafür da, Wertpapiere zu kaufen, zu verwahren und zu verkaufen.

Um ein solches zu eröffnen, ist kein großes Vermögen erforderlich. Auch mit einem überschaubaren Geldvermögen kann jeder interessierte Anleger ein Depot eröffnen und mit Wertpapieren handeln. Börse ist nicht ausschließlich für Reiche, noch nicht einmal ein Mindestanlagebetrag ist bei der Eröffnung eines Depots vorgeschrieben.

Banken, bei denen ein Depot eingerichtet werden kann, sogenannte Depotbanken, gibt es wie Sand am Meer. Da gibt es die klassischen Geschäfts- oder Filialbanken beziehungsweise Sparkassen, bei denen die meisten bereits ein Gehalts- oder Girokonto unterhalten. Alle diese Kreditinstitute bieten ihren Kunden an, zusätzlich zum Girokonto auch ein Wertpapierdepot zu führen. Doch dafür spricht heutzutage nur noch wenig. Was nicht nur daran liegt, dass die Institute für ihre Wertpapierdepots oft weit überzogene Gebühren verlangen. Diese wären durchaus zu tolerieren, wenn sie von einer exzellenten Beratung begleitet wären. Doch davon sind wir weit entfernt. Von der vielfach angepriesenen Beratung bleibt bei genauerer Betrachtung wenig übrig. Vor allem bei der Beratung zu einzelnen Wertpapieren haben sich die Geschäftsbanken auf eine Vogel-Strauß-Strategie zurückgezogen. »Nichts sehen«, lautet meistens die Devise. Privatkunden wollen Banken heute nur noch Fonds anbieten.

Dass sich Banken von der klassischen, noch vor 20 Jahren gängigen Wertpapierberatung für Kleinanleger nahezu vollständig verabschiedet haben, ist eine bedauernswerte Entwicklung. Dabei bietet jede x-beliebige einschlägige Website den Anlegern mehr Informationen als die Bankberater in den Filialen. Wer seinen Bankmitarbeiter zu einem bestimmten Wertpapier – selbst zu einem Standardtitel – befragt, wird aller Voraussicht nach keine qualifizierte Antwort erhalten.

Zum Glück gibt es mittlerweile neben den klassischen Geschäftsbanken eine große Anzahl von Online-Banken, auch »Online-Broker« genannt, die vergleichsweise einfach eine Depoteröffnung anbieten. Die meisten Online-Broker unterscheiden sich in Bezug auf die angebotenen Wertpapiere, Börsenplätze und Länder nur wenig. Unterschiede gibt es allerdings in Bezug auf die mit einem Depot verbundenen Kosten, die Bedienbarkeit der Website und den Service, also die Auswahl an Handelsplätzen, Weiterbildungsangebote oder die Möglichkeit, in Notfällen einen Ansprechpartner telefonisch zu erreichen. Diese Unterschiede werden von den Anbietern teilweise ganz bewusst eingestreut, weil viele Kunden, die zum ersten Mal mit der Eröffnung eines Depots konfrontiert sind, in der Regel nicht die unterschiedlichen Kosten bewerten oder die Wahrscheinlichkeit, später auf einen Service zugreifen zu müssen, als extrem niedrig einstufen. Auf welche Kosten muss man sich bei der Eröffnung eines Depots einstellen? Grundsätzlich lassen sich die Kosten in drei Hauptgruppen zusammenfassen:

- Zunächst die Depotführungsgebühren, die auch von einigen Online-Brokern erhoben werden. In Abhängigkeit vom Depotvolumen können sich diese pauschal erhobenen Depotführungsgebühren auf bis zu 200 Euro pro Jahr belaufen.
- Von meist größerer Bedeutung sind die Ordergebühren (auch »Handelskosten« oder »Kommissionen« genannt), über die sich die Online-Broker hauptsächlich finanzieren. Diese setzen sich zum einen aus den fixen Grundgebühren einer Transaktion und zum anderen aus einem variablen Prozentsatz des gesamten Transaktionsvolumens zusammen.
- Schließlich können Zusatzgebühren anfallen, wenn ein Kunde beispielsweise mehrere Auszahlungen in einem Monat durchführen will; manche Online-Broker verlangen auch Zusatzgebühren für die Nutzung ihres Kundendienstes.

Von den drei genannten Kostenblöcken sind die variablen Ordergebühren die bedeutendsten. Vor allem, wenn Anleger ihr Depot in regelmäßigen Abständen umschichten, also regelmäßig Wertpapierbestände verkaufen und kaufen; in diesem Fall können die Transaktionskosten durchaus relevant werden. Doch auch bei einer langfristigen Vermögensanlage sollten unnötige Kosten vermieden und der Blick auch auf die variablen Kosten, die mit einem Anleihekauf oder -verkauf verbunden sind, geworfen werden.

Übrigens: Einzelne Online-Banken bieten eine kostenlose Depotführung an. Bei oberflächlicher Betrachtung entgeht dabei, dass diese Gratisdepots meist nur in der Anfangsphase gebührenfrei sind. Später kommen Fixkosten hinzu und der Anbieter holt sich zurück, was sich die Anleger anfangs gespart haben.

Allerdings ist der Wechsel eines Online-Brokers relativ einfach. Bei Unzufriedenheit lassen sich Depots problemlos auf einen anderen Online-Broker übertragen. Dies muss nach einem Urteil des Bundesgerichtshofs von den Banken und Brokern kostenlos angeboten werden.[13] Der Depotübertrag wird von der Zentralverwahrstelle Clearstream gesteuert. Diese dient als Schnittstelle zwischen den verschiedenen Brokern und verwahrt sämtliche Wertpapiere, die auf dem Kapitalmarkt gehandelt werden. Veranlasst ein Kunde einen Depotübertrag, wird der gesamte Depotbestand von der Zentralverwahrstelle vom alten zum neuen Broker übertragen.

Wer einen Depotübertrag vornehmen will, wendet sich am besten an den neuen Online-Broker, der ein entsprechendes Formular für den Übertrag zur Verfügung stellt und den Kunden mit allen weiteren Informationen versorgt. Für Anleger ist der Arbeitseinsatz überschaubar.

Hat ein Anleger sich für eine bestimmte (Online-)Bank entschieden, bei der zukünftig das Depot geführt werden soll, wird zur Angabe der persönlichen Daten aufgefordert. Diese werden bei einer Online-Eröffnung direkt in die Eingabemaske am Bildschirm eingegeben. Anschließend muss sich ein Neukunde authentifizieren, denn alle Banken sind durch das Geldwäschegesetz dazu verpflichtet, die Identität ihrer Kunden bei der Kontoeröffnung festzuhalten. Die Überprüfung der persönlichen Daten kann dabei auch über das sogenannte Postident-Verfahren oder das Videoident-Verfahren erfolgen.

- Das Postident-Verfahren ist eine seit Jahren gebräuchliche Methode der persönlichen Identifikation von Personen durch die Filialmit-

arbeiter der Deutschen Post AG. Hierbei erstellt ein Online-Broker für den Neukunden einen Postident-Coupon mit einer eigenen Referenznummer. In einer Postfiliale legt der Kunde anschließend seinen Personalausweis oder Reisepass vor. Dieser wird vom Filialmitarbeiter überprüft und mit den Vorlagen verglichen. Hierzu scannt der Mitarbeiter den Ausweis mit einem kleinen Flachbettscanner ein, vergleicht und ergänzt die erfassten Daten und druckt sie auf einem Postident-Bogen aus, der anschließend unterschrieben werden muss. Abschließend werden die Angaben durch den Mitarbeiter durch seine eigene Unterschrift, Datum und Tagesstempel bestätigt und zusammen mit den weiteren Unterlagen – sofern vorhanden – an den Online-Broker gesendet.
- Alternativ bieten viele Online-Broker das Videoident-Verfahren an. Bei diesem Verfahren, für das lediglich eine funktionierende Internetverbindung und ein Smartphone erforderlich sind, ist das Unterschreiben des Originalantrags nicht mehr erforderlich. Wer dieses Verfahren nutzt, setzt einfach ein Häkchen an den erforderlichen Stellen des Website-Antrags. Nachdem die Unterlagen elektronisch abgesendet wurden, erfolgt ein Video-Anruf des Online-Brokers. Dabei wird der Neukunde aufgefordert, die Vorder- und Rückseite des gültigen Personalausweises oder Reisepasses (mit Ablauffrist von mehr als drei Monaten) vor die Kamera des Smartphones zu halten. Zur Verifizierung muss der Ausweis gekippt und bewegt werden, so dass die Sicherheitsmerkmale – beispielsweise das Hologramm – geprüft werden können. Darüber hinaus wird der Mitarbeiter des Online-Brokers mit dem eigenen Smartphone ein Foto des Antragstellers anfertigen. Am Ende erhält der Kunde per E-Mail oder SMS eine TAN zugesendet, die in einem dafür vorgesehenen Online-Formular eingetragen werden muss. In wenigen Minuten ist die Legitimation abgeschlossen.

Praktisch für Berufstätige ist: Antragsteller können die Kontoeröffnung auch am Wochenende oder am späten Feierabend buchstäblich vom

Sofa aus vornehmen. Schlangen vor der Postfiliale gehören damit endgültig der Vergangenheit an.

Nach der erfolgten Authentifizierung werden die Zugangsdaten für das Depot per Post den Kunden zugesendet. Danach können Wertpapiere erworben werden.

Der Weg des Emittenten an die Börse

»Kein Geld ist vorteilhafter angewandt als das, um welches wir uns haben prellen lassen.«

Arthur Schopenhauer (1788–1860), deutscher Philosoph

Der offizielle Teil im Dasein einer Anleihe beginnt mit der Zeichnungsfrist. Während der Zeichnungsfrist geht das Management auf Roadshow zu den wichtigsten nationalen und internationalen Finanzzentren. Die Investorentermine finden in Form von »One-on-Ones«, also in Einzelgesprächen, oder in Gruppen-Meetings statt, die dann meist als Frühstücks-, Lunch- oder Dinner-Präsentationen abgehalten werden. Bei der Emission einer Anleihe, der sogenannten Primärmarkttransaktion, werden die Wertpapiere der Öffentlichkeit unter Nennung der Anleihebedingungen – insbesondere also Nominalzins, Laufzeit, Sicherheiten, Covenants, Ausgabe- und Rückzahlungskurs – vorgestellt und angeboten. Die besuchten institutionellen Investoren haben während oder nach den Veranstaltungen die Möglichkeit, das Produkt direkt bei der Lead Bank zu zeichnen. Privatanlegern steht dieser Weg nicht offen. Ihnen verbleiben für eine Zeichnung folgende Möglichkeiten:

- Bei einer Eigenemission über die Website des Emittenten oder über die Börse.
- Bei einer Fremdemission über die Depotbank.

Soll die Anleihe über die Website des Emittenten gezeichnet werden, muss diese eine sogenannte Zeichnungsbox integriert haben. Dieses Tool dient der Online-Erfassung der Stammdaten des Zeichners, ohne die der Anleger keinen Zeichnungsauftrag abgeben kann. Die zu hinterlegenden Stammdaten des Zeichners umfassen neben dem Namen und der Adresse des Zeichners auch den Zeichnungsbetrag beziehungsweise die Anzahl der zu zeichnenden Stücke, die Bankverbindung, die Telefonnummer und die E-Mail-Adresse. Nach erfolgter Dateneingabe wird automatisch der fertige Zeichnungsschein als elektronisches Dokument an den Anleger versendet, der diesen unterzeichnet an den Emittenten, die Lead Bank oder die Zahlstelle zurückschickt. Nach erfolgtem Zahlungseingang werden die gezeichneten Anleihen zugeteilt.

Neben der Zeichnung über die Website des Emittenten kann der Anleger seinen Zeichnungsauftrag auch über die Website der Börse abgeben – ein ähnlich kompliziertes Vorgehen. Beiden Verfahren ist gemeinsam, dass sie, abgesehen von der Tatsache, dass der Anleger zu jedem Zeitpunkt den Status der von ihm beauftragten Zeichnung ablesen kann, im Zeitalter des Telebanking wie Dinosaurier des Wertpapiererwerbs anmuten. Wesentlich komfortabler ist es nämlich, den Zeichnungsauftrag wie bei jeder anderen Wertpapierorder über die Hausbank des Anlegers auszuführen, entweder über einen telefonischen Auftrag oder über das Internetbanking. Sollte es absehbar sein, dass die Zeichnung relativ schnell geschlossen wird, ist es sinnvoll, die Order bereits am Tag vor dem offiziellen Zeichnungsbeginn über das Internet abzugeben, da dadurch die Zuteilungswahrscheinlichkeit verbessert werden kann.

Üblicherweise dauert die Zeichnungs- und Platzierungsfrist einer Anleihe zwei Wochen, bei Wandel- und Optionsanleihen deutscher Emittenten entspricht dies sogar der gesetzlich vorgeschriebenen Bezugsfrist. Zeichnungen, die während dieses Zeitraums aufgegeben werden, sind grundsätzlich verbindlich, sofern sie nicht vor Beendigung der Zeichnungsfrist zurückgezogen werden. Bei Eigenemissionen ist bisweilen zu beobachten, dass die Zeichnungsfrist nach dem Beginn der Notierungsaufnahme weiterläuft, zum Teil über mehrere Monate.

Investoren, die bereits gezeichnet haben, vermittelt dies den Eindruck, dass andere Investoren der Emission kritischer gegenüberstehen. Das dadurch hervorgerufene Misstrauen über die Qualität des Angebots kann dazu führen, dass bereits erfolgte Zeichnungen kurzfristig zurückgezogen oder dass bezogene Anleihen nach Beginn des Handels verkauft werden – was entsprechende Kursverluste zur Folge hat.

Bei besonders hoher Nachfrage machen Emissionsbanken von ihrem Recht auf vorzeitige Schließung der Zeichnungsfrist Gebrauch.

Beispiel: Die im Februar 2012 begebene Mittelstandsanleihe der Scholz AG (WKN A1MLSS) wurde um 13:00 Uhr des ersten Zeichnungstages geschlossen, also vier Stunden nach dem offiziellen Zeichnungsbeginn. Zu diesem Zeitpunkt konnten Orders in Höhe von mehr als 200 Millionen Euro eingesammelt werden. Das Orderbuch war damit zu mehr als 125 Prozent gefüllt.

Die Nachfrage nach Anleihen während der Emission wird anhand des »Bid-to-Cover«-Verhältnisses beurteilt. Die Bid-to-Cover-Ratio ist der Gesamtwert aller Zeichnungsgebote (in Euro) dividiert durch das Emissionsvolumen. Will ein Unternehmen also eine Anleihe im Volumen von 100 Millionen Euro platzieren und erhält hierfür Zeichnungsgebote im Wert von 300 Millionen Euro, so beträgt das Bid-to-Cover-Verhältnis drei. Übersteigt das Bid-to-Cover-Verhältnis den Wert zwei, wird dies gewöhnlich als starke Nachfrage nach einer Anleiheemission betrachtet.

In diesem Fall einer sogenannten Überzeichnung erfolgt nach Beendigung der Zeichnungsfrist die Zuteilung der Anleihe auf die Zeichner. Ist eine Anleihe »überzeichnet«, ist also die Bid-to-Cover-Ratio größer als eins, besteht für den Anleger kein Recht auf Zuteilung. Vielmehr kann die Emissionsbank entscheiden, wie die Zuteilung auf die Investoren erfolgen soll. Bei privatanlegerorientierten Anlageprodukten wie zum Beispiel Mittelstandsanleihen wird in Analogie zu Aktienemissionen zumeist nach dem Grundsatz der Gleichbehandlung verfahren und für Privatanleger eine einheitliche Zuteilungsquote definiert. Anders bei institutionellen Investoren: Hier erfolgt eine Zuteilung grundsätzlich in Abstimmung zwischen der Emissionsbank und dem Emittenten. Typische Entscheidungsparameter sind die Qualität und Art des Investors, die Höhe des verwalteten Vermögens (Assets under Management) und die Langfristigkeit der Anlagephilosophie eines Investors.

Wurde eine Anleihe nicht vollständig platziert, kann dies auf eine bewusste Entscheidung des Emittenten zurückzuführen sein, etwa weil dieser ohnehin weniger Kapital einsammeln wollte als prospektiert. Im Allgemeinen folgen jedoch die Kapitalmarktteilnehmer der Interpretation, dass der Emittent nicht ausreichend Investoren für seine Anleihe begeistern konnte.

Nach der Einführung einer Anleihe in den Handel der Börsen kann diese wie jedes andere Wertpapier ge- oder verkauft werden. Während bei der Zeichnung der Erlös direkt an die Gesellschaft fließt, geht im sogenannten Sekundärmarktgeschäft der Verkaufserlös an den Verkäufer der Anleihe. Der Emittent ist dann von dieser Transaktion nicht betroffen. Ist eine Anleihe bereits an einer Börse notiert, spricht man nicht länger von einer Zeichnung, sondern von einem regulären Erwerb der Anleihe. Im Gegensatz zur Zeichnungsphase, in der alle Investoren die Anleihe zum selben Preis angeboten bekommen, richten sich die Anleihepreise auf dem sogenannten Sekundärmarkt nach Angebot und Nachfrage. Damit die Preisschwankungen nicht zu groß werden, sind professionelle Wertpapierhandelsfirmen (sogenannte Skontroführer, Spezialisten oder Quality Liquidity Provider) dazu verpflichtet, während des Handelstages, also zwischen 9:00 Uhr und 17:30 Uhr marktgerechte Börsenpreise aus einem betreuten Skontro heraus zu veröffentlichen. Ein Skontro ist ein elektronisches Orderbuch, in dem der Skontroführer alle vorliegenden Kauf- und Verkaufsaufträge, die Orders, eines Wertpapiers sieht. Dabei werden die Börsenpreise der meisten Wertpapiere nach dem sogenannten Meistausführungsprinzip ermittelt, also dem Kurs, zu dem der größte Umsatz mit dem geringsten Überhang auf der Kaufs- oder Verkaufsseite realisiert wird. Um allzu große Kurssprünge zu vermeiden, sollte der Skontroführer oder Spezialist eine gewisse Kurskontinuität anstreben. Im Gegensatz zum oben erwähnten Market Maker ist der Spezialist allerdings nicht dazu verpflichtet, regelmäßig Kauf- und Verkaufspreise zu stellen, die auf beiden Seiten mit einem bestimmten Volumen unterlegt sein müssen. Daher sind zwischen Kauf- und Verkaufskursen zum Teil erhebliche Spannen zu beobachten. Eine Überprüfung der zum Zeitpunkt der gewünschten Orderaufgabe bestehenden Kursspanne durch den Anleger ist daher zwingend anzuraten.

Anleihen werden in Dauersammelurkunden verbrieft, die anschließend bei einer zentralen Verwahrstelle – in Deutschland Clearstream, vormals Kassenverein, in Österreich die Oesterreichische Kontrollbank OeKB – hinterlegt werden. Ein Verbriefungsanspruch des Investors, also eine physische Auslieferung von Anleihen, ist, im Gegensatz zu Schmuckaktien, nicht vorgesehen. Der Erwerb erfolgt ausschließlich durch Buchungen auf Depotkonten der Geschäftsbanken bei der Zentralverwahrstelle. Möchte ein Investor eine Anleihe kaufen, erhält er vom Verkäufer einen Miteigentumsanteil an der Sammelurkunde zugewiesen. Hierzu erteilt der Verkäufer seiner Bank den Auftrag, die Eigentumsübertragung vorzunehmen, und erhält im Gegenzug von der Bank des Käufers den vereinbarten Geldbetrag überwiesen. Der gesamte Vorgang erfolgt also durch Buchungen in den Depots und Konten der jeweiligen Anleger, der Kreditinstitute und der Zentralverwahrstelle.

Ein Wort abschließend zu den Kosten des Anleiheerwerbs: Die Zeichnung von Neuemissionen ist für den Anleger grundsätzlich kostenlos. Für umlaufende, also an den Börsen bereits gehandelte Anleihen fallen demgegenüber die üblichen Bankspesen und Maklerprovisionen an.

Die Aufgabe des Bankenkonsortiums und der Berater während der Emission

»Investment ist etwas Rationales; wenn Sie nichts davon verstehen, lassen Sie lieber die Finger davon.«

Warren Buffett, US-amerikanischer Großinvestor, Milliardär, Mäzen und Anlagelegende

Nicht nur Erstemittenten, auch Frequent Issuers übertragen die Komplexität der Prozessschritte, die hohe zeitliche Belastung und den Umgang mit den verschiedenen Parteien in der Regel an Dritte. Die Vernachlässigung des operativen Geschäfts ist die beinahe logische Konsequenz. Da der Prozess der Anleihebegebung eine zeitlich begrenzte und häufig einmalige Angelegenheit bleibt, ist es wenig zielführend, entsprechendes Wissen in den Fachabteilungen der Unternehmen selbst aufzubauen. Sinnvoll ist daher die Mandatierung eines mit allen Facetten und Prozessschritten vertrauten Beraters, der letztlich auch die Gesamtverantwortung für das Projekt übernimmt.

Das mit der Emission einer Anleihe mandatierte Bankenkonsortium und der Emissionsberater stellen für den Anleger einen Qualitätsmaßstab dar: Versäumt es etwa die Lead Bank, die mit dem Emittenten verbundenen grundlegenden Risiken ausreichend zu identifizieren und darzustellen, nimmt die meist langfristige Geschäftsbeziehung zwischen Konsortialbank und institutionellen Anlegern gegebenenfalls schweren Schaden.

Bei Mittelstandsanleihen ist die Einbindung eines Partners vorgeschrieben. In Frankfurt heißen sie »Capital Market Partner«, am Münchener m:access »Emissionsexperten«. Unabhängig davon, wie sie jeweils bezeichnet werden, sind die jeweiligen Partner an den Börsen akkreditierte Kapitalmarktexperten, die die Kapitalmarktfähigkeit des Emittenten prüfen, zusammen mit dem Emittenten die Anleihebedingungen festlegen und letztlich einen reibungslosen Emissionsprozess sicherstellen.

Dies fängt mit der Analyse der grundsätzlichen Anleihefähigkeit des Unternehmens an. Gemeinsam mit dem Emittenten erstellt der Berater zunächst eine mehrjährige integrierte Finanzplanung (aus Gewinn- und Verlustrechnung, Bilanz und Kapitalflussrechnung), aus der er eine tiefgehende Bilanz-, Liquiditäts- und Ertragsanalyse vornimmt, die im Idealfall die gesamte Laufzeit der zu begebenden Anleihe abdeckt. Durch Simulation diverser Szenarien und die Überprüfung der Zins- und Tilgungsfähigkeit unter verschiedensten Konjunkturszenarien kann der Berater frühzeitig Defizite etwa in puncto Bilanzierung, Unternehmensorganisation und Investor-Relations-Arbeit ansprechen und Verbesserungspotenziale aufzeigen.

Gemeinsam mit dem Emittenten wählen Berater und Bank anschließend alle weiteren für die Begebung der Anleihe involvierten Partner, insbesondere also die platzierenden Banken, die Kommunikationsagenturen, Rechtsanwälte, Rating-Agenturen und gegebenenfalls ein unabhängiges Research-Büro. Sämtliche Mandatsverhandlungen werden dabei vom Emissionsberater geführt, was für den Emittenten erhebliche Kostenentlastungen zur Folge haben kann.

Weitere Informationsplattformen für Anleger

»Aus Fehlern lernt man mehr als aus Erfolgen.«

Primo Levi (1919–1987), italienischer Schriftsteller

Grundsätzlich können sich Anleger über vier Online-Plattformen über Anleihen informieren:

- die Homepage der Börse,
- Internetportale von Nachrichtenagenturen,
- allgemeine Börsenportale und
- spezifische Anleiheportale.

Auf den Websites der Börsen, an denen die Anleihen gehandelt werden, können in der Regel komfortabel die Stammdaten der Emittenten ermittelt werden. Auch die Folge-Ratings sowie die veröffentlichten Adhoc-Meldungen stehen in den meisten Fällen zum Download bereit. Zu Anleihen, die im Freiverkehr notieren, finden sich demgegenüber keine Informationen auf den Websites der Börse.

Nur wenige Privatanleger können die Internetportale von Nachrichtenagenturen wie https://de.reuters.com oder die englischsprachige www.bloomberg.com nutzen. Sie sind kostenpflichtig und auch nicht gerade günstig: Für einen Bloomberg-Terminal sind Mitte 2020 jährliche Gebühren von etwa 22 500 US-Dollar pro User fällig. Obwohl kostenpflichtig, präsentieren die Nachrichtenagenturen kleine Auszüge ihrer Meldungen quasi als Appetizer auf ihren frei zugänglichen Internetportalen. Dass Aktualität, Neutralität und journalistischer Anspruch der Meldungen hochwertig sind, muss nicht extra erwähnt werden.

Allgemeine Börsenportale wie onvista.de, boersenzeitung.de oder finanzen.net richten sich an Anleger, die an Finanz- und Wirtschaftsthemen interessiert sind. Dabei wird die gesamte Bandbreite dieser Themengebiete abgedeckt, so dass Detailinformationen meist fehlen. Je nach Zielgruppe und journalistischem Anspruch stehen auch eigenproduzierte Inhalte zum Download bereit, zum Teil nur gegen Bezahlung (Paid Content). In der Regel können die Kurse börsennotierter Anleihen mit einer Verzögerung von 15 Minuten abgerufen werden, so dass auch Chartanalysen möglich sind. Allerdings liegt der Schwerpunkt der meisten Börsenportale auf Aktien, nicht auf Anleihen.

Empfehlenswert ist es daher, auch spezifische Anleiheportale, sogenannte Special-Interest-Portale, zu nutzen, auch wenn es dort nicht immer möglich ist, werbliche von journalistischen Inhalten zu unterscheiden. Beispiele für solche Plattformen sind www.anleihen-finder.de, www.fixed-income.org oder www.bondguide.de. Auf deren Seiten findet der Anleger dezidierte Informationen zu Anleihen mittelständischer Unternehmen, und zwar sowohl von Investoren- als auch von Emittentenseite. Alle Anleiheportale veröffentlichen periodisch (meist

14-täglich) erscheinende Newsletter, die kostenlos im PDF-Format verschickt werden.

8.

Erste Einblicke in den Emittenten

»Wer gut vorbereitet ist, hat schon gewonnen.«

Miguel de Cervantes (1547–1616), spanischer Schriftsteller

Die Untersuchung der Stärken und Schwächen, Chancen und Risiken eines Unternehmens gehört zu den zentralen Elementen einer Unternehmensanalyse. Zwar ist die Analyse eines Emittenten aufgrund der Komplexität und Dynamik der unternehmerischen Entwicklung immer nur eine stichpunktbezogene Betrachtung, die unvollständig und risikobehaftet ist, auf die durch sie gewonnenen Erkenntnisse sollte indes kein Anleger verzichten.

Die Nachhaltigkeit des Geschäftsmodells

»Im Land der Blinden ist der Einäugige König.«

Sprichwort

Handelt es sich beim Emittenten nicht um einen Frequent Issuer, also um ein regelmäßig den Kapitalmarkt anzapfendes Unternehmen, sollte eine Einschätzung des Emittenten mit dessen Geschäftsmodell beginnen. Die Analyse des Geschäftsmodells eines Unternehmens ist gleichbedeutend mit der Beantwortung von Fragen, die leider nur auf den ersten Blick trivial erscheinen:

- Womit verdient ein Unternehmen sein Geld?
- Welche Produkte und Dienstleistungen bietet es an?
- Wer sind seine Kunden?
- Worin bestehen die Wettbewerbsvorteile?
- Wie hoch sind die Markteintrittsbarrieren?

Schon die Beantwortung der ersten Frage kann schwierig sein. Den Leser wird es verwundern, dass mit ihr selbst viele Vorstände überfordert sind. Dabei stellte bereits Warren Buffett, einer der erfolgreichsten Investoren der Welt, recht dogmatisch fest, dass, wenn ein Unternehmen nicht in der Lage sei, sein Geschäftsmodell auf der Rückseite einer Visitenkarte niederzuschreiben, es über ein solches nicht verfüge. Da trifft man schon mal auf Vorstände von Immobilienunternehmen, die geschlagene zwei Stunden versuchen, dem Zuhörer ihr ›extrem fokussiertes Geschäftsmodell‹ vorzustellen, das, wie sich herausstellt, aus dem Kauf und dem Asset Management von Wohn- und Gewerbeimmobilien, dem Unterhalt von Eigen- und Co-Investments beziehungsweise der Privatisierung und Revitalisierung von Wohn- und Gewerbeimmobilien sowie dem Management von Spezial- und Alternative Fonds besteht und zusätzlich unterstützt wird von Immobilien-Spezialgeschäften, deren Beschreibung den Umfang dieses Kapitels sprengen würde. Auch einen regionalen ›Fokus‹ sucht der Investor hier vergebens.

Die Entscheidung, ob ein Unternehmen für eine Anlage fokussiert genug ist, erschließt sich in der Regel aus der Bond Story. Analog der Equity Story bei einer Aktie ist die Bond Story die Zusammenfassung der Gründe für den Erwerb einer Anleihe. Sie ist die Transformation der Unternehmensstrategie in die Sprache der Anleger, Analysten und Medien. Im Idealfall lässt sich die Bond Story auf einen Elevator Pitch eindampfen, also auf eine 30- bis 60-sekündige Zusammenfassung des Unternehmens und seines Managements und des wettbewerblichen

Umfelds mitsamt einem Ausblick. In Unternehmenspräsentationen findet sich die Bond Story häufig vorne im Executive Summary. Damit ist unmittelbar einsichtig, dass ein Emittent in die Formulierung der Bond Story viel Feinarbeit investieren sollte. Jedes einzelne Wort, jede Formulierung kann und muss optimiert werden, um die Anleiheplatzierung zum Erfolg zu bringen.

Beispiel: Als Rena 2010 seine erste von zwei Mittelstandsanleihen begab, wurde das Unternehmen als »stark wachsendes, profitables High-Tech-Maschinenbauunternehmen und weltweit führender Anbieter von Anlagen für nasschemische Prozesse wie Ätzen, Reinigen und Beschichten von Substraten« positioniert. Es ist zu befürchten, dass mit dieser Unternehmensbeschreibung nur die wenigsten etwas anfangen konnten. Das Unternehmen übrigens selbst auch nicht, es musste schon Anfang 2014 Insolvenz anmelden.

Am Ende des Tages, um eine geläufige Investment-Banking-Phrase zu strapazieren, ist für den Anleger in erster Linie relevant, in welchem Ausmaß Nachfrage und Preise schwanken können, wie intensiv die Rivalität innerhalb einer Branche ist, ob und wie sich Rohstoffkosten entwickeln und wie hoch das operative Leverage eines Unternehmens ist, also der Anteil der fixen Kosten an den Gesamtkosten. Je höher die operativen Risiken, desto instabiler ist tendenziell die Entwicklung der Ertragskennzahlen. Typische Beispiele sind Unternehmen aus zyklischen Industrien wie zum Beispiel der Stahl-, Bau- oder Automobilindustrie; stabile Geschäftsmodelle finden sich dagegen bei Versorgern, Telekommunikationsnetzbetreibern oder Wohnimmobilienbestandshaltern. Beispiele für Geschäftsmodelle, die schwer oder gar nicht zu prognostizieren sind, sind Immobilienentwickler und Biotech-Unternehmen.

Um die Nachhaltigkeit des Geschäftsmodells einzuschätzen, sind neben den operativen Risiken auch die finanziellen Risiken zu beachten. Diese ergeben sich insbesondere aus dem Einsatz von Fremdkapital. Je höher der Verschuldungsgrad eines Unternehmens, desto höher sind die unbedingten Zinszahlungsverpflichtungen und desto höher ist das Insolvenzrisiko einer Gesellschaft. Aus Sicht der Anteilseigner einer Gesellschaft verstärkt eine Fremdkapitalfinanzierung die positiven und negativen Effekte des operativen Risikos. Aufgrund des Wechselspiels zwischen operativen und finanziellen Risiken sollte ein hohes operatives Risiko nur mit einem niedrigen finanziellen Risiko kombiniert werden, und umgekehrt. Ein Bestandshalter von Wohnimmobilien, dessen Risiken auf Tausende von Einzelwohnungen verstreut sind, sollte seine Verschuldungskapazität nicht ungenutzt lassen. Demgegenüber sollte ein Stahlunternehmen im Zyklushoch nicht die gute Ertragslage fortschreiben und maßlos neue Investitionsprojekte angehen.

Eine wichtige, womöglich die entscheidende Kennzahl zur Beurteilung der operativen und finanziellen Risiken ist der betriebliche Cashflow. Einmaleffekte ausgenommen, ermöglicht ein auskömmlicher Cashflow die weitere Aufrechterhaltung der Geschäftstätigkeit, die Finanzierung internen Wachstums und einen zuverlässigen Zugang zum Kapitalmarkt. Je höher der operative Cashflow, desto resistenter ist das Unternehmen gegenüber Krisen. Entscheidend dabei ist nicht nur die Höhe der Cashflows, sondern insbesondere auch die Beständigkeit über mehrere Jahre. Ein marktführendes Unternehmen mit unzyklischem Geschäftsmodell und hohen Markteintrittsbarrieren kann sich zweifelsohne stärker verschulden als ein »Me-too«-Unternehmen, worunter Unternehmen verstanden werden, die über keine Alleinstellungsmerkmale verfügen, in einem wettbewerbsintensiven Markt tätig sind und deren Erträge und Cashflows hohen saisonalen und zyklischen Schwankungen unterliegen.

Zur Einschätzung der zukünftigen Cashflows lohnt ein Blick in die Vergangenheit. Kritiker mögen einwenden, dass der »Kaufmann für das Gewesene nichts gibt«; diesen sei jedoch mit einem Mark Twain zugeschriebenen Bonmot erwidert: »Geschichte wiederholt sich nicht, aber sie reimt sich«.[14] Der sogenannte Track Record ist für die Analyse der Stabilität und Nachhaltigkeit eines Unternehmens von entscheidender Bedeutung. So lautet eine Regel, die an den Kapitalmärkten nur selten verletzt wird: »Der Gewinner von gestern ist der Gewinner von morgen und der Verlierer von gestern ist der Verlierer von morgen.« Dauerhaft profitable Unternehmen mit guter Marktstellung, mit einem Bestseller im Produktportefeuille, einem visionären Topmanagement und hohen Markteintrittsbarrieren positionieren sich nicht nur für eine kurze Zeitspanne an der Spitze ihrer Branche. Die ewigen Restrukturierer und Dauersanierer dagegen, die laufend von unvorhergesehenen Einbrüchen der Ertragslage berichten, ein schlechtes Image haben und sich wenig um ihre Investoren kümmern, erwirtschaften Margen, die deutlich unter dem Branchendurchschnitt liegen. Dies zu erkennen, sollte auch für Nichtprofis möglich sein.

Unbedingt den Wertpapierprospekt lesen

»Die Götter können nicht denen helfen,
die die Gelegenheit nicht ergreifen.«

Konfuzius (551–479 v. Chr.), chinesischer Philosoph

Um den Privatanlegern – aber auch institutionellen Investoren – ein Mindestmaß an Sicherheit zu gewähren, ist bei einem öffentlichen Angebot die Erstellung und Veröffentlichung eines Wertpapierprospekts gesetzlich vorgeschrieben, sofern ein öffentlicher Handel des jeweiligen Wertpapiers vorgesehen ist. Dieser muss bei einem öffentlichen Angebot als notwendiges Vermarktungsdokument während der Platzierungsphase allen potenziellen Investoren frei zugänglich gemacht werden; in der Regel steht er auf der Homepage des Emittenten und der Bundesanstalt für Finanzdienstleistungsaufsicht BaFin (auf www.bafin.de) unter der Rubrik »Daten & Dokumente« zum Download zur Verfügung.

Die Vorteile eines öffentlichen Angebots im Gegensatz zu einer Privatplatzierung liegen in der medialen Außenwirkung des Emittenten bei der Vermarktung seines Anleiheprodukts. Im Vergleich zur Privatplatzierung, die sich nur an qualifizierte Anleger richten darf, mit einer Mindeststückelung von 100 000 Euro ausgestattet sein muss oder ein Emissionsvolumen von 150 000 Euro nicht übersteigen darf, kann über ein öffentliches Angebot ein ungleich größerer und breiter diversifizierter Pool an Investoren adressiert werden. Durch ein öffentliches Angebot wird die Handelbarkeit des Wertpapiers im Sekundärmarkt ermöglicht, was sich nicht zuletzt in dessen Verzinsung bemerkbar macht.

Der Prospekterstellung geht eine intensive Legal Due Diligence voraus, in der die internen und externen Rechtsverhältnisse des Unternehmens – bei Mittelständlern vor allem die Geschäfte mit und Verbindungen zu nahestehenden Personen – überprüft werden. Ziel des Wertpapierprospekts ist es, dem Investor strukturierte Informationen zum Geschäftsmodell des Emittenten, den damit verbundenen Risiken der Markt- und Wettbewerbssituation sowie der Entwicklung der Finanz-, Vermögens- und Ertragslage der letzten beiden Jahre zu vermitteln und damit einem Anleger alle wichtigen Informationen über das Wertpapier und seinen Emittenten an die Hand zu geben, damit dieser seine Investitionsentscheidung treffen kann. Der Prospekt wird abschließend von der Bundesanstalt für Finanzdienstleistungsaufsicht BaFin auf Vollständigkeit, Lesbarkeit und innere Widerspruchsfreiheit geprüft und gebilligt, nicht aber auf inhaltliche Richtigkeit.

Für den Emittenten besteht das zentrale Motiv für die Erstellung in der zivilrechtlichen Haftungsfreizeichnung. Hat ein Emittent alle wesentlichen Angaben vollständig und richtig in den Wertpapierprospekt aufgenommen und insbesondere auf sämtliche Risiken ordnungsgemäß und vollständig hingewiesen, laufen etwaige Schadensersatzansprüche von Anlegern aus der Prospekthaftung ins Leere. Darüber hinaus enthält der Prospekt die Anleihebedingungen, eine detaillierte Beschreibung des Wertpapiers und des öffentlichen Angebots, eine Darstellung des Emittenten (insbesondere seiner Organe und der Geschäftstätigkeit), steuerliche Hinweise sowie einen umfänglichen Finanzteil, in den die letzten beiden Konzernjahresabschlüsse in testierter Form aufzunehmen sind.

Bei der Offenlegung der Risikofaktoren, die mit dem Erwerb einer Anleihe verbunden sind, werden marktbezogene, emittentenspezifische und emissionsspezifische Risiken aufgelistet, insbesondere rechtliche, steuerliche und technische Risiken, gesetzliche und regulatorische Rahmenbedingungen, Patente und Lizenzen, Abhängigkeiten von einzelnen Personen und Unwägbarkeiten aus der Finanzierung des Geschäftsbetriebs. Viele, die zum ersten Mal einen Prospekt lesen und mit den Usancen nicht vertraut sind, werden nach der Lektüre des Risikoteils von einem Engagement absehen, auch deshalb, weil zwar die Risiken umfänglich darzustellen sind, die sich aus dem Geschäftsmodell ergebenden Chancen jedoch nicht. Zudem handelt es sich in der Auflistung leider oft mehr um einen Bauchladen von Risiken, die von den Prospektanwälten vorsichtshalber aufgeführt werden und größtenteils auf alle Emittenten und Emissionen zutreffen. Dass der Gesellschaft der Himmel auf den Kopf fallen könnte, zählt dabei vermutlich zu den wenigen Risiken, die im Prospekt nicht zu finden sind.

Ebenfalls nicht in Prospekten zu finden sind Aussagen über die zukünftige Entwicklung des Emittenten, insbesondere über die Entwicklung der Umsatz- und Ertragslage (Guidance); weniger, weil es untersagt wäre, sondern weil ihre Verfehlung Haftungsrisiken auslösen könnte. Falls jedoch keine Guidance in den Prospekt aufgenommen wurde, dann darf sie auch nicht in anderen Dokumenten des Emittenten auftauchen, insbesondere nicht in den Roadshow-Unterlagen zum Börsengang. Auch eine wirtschaftliche Einschätzung des Emittenten oder der Nachhaltigkeit seines Geschäftsmodells oder gar eine Einschätzung der Ausfallwahrscheinlichkeit der Anleihe sucht man im Prospekt vergebens.

Das für den Anleger bedeutendste Element des Prospekts ist der Finanzteil, der den hinteren Teil des Prospekts umfasst. Dieser vermittelt dem Anleger gerade bei einem Erstemittenten einen umfassenden Überblick über dessen Kapitalstruktur und Ertragslage. Der Finanzteil besteht im Wesentlichen aus den letzten beiden testierten Konzernabschlüssen, also aus Gewinn- und Verlustrechnung, Bilanz und Kapitalflussrechnung. Eine Segmentanalyse ist dagegen leider nicht verpflichtend. Sind zwischen dem Stichtag des letzten Jahresabschlusses und dem Zeitpunkt der Aufstellung der Billigungsfassung des Prospekts mehr als neun Monate vergangen, muss ein Zwischenabschluss beigefügt werden, in der Regel also ein Sechs- oder Neunmonatsbericht.

Nachdem der Wertpapierprospekt erstellt und gebilligt wurde, sind wichtige neue Umstände oder wesentliche Unrichtigkeiten, die für den Anleger geeignet wären, die Beurteilung des Wertpapiers zu beeinflussen, in einem Nachtrag zum Prospekt zu nennen. Dies gilt insbesondere dann, wenn derartige Umstände nach der Billigung des Wertpapierprospekts und vor dem endgültigen Schluss des öffentlichen Angebots auftreten. Vom Emittenten und den begleitenden Banken sind Nachträge besonders gefürchtet, da sie dem Investor das Recht zugestehen, den Erwerb oder die Zeichnung innerhalb einer Frist von zwei Werktagen nach Veröffentlichung des Nachtrags zu widerrufen, wobei der Nachtrag an hervorgehobener Stelle eine Belehrung über das Widerrufsrecht enthalten muss. Ein Nachtrag kann damit erhebliche Auswirkungen auf den Emissionserfolg haben.

Vom Nutzen des Anleihe-Research

»Wie konnte ich nur den Fehler machen und Experten vertrauen?«

John F. Kennedy (1917–1963), US-Präsident, nach dem Debakel in der Schweinebucht

Wie auf dem Aktienmarkt sind Finanzanalysten auch für die Einschätzung von Unternehmensanleihen von großer Bedeutung. Im Gegensatz zu Equity-Analysten überwachen Bond- oder Credit-Analysten jedoch in der Regel eine deutlich größere Anzahl von Emittenten. Die Einschätzung von Emittenten oder deren Anleihen erfolgt zumeist anhand von retrospektiv angelegten Peergroup-Vergleichen, bei denen Bonitäten, Ratings und Laufzeiten einzelner Anleihen miteinander verglichen werden – häufig auf globaler Basis. Für Emittenten steht dabei weniger das absolute Ausfallrisiko im Mittelpunkt als die relative Attraktivität von Anleihen unterschiedlicher Emittenten vergleichbarer Bonität.

Neben der Kontaktanbahnung zu institutionellen Investoren sollten Finanzanalysten aber auch die Aufgaben der Bündelung der zur Verfügung stehenden Informationen übernehmen, deren Analyse und Bewertung sowie die Aufbereitung in Form von Research-Reports. Dabei nimmt der Analyst die Funktion eines unabhängigen Außenstehenden ein, der die Marktstellung und strategische Ausrichtung des Unternehmens einschätzt und auch eine Prognose der unternehmerischen Entwicklung abgibt. Gleich einem Informationsprozessor saugt der Analyst sämtliche verfügbaren Informationen auf, bewertet, verarbeitet und vergleicht diese und stellt sie anschließend in kondensierter Form interessierten Investoren in schriftlicher und mündlicher Form zur Verfügung.

Im Gegensatz zu einem Equity-Report, der seine Daseinsberechtigung aus dem Anlageurteil und dem Kursziel auf Basis einer transparenten Unternehmensbewertung zieht, besteht die zentrale Aufgabe eines Bond-Analysten in der Beantwortung zweier Fragen: Ist der Emittent zukünftig in der Lage, ausreichende liquide Mittel zu generieren, um seinen jährlichen Zinszahlungsverpflichtungen nachzukommen? Und ist er am Ende der Laufzeit der Anleihe in der Lage, den Nennbetrag der Anleihe an die Investoren zurückzuzahlen? Im Unterschied zum Wertpapierprospekt und (größtenteils auch) zum Rating-Report ist das Anleihe-Research also zukunftsorientiert. Auf der Basis von Vergangenheitsdaten und Aussagen des Managements, direkten Gesprächen mit der Geschäftsführung, der zweiten Entscheidungsebene und den Investor-Relations-Abteilungen sowie einer Analyse von Vergleichsunternehmen unternimmt der Finanzanalyst eine Einschätzung der zukünftigen Ertragskraft eines Unternehmens. Über die sinnvolle Granularität der Ergebnisprognosen gibt es keinen Konsens. Im Idealfall erstellt der Credit-Analyst eine detaillierte und vor allem integrierte Gesamtplanung der Bilanz, der Gewinn- und Verlustrechnung sowie der Kapitalflussrechnung. Als Prognosehorizont orientiert er sich sinnvollerweise an der Laufzeit der Anleihe, auch auf die Gefahr hin, dass mittelfristige Prognosen von fünf Jahren und mehr kaum mehr als einen Blick in die Glaskugel darstellen. Unter Umständen erfolgt die Prognose vor dem Hintergrund unterschiedlicher Umweltzustände (Szenarien), die einen Normal Case, Best Case und Worst Case simulieren.

Die ganze Übung hat das Ziel, die Frage nach der Liquidität und der Solvenz des Emittenten mit einem »Ausreichend« zu beantworten – denn das ist letzten Endes die notwendige Bedingung für den Kauf einer Anleihe. Im Anschluss geht es um die relative Attraktivität der beobachteten Anleihe, mithin um die Beantwortung der Frage, ob der Anleger für das eingegangene Risiko ausreichend kompensiert wird oder ob es nicht attraktivere Anleihen gibt. Während den Aktienanalysten die zukünftigen Wachstumspotenziale interessieren, spielen diese für den Bond-Analysten eine eher untergeordnete Rolle – von einigen Marktteilnehmern wird sogar die Auffassung vertreten, Wachstum sei nachteilig für einen Anleiheinvestor.

Ein weiterer Unterschied zum Equity Research besteht darin, dass es bei jenem meist nur eine (Stämme) oder zwei Gattungen (Stämme und Vorzüge) gibt, während manche Unternehmen eine ganze Reihe von unterschiedlichen Anleihen begeben haben, die sich in puncto Laufzeit, Verzinsung, Besicherung, Seniorität und Liquidität gegebenenfalls stark voneinander unterscheiden, so dass einzelne Titel durchaus mit unterschiedlichen Anlageurteilen versehen werden können.

Zyniker behaupten gerne, Analysten würden morgen erklären, warum sich heute der Kurs auf ein Ereignis, das gestern stattgefunden hat, wie bewegt. Nicht ganz von der Hand zu weisen ist, dass Analysten eher Ergebnisschätzungen nach oben revidieren, nachdem der Kurs eines Wertpapiers zuvor bereits gestiegen ist, eine Eigenschaft, die in der Psychologie als »Anchoring« bekannt ist. Ursächlich hierfür ist, dass Kurse ebenso wie Ergebnisschätzungen von Fundamentaldaten getrieben werden. Analysten tendieren dazu, ihre Ergebnisschätzungen nach der Veröffentlichung einer Unternehmensmeldung oder im Gefolge von Unternehmensveranstaltungen wie einer Hauptversammlung oder einem Corporate Investor Day nach oben zu revidieren, da bei diesen Gelegenheiten oft neue Informationen bekannt gegeben werden. Darüber hinaus sind auch Analysten nicht davor gefeit, ein gewisses Herdenverhalten an den Tag zu legen: Wird eine bestimmte Anleihe empfohlen, ist die Wahrscheinlichkeit groß, dass sie auch von anderen Analysten empfohlen wird. Da sie dies nicht zum Selbstzweck tun, deutet eine steigende Zahl von Analysten-Reports insbesondere auf ein gestiegenes Investoreninteresse hin.

Wie kann man von Analysten profitieren?

- Analysten sind ebenso Trendfolger wie Privatkunden oder institutionelle Investoren. Daher ist eine Veränderung eines Ratings durch einen Analysten von größerer Bedeutung als eine Bestätigung des Ratings.
- Innerhalb der Rating-Veränderungen sind Herabstufungen tendenziell von größerer Bedeutung als Hochstufungen.
- Zudem sind Rating-Veränderungen bei Mittelstandsanleihen von größerer Bedeutung als bei High-Grade-Bonds.

Unabhängig davon sollten Analysteneinschätzungen stets durch eine eigene Einschätzung der Fundamentaldaten begleitet werden, dazu mehr in den folgenden Kapiteln.

Jahresabschlussanalyse leicht gemacht

»Man kann so viele Nullen zusammenzählen, wie man will: Es ergibt doch keine Eins.«

Leonardo da Vinci (1452–1519), italienischer Maler, Bildhauer, Baumeister und Naturforscher

Über diese Thematik werden Bücher geschrieben. Dennoch ist es möglich, die für Anleihegläubiger wichtigsten Regeln auf wenigen Seiten niederzuschreiben. Das übergeordnete Ziel einer Jahresabschlussanalyse ist es, nachhaltige Ertragsgrößen zu bestimmen, welche die Kapitaldienstfähigkeit eines Emittenten sicherstellen. Dazu sind zunächst insbesondere Korrekturen von periodenfremden, einmaligen und außerordentlichen Faktoren notwendig, da sie, sofern sie wesentlich sind, die wahre Ertragskraft des Unternehmens verschleiern. Für die tiefergehende Analyse sind für den Anleihegläubiger vor allem jene Buchungspositionen von Bedeutung, die das Ergebnis eines Unternehmens in einem besseren Licht erscheinen lassen, als dies der tatsächlichen Ertragslage entspricht. Da aus ihnen Unterbilanzen und ein Insolvenzstatus drohen, wollen wir uns im Folgenden auf die schönfärbenden Positionen konzentrieren.

An erster Stelle einer Ertragsanalyse steht die Rohertragsquote, bei vielen Unternehmen die mit Abstand bedeutendste Aufwandsquote. Die Rohertragsquote ist definiert als Differenz aus Umsatzerlösen, Bestandsveränderungen, anderen aktivierten Eigenleistungen sowie den Materialaufwendungen. Schwankungen der Rohertragsmarge sollten, sofern sie erheblich sind, vom Anleger genauer untersucht werden. Ein Rückgang der Rohertragsmarge kann auf folgende Faktoren zurückzuführen sein:

- rückläufige Verkaufspreise, zum Beispiel aufgrund einer verstärkten Wettbewerbsintensität;
- steigende Einkaufspreise, zum Beispiel infolge von Rohstoffpreiserhöhungen;
- Verschlechterung der Produktionseffizienz, zum Beispiel aufgrund eines veralteten Maschinenparks;
- Verringerung der Produktionstiefe, zum Beispiel aufgrund eines erhöhten Outsourcings;
- Erhöhung der aktivierten Bestände.

In der Praxis sind vor allem die ersten beiden Argumente relevant. Eine Verschlechterung der Produktionseffizienz ist dagegen ein eher schleichender Prozess, der sich nicht kurzfristig bemerkbar machen muss. Eine Erhöhung der Fertigungstiefe muss sich auch in Veränderungen korrespondierender Aufwandspositionen niederschlagen, zum Beispiel einem sinkenden Personalaufwand, da die vormals im Fertigungsprozess eingesetzten Mitarbeiter nicht mehr benötigt werden. Nur wenn dies nicht der Fall ist, sollten Anleger beunruhigt sein. Ein Alarmsignal sind auch überdurchschnittliche Bestandserhöhungen, die das betriebliche Ergebnis erhöhen. Bestandserhöhungen, also die Produktion auf Halde, sind ein starkes Indiz für Absatzprobleme, ebenso übrigens wie eine Produktion auf Vorrat zur Auslastung einer ansonsten unterkritischen Kapazität.

Eine Sammelposition für periodenfremde und unregelmäßige Erträge bilden die sonstigen betrieblichen Erträge. Insbesondere Niveauschwankungen, zum Beispiel aus der Auflösung von Rückstellungen, aus Entschädigungszahlungen oder aus dem Abgang von Gegenständen des Anlagevermögens, sollten beachtet und bei Bedarf korrigiert werden.

Es mag überraschen, aber auch aus der Entwicklung der sonstigen betrieblichen Aufwendungen können sich negative Tendenzen ableiten lassen. So können durch einen Rückgang der Instandhaltungsaufwendungen oder der Messe- und Werbeaufwendungen Hypotheken für die Zukunft aufgebaut werden, die sich später notgedrungen in längeren Maschinenstillstandszeiten beziehungsweise Umsatzeinbußen auflösen.

Nach der Analyse der Gewinn- und Verlustrechnung wenden wir uns der Bilanz zu. Auf der Aktivseite sind zunächst immaterielle Vermögenswerte relevant, insbesondere Geschäfts- und Firmenwerte (Goodwill). Diese können aus der Reputation von übernommenen Unternehmen, deren überlegener Organisation oder ihrem Kundenstamm entstanden sein. In der Regel ist Goodwill für die Solvenz des Emittenten irrelevant, da er eine rein buchhalterische Position darstellt. Problematisch wird er dann, wenn die Ertragslage unbefriedigend ist und Zweifel an der Werthaltigkeit des Goodwills aufkommen. Da (Impairment-)Abschreibungen des Goodwills aufgrund der fehlenden Cash-Wirksamkeit im Cashflow-Statement wieder hinzugerechnet werden, sind sie in der Liquiditätsanalyse nur von untergeordneter Bedeutung, nicht jedoch für die Analyse der Kapitalstruktur: Hier droht Überschuldung. Aus den später behandelten DVFA-Kennzahlen ist diese nicht absehbar, da der Goodwill im DVFA-Schema von den Haftmitteln leider nicht abgezogen wird.

Im Rahmen der Analyse des Sachanlagevermögens ist die Qualität der Produktionsmittel für die zukünftige Ertragsentwicklung des Unternehmens entscheidend. Unternehmen, die unter Liquiditätsengpässen leiden, fahren die Investition in neue Anlagen auf ein Minimum zurück. Der Maschinenpark veraltet, wodurch die Krise allenfalls hinausgezögert wird. Für die Abschätzung, inwieweit der Maschinenpark dem Stand der Technik entspricht, gibt es eine einfache Faustformel: Nach ihr sollten die Investitionen in Sachanlagen zumindest den Abschreibungen entsprechen. Um Ausreißer zu vermeiden, können auch Zwei- oder Dreijahresdurchschnitte verwendet werden.

Solvenzrelevanter Abschreibungsbedarf kann sich auch aus den Finanzanlagen ergeben. Eine Werthaltigkeitsprüfung des Finanzanlagevermögens dürfte für einen Außenstehenden kaum möglich sein. Daher behelfen wir uns mit einer Daumenregel und betrachten die aus den Finanzanlagen generierten Beteiligungserträge der Gewinn- und Verlustrechnung: Da es im Krisenszenario höchst unwahrscheinlich ist, dass die Muttergesellschaft einer Thesaurierung der erwirtschafteten Gewinne der Tochtergesellschaften zustimmt, sollte das Finanzanlagevermögen bei einer unterstellten Verzinsung von 10 Prozent und 15 Prozent des eingesetzten Kapitals etwa sieben- bis zehnmal den daraus generierten Beteiligungserträgen der Gewinn- und Verlustrechnung entsprechen. Niedrigere Werte könnten auf die fehlende Werthaltigkeit der Finanzanlagen schließen lassen.

Eher Kür ist die Analyse des Umlaufvermögens, zum Beispiel der Vorräte und der Forderungen aus Lieferungen und Leistungen im Zeitablauf oder im Vergleich zu branchenähnlichen Unternehmen. Erstere können durch die Lagerumschlagshäufigkeit, also

$$\text{Lagerumschlagshäufigkeit} = \frac{\text{Umsatz}}{\text{Durchschnittlicher Vorratsbestand}}$$

beurteilt werden, Letztere aus der Kennzahl Days of Sales Outstanding (DSO), also

$$\text{DSO} = \frac{\text{Forderungen aus Lieferungen und Leistungen} \times 360}{\text{Durchschnittlicher Umsatz}}$$

Die jeweiligen Durchschnittsgrößen im Nenner ergeben sich aus den Jahresanfangs- und Jahresendwerten, geteilt durch zwei.

Management, IR-Arbeit und Corporate Governance

»Nehmt eure Sprache ernst!«

Friedrich Wilhelm Nietzsche (1844–1900),
deutscher Philosoph und Schriftsteller

Ein weiteres wichtiges, im Verlauf dieses Buchs bislang vernachlässigtes Argument dafür, inwieweit eine bestimmte Anleihe eine sinnvolle Anlage darstellt, ist das Management. Dabei ist ein erfahrenes und vertrauenswürdiges Management ein zentrales Argument für den Kauf eines Wertpapiers. Denn die Kapitalmarktreife eines Emittenten wird nicht nur von der Erfüllung gesetzlicher Vorgaben und regulatorischer Anforderungen definiert, sondern auch von der Bereitschaft des Managements, sich dem Kapitalmarkt zu öffnen und das geforderte Maß an Informationen bereitzustellen. Nicht selten, etwa wenn es sich beim Emittenten um ein alteingesessenes Traditionsunternehmen in Familienbesitz handelt, erscheint die Bereitschaft zur Transparenz überstrapaziert. Plötzlich ist zu veröffentlichen, was jahrzehntelang im Verborgenen geblieben war. Die Angst, dass Wettbewerber Einblick in die Ertrags- und Auftragslage des Emittenten nehmen könnten, ist bei manchen Unternehmen so groß, dass sie sich von den Plänen, eine Anleihe zu begeben, komplett zurückziehen.

Bei Unternehmen, die den Schritt gewagt haben, ist es üblich, dass der Vorstand einer Gesellschaft in Person des CEO und des CFO seine Investoren in regelmäßigen Abständen besucht und sie über die jüngere Geschäftsentwicklung informiert. Diese Gespräche werden als »One-on-One« bezeichnet, weil auf beiden Seiten des Tischs lediglich je ein oder zwei Vertreter sitzen. Häufig dienen One-on-One-Gespräche eher dem Aufbau von Vertrauen als dem Austausch von Informationen, was aufgrund der strengen Regulierung des Kapitalmarktes ohnehin illegal wäre.

Für einen Privatanleger dürfte es weitgehend ausgeschlossen sein, zu derartigen One-on-Ones, beispielsweise beim sogenannten Pre-Sounding der Konsortialbanken für die Preisfindung einer Anleihe im Vorfeld der Emission, eingeladen zu werden. Auch die Teilnahme an Roadshows, bei denen sich CEO und CFO präsentieren, dürfte ihnen im Regelfall verwehrt sein. Da Hauptversammlungen nur bei börsennotierten Gesellschaften stattfinden, muss der Privatanleger, der sich einen Eindruck vom Management verschaffen will, alternative Wege gehen.

Ein solcher ist der Internetauftritt des Emittenten, für viele Anleger die wichtigste Informationsquelle über einen Emittenten. Sie kann bei entsprechender Ausgestaltung nicht nur eine einseitige Informationsquelle sein, sondern auch ein Kommunikationsinstrument im engeren Sinne. Viele Emittenten unterhalten Investor-Relations-Portale, die zum Teil sogar unabhängig von der Konzernwebsite sind und bei börsennotierten Gesellschaften häufig sogar eine eigenständige Anleihe-sektion haben.

Im IR-Bereich sollten sich nicht nur die geforderten Pflichtangaben wie Wertpapierprospekt, Rating-Summary und Unternehmenskalender herunterladen lassen, sondern auch ein Laufzeitenprofil der ausstehenden Schuldverschreibungen und Aussagen zur allgemeinen Finanzierungsstrategie – etwa in Form eines Verschuldungsziels oder angestrebter Deckungsgrade. Auch die Einbindung eines Kurs-Charts auf der Website ist hilfreich. Wurde ein externes Rating beauftragt, sollten möglichst der gesamte Rating-Bericht und alle vergangenen Rating-Veränderungen zur Verfügung gestellt werden. Wurde externes Credit

Research mandatiert, sollte dieses nebst einer Liste der zuständigen Sell-Side-Analysten ebenfalls zum Download angeboten werden. Auch sollte es nicht zu viel verlangt sein, wenn der Emittent sein Geschäftsmodell und seine mittelfristige Geschäftsstrategie darstellt.

Die Einschätzung, ob die Interessen von Eigentümern, Fremdkapitalgebern und Management miteinander in Einklang stehen, endet mit der Eigentümerstruktur. Die Überlegung ist, dass bei familiengeführten Unternehmen das Management stärker im Interesse der Anteilseigner handelt als bei managergeführten Unternehmen. Familiengeführte Unternehmen mit jahrzehntelanger Tradition verfolgen eine auf Nachhaltigkeit ausgelegte, risikoarme Geschäftspolitik. Auch die persönliche Reputationsbindung ihrer Anteilseigner und damit auch ihrer Geschäftsleitung ist ungleich höher als bei managergeführten Unternehmen.

Und was machen wir mit all dem Geld?

»Weh denen, die zur Börse rannten,
Um dort zu spielen ohne Sinn,
Wohl aber uns, den Spekulanten,
denn ihr Verlust bringt uns Gewinn.«

o. V. (1876) über den Börsencrash von 1873

Die Begebung einer Anleihe kann zur Bilanz- und Geschäftsfinanzierung sowie zur Optimierung der Finanzstrukturen verwendet werden. Basis des Kapitalbedarfs ist die Finanzplanung des Emittenten. Grundsätzlich können die von dem Unternehmen vereinnahmten Mittel zur Finanzierung externen Wachstums, der Umsetzung einer Internationalisierungsstrategie, einer Investition in neue Maschinen oder der Restrukturierung der Passivseite, insbesondere der Ablösung von Bankverbindlichkeiten, verwendet werden. Dahinter stehen können eine Verstetigung des Cashflows, eine Senkung der Finanzierungskosten oder eine Verlängerung des Laufzeitenprofils.

Am Kapitalmarkt wird ein Mix aus Restrukturierung der Passivseite und Finanzierung des internen Wachstums weitgehend akzeptiert. Reine Projektfinanzierungen, die Rückführung von Gesellschafterdarlehen oder sogar der Erwerb von Gesellschafteranteilen sind demgegenüber erklärungsbedürftig. Völlig inakzeptabel ist die Verwendung der eingeworbenen Mittel zur Begleichung von Lieferantenverbindlichkeiten oder für Ausschüttungen an die Gesellschafter.

Die Mittelverwendung ist im Wertpapierprospekt in einem eigenen Kapitel darzulegen. Weil das Kapital der Gesellschaft über einen längeren Zeitraum zur Verfügung gestellt wird, bevorzugen Anleger aus naheliegenden Gründen eine Mittelverwendung, die sich positiv oder neutral auf die Kreditqualität auswirkt: Während der negative Effekt von Ausschüttungen an die Eigenkapitalgeber für Anleihegläubiger offensichtlich ist, offenbart sich in der tendenziell negativen Auslegung von Wachstum ein grundsätzlicher Unterschied zwischen einer chancenorientierten Equity Story und einer risikoorientierten Bond Story. Von Aktionären mag der Einstieg in neue Märkte, die Restrukturierung von Geschäftsbereichen oder die Übernahme komplementärer Unternehmen begrüßt werden, für einen Anleiheinvestor ergeben sich aus Übernahmen und dem Eintritt in unbekannte Geschäftsfelder zusätzliche Fragezeichen. Knackpunkt einer Anleihe ist der im Gegensatz zum Eigenkapital fortlaufend und (zumindest bei Straight Bonds) in gleicher Höhe zu leistende Zahlungsstrom. Nachverhandlungen bei schlechter Geschäftslage sind im Gegensatz zum Bankdarlehen nicht möglich. Daher ist auch die bilanzneutrale Refinanzierung bestehender Verschuldung erläuterungsbedürftig, wenn dadurch der bestehende Gläubigerkreis weitgehend abgelöst wird.

Defizite der Unternehmenskommunikation

»Der Zweck heiligt die Mittel.«

Niccolò Machiavelli (1469–1527),
italienischer Staatsmann und Schriftsteller

Mit der Begebung einer Anleihe wird die bislang hausbankenorientierte Unternehmensfinanzierung kapitalmarktorientierter gestaltet. Dabei verpflichten sich Emittenten zu einer regelmäßigen Informationsbereitstellung. Von besonderer Bedeutung ist die sogenannte (Quasi-)Ad-hoc-Publizität, die Unternehmen dazu anhält, Informationen, die für die Kursentwicklung der Anleihe und die Entscheidung, in eine Anleihe zu investieren, wichtig sind, unverzüglich einer breiten Öffentlichkeit zur Verfügung zu stellen. Dies entbindet den Anleger zwar nicht davon, die Entwicklung des Unternehmens selbst kontinuierlich zu verfolgen, gibt ihm aber die Möglichkeit, auf für die Finanz-, Vermögens- und Ertragslage wesentliche Ereignisse schnell zu reagieren.

Wann und welche Unternehmensmeldungen im Sinne der Ad-hoc-Publizität zu veröffentlichen sind, ist gerade für Unternehmen, die neu am Kapitalmarkt sind, oft schwer zu entscheiden. Überfordern kann selbst erfahrene Kapitalmarktprofis die Frage, was für den durchschnittlichen Anleger kurs- und investitionsrelevant ist. Vom Gesetzgeber wurde nur ein abstrakter Prüfungsmaßstab vorgegeben: Demnach handelt es sich immer dann um eine ad-hoc-pflichtige Information, wenn ein bislang öffentlich unbekannter Umstand in der Lage ist, im Falle seines Bekanntwerdens den Börsenkurs des Emittenten zu beeinflussen. Eine Regel ist, dass bedeutende Ereignisse eher zu veröffentlichen sind als unbedeutende. Die Gewinnung eines Neukunden wird demnach keine Ad-hoc-Pflicht auslösen, wenn dieser einer unter vielen ist. Handelt es sich jedoch um die mit Abstand bedeutendste Kundenakquisition der jüngeren Unternehmensgeschichte mit erheblichen Auswirkungen auf die weitere Ertragslage, dann dürfte eine Ad-hoc-Pflicht vorliegen.

Verschärft wird die Unsicherheit durch die Unterschiede zwischen Equity und Debt Relations: Verfehlt ein Emittent seine Ertrags-Guidance auch nur knapp, kann dies mit deutlichen Kursrückschlägen verbunden sein, was eine Ad-hoc-Meldung auslösen würde. Wird durch die Abweichung die laufende Zinszahlung nicht gefährdet, ist von Seiten der Debt Relations dagegen eine sofortige Ad-hoc-Pflicht nicht notwendig. Schließlich ist eine bestimmte Unternehmensmeldung nicht für alle Unternehmen gleichermaßen ad-hoc-pflichtig: Ein Emittent, der nur eine Anleihe ausstehen hat, wird von einer bestimmten Unternehmensmeldung ungleich stärker betroffen sein als ein Unternehmen, das Dutzende Anleihen ausgegeben hat.

Vereinzelt ist zu beobachten, dass Pressemeldungen bei negativer Unternehmenslage verklausuliert werden, um das wahre Ausmaß einer Krise zu verschleiern. Dem kundigen Leser fällt dies im Aufbau der Texte und in der Wahl der Überschriften schnell auf. Dass eine solche Aufhübschung schlechter Nachrichten häufig nicht die vom Unternehmen gewünschte Wirkung hat, ist naheliegend, da nicht nur professionelle Anleger die tatsächliche Geschäftslage beurteilen können und sich nicht von vermeintlich positiven Bausteinen in Pressemeldungen verwirren lassen.

In eine ähnliche Schublade fällt auch der Zeitpunkt der Veröffentlichung schlechter Unternehmensmeldungen: Werden diese beispielsweise am Freitagnachmittag, an Brücken- oder an Feiertagen in der Hoffnung veröffentlicht, dass sie von den Anlegern nicht wahrgenommen werden, wird damit kaum das in solchen Lagen gerade so notwendige Vertrauen gefördert. Noch prekärer, als schlechte Nachrichten zur Unzeit zu veröffentlichen, ist, diese gar nicht zu publizieren. Einen Verhaltensanreiz erhalten die Unternehmen durch die fehlenden Durchgriffsmöglichkeiten der Regulierungsbehörden – in Deutschland der BaFin. Trotz des gesetzlichen Rahmens und der allgemeinen Geschäftsbedingungen der jeweiligen Börsen werden Publizitätsvorgaben in der Realität häufig nicht eingehalten.

Beispiel: 2012 hat das Immobilienunternehmen IVG die Aussetzung der Couponzahlungen einer Hybridanleihe (WKN A0LNA8) als nicht ad-hoc-publizitätspflichtig eingestuft und in einem Nebensatz einer Pressemitteilung erwähnt, die nicht nur einem völlig anderen Thema gewidmet war, sondern auch in einem ausgesprochen positiven Tenor verfasst wurde. Dagegen war die Reaktion der Anleger deutlich, denn der Kurs der betroffenen Hybridanleihe brach binnen Tagesfrist um bis zu 50 Prozent ein.

Eine Frage der Kapitalmarkthygiene betrifft die Bereitschaft eines Emittenten, über die Erfüllung des geforderten Informationsminimums hinauszugehen. Käufer von Anleihen sind Gläubiger des Unternehmens. Emittenten von Mittelstandsanleihen sind zwar verpflichtet, einen Halbjahresbericht zu veröffentlichen. Der Umfang der Berichterstattung wird jedoch nicht vorgegeben. Möglicherweise herrscht unter vielen Emittenten die Auffassung vor, dass die Kursentwicklung der Anleihe kein beachtenswerter Faktor ist, weshalb die Mehrheit der Emittenten von Mittelstandsanleihen in ihrem Halbjahresbericht weder Kapitalflussrechnung noch Segmentberichterstattung veröffentlicht. Da auch die Veröffentlichung von Berichten nach dem ersten und dritten Quartal nicht explizit gefordert wird, wird diese mit dem Hinweis auf eine chronische Überlastung der Finanzabteilung in den meisten Fällen unterlassen.

Es dürfte unbestritten sein, dass Kapitalgeber, die einem Unternehmen ihr Kapital mitunter für eine längere Zeitspanne überlassen und darauf vertrauen, es am Ende der Geschäftsbeziehung zurückzuerhalten, auch während der Laufzeit der Anleihe ein gesteigertes Interesse daran haben, wie das Unternehmen mit den überlassenen Mitteln wirtschaftet. Zwar mag die Nichtveröffentlichung einer Bilanz für einen Aktieninvestor, der ein größeres Augenmerk auf Ertragskennzahlen legt, hinnehmbar sein, für einen institutionellen Anleiheinvestor und einen ambitionierten Privatanleger ist diese Einstellung nur schwer verdaulich. Emittenten müssen sich darüber im Klaren sein, dass eine verschleierte Transparenz, die in Einzelfällen Züge einer Black Box annehmen kann, eine deutliche Risikoprämie zur Folge haben wird.

9. Kennzahlenanalyse nicht nur für Profis

»Wenn euch Fortuna die Hand reicht und ihr erfolgreich spekuliert, so nehmt dies bescheiden hin, preist anständig euer Geschick und verscherzt nicht durch Hochmut die günstige Führung.«

Joseph de la Vega (1650–1692),
spanischer Schriftsteller und Geschäftsmann

Wie hoch und wie sicher sind die Cashflows einer Gesellschaft? Unter Inkaufnahme welcher Risiken wurden diese erzielt? Mit welcher Wahrscheinlichkeit erhält ein Anleger seinen Kapitaleinsatz zurück? Mit diesen grundsätzlichen Ausgangsfragen beschäftigt sich die vergangenheitsorientierte Kennzahlenanalyse von Anleihen. Denn die Einschätzung einer Anleihe hängt sowohl vom bisherigen Track Record als auch von den zukünftig erwarteten Cashflows ab. Man könnte argumentieren, dass es für die Analyse der Bestandsfestigkeit einer Gesellschaft ausreichend sei, nur den jeweils aktuellen Bestand an liquiden Mitteln zu betrachten. Jedoch ist die absolute Höhe der in der Bilanz ausgewiesenen Kassenbestände kein besonders aussagekräftiger Indikator für die Zahlungsfähigkeit eines Unternehmens. Zum einen ist nur die frei verfügbare Liquidität relevant, zum anderen kann der Bestand an liquiden Mitteln leicht durch bilanzkosmetische Maßnahmen (Stichwort »Creative Accounting«) beeinflusst werden, beispielsweise durch Sale-and-Lease-Back-Maßnahmen oder Factoring.[15] Da zudem die Emittenten von Anleihen hinsichtlich ihrer Größe – festgemacht an Umsatz, operativem Ergebnis, Eigenkapital, Bilanzsumme oder Emissionsvolumen – erheblich streuen, sind absolute Größen für einen Betriebsvergleich eher weniger geeignet. Sinnvoll ist es vielmehr, Verhältniskennzahlen zu bilden, auch »Ratios« genannt, die, sofern sie intelligent zusammengesetzt wurden, für den Anleger sehr viel aufschlussreicher sind.

Auch wenn die Kennzahlen aus den veröffentlichten (Halb-)Jahresabschlüssen ermittelt werden und daher zum Analysezeitpunkt nicht mehr ganz aktuell sind, spielt die Kennzahlenanalyse innerhalb der Finanzanalyse traditionell eine große Rolle. Umfangreich ist dementsprechend die Literatur, wie Kennzahlen berechnet und analysiert werden. Dies liegt daran, dass Kennzahlen verfahrenstechnisch zuverlässig, schnell und mit einem relativ geringen Aufwand ermittelt werden können. Ein Nachteil der Kennzahlenanalyse ist, dass komplexe Vorgänge und Sachverhalte auf einfache Punktgrößen verdichtet werden. Darüber hinaus ist die Interpretation von Kennzahlen fehleranfälliger, als es zunächst scheint. Und schließlich basiert eine Kennzahlenanalyse auf Vergangenheitswerten, aus denen häufig keine kausalen Zusammenhänge abgeleitet werden können. Kennzahlen sollten daher nie isoliert betrachtet werden, sondern immer nur im Kontext mit einer qualitativen Analyse des Unternehmens.

Damit die Kennzahlenanalyse nicht zur reinen L'art pour l'art verkommt, sondern auf die Bedürfnisse des Anleihegläubigers zugeschnitten wird, muss die Analyse der Bonität und Solvenz des Emittenten einen breiten Raum einnehmen. Sie dreht sich im Wesentlichen um folgende drei Fragen:

- Wie hoch sind die (freien) Cashflows, die dem Unternehmen zukünftig zufließen werden?
- Reichen sie aus, um die jährlich fälligen Zinsen zu bedienen?
- Wovon soll die Anleihe zurückbezahlt werden?

Diese drei Fragestellungen stehen auf den folgenden Seiten im Vordergrund des Interesses.

DVFA-Kennzahlen Entry Level – die Pflicht

*»Die Masse der Spekulanten ist unbelehrbar.
Sie kauft alles, zu jedem Preis, wenn nur so etwas
wie ›Action‹ dahintersteckt.«*

Benjamin Graham (1894–1976),
Vater der fundamentalen Wertpapieranalyse

Wie viel Fremdkapital kann ein Unternehmen verkraften? Die Beantwortung dieser Frage kann auf zwei Wegen erfolgen: Bei der intrinsischen Maximalverschuldung wird die höchstmögliche Fremdkapitalaufnahme aus dem Geschäftsmodell des Unternehmens, also anhand der prognostizierten Cashflows und des erwarteten Schuldendienstes ermittelt. Demgegenüber ermöglicht die marktbedingte Verschuldungskapazität eine Beurteilung der Fremdkapitalaufnahme eines Unternehmens anhand bestimmter Verschuldungskennziffern wie zum Beispiel Gearing, Leverage, ICR (Interest Coverage Ratio) et cetera von Vergleichsunternehmen.

Seit geraumer Zeit wirbt die Deutsche Vereinigung für Finanzanalyse und Asset Management DVFA, die deutsche Standesvereinigung der Finanzanalysten und Investoren, dafür, die Kommunikation zwischen Emittenten und dem Kapitalmarkt zu verbessern und die wesentlichen, für die Einschätzung einer Anleihe erforderlichen Kennzahlen zu standardisieren. 2011 wurden erstmals die DVFA-Mindeststandards zur Bondkommunikation veröffentlicht. Theoretisch sind sie für alle Emittenten gedacht, die mit Anleihen am Kapitalmarkt debütieren. In der Praxis sind sie heute vor allem für Emittenten von Mittelstandsanleihen relevant, je nach Börsensegment sogar verpflichtend. Ziel des DVFA-Kanons ist es, Transparenz zu schaffen, Quervergleiche mit anderen

Unternehmen zu ermöglichen und Benchmarks zu setzen. Dem Emittenten geben sie Hinweise darauf, in welchen Bereichen gegebenenfalls Verbesserungspotenziale bestehen.

Insgesamt schlägt die DVFA ein System aus 24 Kennzahlen für eine gute Kommunikation mit Anleiheinvestoren vor, darunter sechs Einstiegskennzahlen, den sogenannten Entry Level. Diese sechs Hauptkennzahlengruppen nach DVFA umfassen je zwei Kennzahlen zur Kapitalstruktur, zur Kapitaldienstdeckung und zur Verschuldung. Die Kennzahlen der drei Teilbereiche sind anschließend zu einem Gesamturteil über die Anleihe zu verdichten.

Ziel der Kapitalstrukturanalyse ist es, eine Systematik über die Herkunft und Zusammensetzung des dem Unternehmen zur Verfügung stehenden Kapitals zu erhalten. Ihr Schwerpunkt besteht in der Analyse des Verhältnisses von Eigen- zu Fremdkapital beziehungsweise von Eigen- zu Gesamtkapital. Eine klassische Kennzahl zur Einschätzung der Kapitalstruktur ist die Eigenkapitalquote, die in ihrer Grundvariante als Verhältnis aus bilanziellem Eigenkapital zu Gesamtkapital definiert ist. Die Eigenkapitalquote entspricht dem Anteil der Vermögenswerte, der an einem bestimmten Stichtag von den Anteilseignern finanziert wurde. Im Unterschied zum Fremdkapital, das den Anteilseignern für einen bestimmten Zeitraum gewährt wird, stehen wesentliche Teile des Eigenkapitals der Gesellschaft unbefristet zur Verfügung und können damit dauerhaft für die Finanzierung der unternehmerischen Tätigkeiten herangezogen werden. Als Beispiel sei das gezeichnete Kapital einer Aktiengesellschaft genannt, das nur aus den im Gesetz genannten Gründen einer Kapitalherabsetzung entzogen werden kann (Arbeitsfunktion des Eigenkapitals). Für die Gläubiger repräsentiert das Eigenkapital darüber hinaus eine Art Versicherung, sollte das Unternehmen unprofitabel werden (Haftungsfunktion des Eigenkapitals). Wird die Versicherung bereits stark belastet, ist also die Eigenkapitalquote gering, sinkt der Schutz der Gläubiger und der Emittent wird nur unter Mühen, wenn überhaupt, weitere Darlehen oder Anleihen aufnehmen können. Umgekehrt steht eine hohe Eigenkapitalquote für finanzielle Stabilität (Verlustausgleichsfunktion des Eigenkapitals), bessere Finanzierungskonditionen, die Unabhängigkeit eines Unternehmens und damit eine geringere unmittelbare Insolvenzgefahr.

Auch wenn die Hypothese, eine hohe Eigenkapitalquote würde die Insolvenzgefahr senken, durch zahlreiche empirische Studien bestätigt wird, ist der isolierte Blick auf die Eigenkapitalquote einer Gesellschaft nur wenig hilfreich. Eigenkapitalquoten sollten immer mit Industriedurchschnitten verglichen werden. So weisen anlagenintensive Branchen tendenziell höhere Eigenkapitalquoten auf als handelsintensive Branchen. Ab welcher Eigenkapitalquote ein Anleger sich Sorgen machen sollte, ist auch von der Rechtsform des Unternehmens abhängig. Am Kapitalmarkt hat sich eingebürgert, dass eine Eigenkapitalquote von unter 5 Prozent als Insolvenzkandidat gehandelt wird, eine Eigenkapitalquote von unter 10 Prozent als Sanierungsfall und eine Eigenkapitalquote von unter 20 Prozent als bedenklich gilt.[16] Allerdings können ›bedenkliche‹ Eigenkapitalquoten durch Besicherungen mit erstrangigen Grundpfandrechten zumindest zum Teil ›geheilt‹ werden.

Je nach Intention des Anlegers sind neben der genannten Grundgleichung der Eigenkapitalquote weitere Varianten denkbar und gegenüber der Grundvariante auch vorzuziehen. So kann in einzelnen Fällen das bilanzielle Eigenkapital durch verschiedene Bilanzpositionen über- oder unterschätzt werden, was Auswirkungen auf die Aussagekraft der Quote hat. Die DVFA hat daher in ihrer Kennzahlendefinition bestimmte Positionen heraus- beziehungsweise hinzugerechnet, um sich einer aus ihrer Sicht allgemeingültigeren Definition des Eigenkapitals anzunähern. Diese »Risk Bearing Capital« genannte Variante der Eigenkapitalquote errechnet sich als das Verhältnis von Haftmitteln zu modifizierter Bilanzsumme:

$$\text{Risk Bearing Capital} = \frac{\text{Haftmittel}}{\text{Modifizierte Bilanzsumme}}$$

Die zweite DVFA-Kennzahl zur Kapitalstruktur, die »Total Debt Capital Ratio«, beschreibt das Verhältnis aus Finanzverbindlichkeiten zu Finanzverbindlichkeiten plus Eigenkapital:

$$\text{Total Debt Capital Ratio} = \frac{\text{Kurzfristige und langfristige Verbindlichkeiten}}{\text{Kurzfristige und langfristige Verbindlichkeiten} + \text{Eigenkapital}}$$

Leider ist bereits die Begrifflichkeit des Risk Bearing Capital irreführend, da es sich bei der Kennzahl eben nicht, wie das Wort »Capital« andeutet, um eine absolute Größe handelt, sondern um einen Quotienten. Auch mit der Definition des Risk Bearing Capital ist zunächst wenig anzufangen, da hierfür die Kenntnis der Definitionen von »Haftmittel« und »modifizierter Bilanzsumme« erforderlich ist. Haftmittel im Sinne der DVFA setzen sich aus folgenden Positionen zusammen:

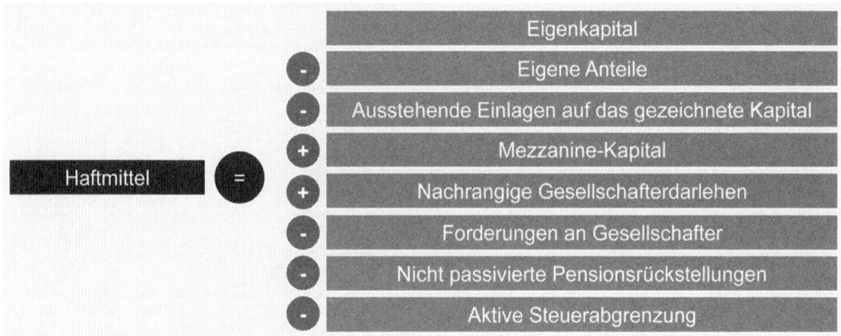

Abbildung 25: Haftmittel laut DVFA
Quelle: DVFA

»Haftmittel« im Sinne der DVFA ist also ein aus dem Eigenkapital abgeleiteter Begriff. Begrifflich unterliegt diese Definition allerdings einem methodischen Defekt, denn die auf der Passivseite der Bilanz angesiedelten »Haftmittel« können nicht zur Begleichung der Verbindlichkeiten einer Gesellschaft herangezogen werden. Hierfür stehen allein die erwirtschafteten Einnahmen zur Verfügung und nur, wenn diese nicht ausreichen sollten, haben die Gläubiger das Recht, sich aus der Verwertung aller verfügbaren Vermögensgegenstände zu befriedigen. Die »Haftmittel« können daher erst mittelbar zur Befriedigung der Gläubigeransprüche herangezogen werden, sie sind gewissermaßen eine

Option auf die Erträge eines Unternehmens. Geringe Haftmittel sind jedoch nur ein Indikator für ein mögliches Insolvenzrisiko und sagen als vergangenheitsbasierte Kennzahl zudem nur wenig über die zukünftige Fähigkeit eines Unternehmens aus, seine Zinsen zu bedienen; denn Auslöser einer Insolvenz ist vielmehr die mangelnde Ertragskraft einer Gesellschaft.

Wenn vorhanden, sind vom Eigenkapital, das unmittelbar aus der Bilanz des Emittenten abgelesen werden kann, zunächst die eigenen Anteile sowie die ausstehenden Einlagen auf das gezeichnete Kapital – sofern sie nicht eingefordert wurden – abzuziehen. Beide Positionen können unmittelbar auf der Passiv- beziehungsweise Aktivseite der Bilanz abgelesen werden. Eigene Anteile oder eigene Aktien (englisch »Treasury Stocks«) sind Aktien, die sich im Besitz des Emittenten befinden. Unternehmen dürfen höchstens 10 Prozent ihrer Aktien aufkaufen, etwa um sie als Akquisitionswährung zu nutzen oder um überschüssige Liquidität zu investieren. Da diese Aktien gerade im Krisenfall massiv an Wert verlieren, sind sie vom Haftkapital, aus dem die Gläubiger im Insolvenzfall bedient werden sollen, abzuziehen. In der Praxis eher selten sind ausstehende Einlagen auf das gezeichnete Kapital: Haben die Gesellschafter für die von ihnen gezeichneten Kapitalanteile noch keine Bar- oder Sacheinlagen in die Gesellschaft geleistet, besitzt das Unternehmen eine Forderung gegenüber diesen Gesellschaftern in Höhe der ausstehenden Einlagen. Da im Insolvenzfall davon auszugehen ist, dass diese Forderungen wertlos, weil uneinbringlich sind, wird von der DVFA eine Saldierung der ausstehenden Einlagen mit dem Eigenkapital empfohlen.

Ganz anders das Mezzanine-Kapital: Mezzanine Finanzierungsarten (abgeleitet aus dem italienischen »mezzo«, also »halb«) weisen sowohl Eigenkapital- als auch Fremdkapitalcharakteristika auf. Typische eigenkapitalähnliche Ausprägungen sind Genussrechte und Genussscheine sowie stille Beteiligungen, aber auch Wandel- und Optionsanleihen werden als Mezzanine-Kapital eingestuft. Typische fremdkapitalähnliche Formen sind nachrangige partiarische Darlehen oder Gesellschafterdarlehen. Für all diese Finanzierungsformen erfolgt im Fall einer

Liquidation oder Insolvenz der Gesellschaft eine Rückführung erst, nachdem alle nicht nachrangigen Darlehen bedient wurden; allein die Eigenkapitalgeber bleiben nachrangig gegenüber dem Mezzanine-Kapital. Daher sollten mezzanine Kapitalformen dem wirtschaftlichen Eigenkapital zugerechnet werden, da sie die potenziell verfügbaren Sicherheiten der Anleihegläubiger nicht schmälern.

Pensionsverpflichtungen sind Rückstellungen für Verpflichtungen aus der betrieblichen Altersversorgung. Da es dabei a priori unklar ist, ob, wann und in welcher Höhe es zu Zahlungen an die Versorgungsberechtigten kommt, sind in der Bilanz Rückstellungen auszuweisen. Von dieser Passivierungspflicht gibt es jedoch Ausnahmen, etwa wenn es sich um eine Direktzusage (unmittelbare Versorgungszusage) handelt, deren erstmaliger Rechtsanspruch vor 1987 erworben wurde, oder wenn eine mittelbare Pensionszusage vorliegt, also die betriebliche Altersversorgung über eine Pensionskasse, Direktversicherung oder einen Pensionsfonds erfolgt. Falls von diesen Passivierungswahlrechten Gebrauch gemacht wird, ist eine Angabe im Anhang der Bilanz verpflichtend.

Weniger eindeutig ist die DVFA bei der Definition der Steuerabgrenzung. Hierbei handelt es sich um latente Steuern, also verborgene Steuervorteile aufgrund von Unterschieden im Ansatz und/oder in der Bewertung von Vermögensgegenständen beziehungsweise Schulden zwischen der Steuerbilanz und der Handelsbilanz, die sich in späteren Geschäftsjahren voraussichtlich abbauen werden. Geht ein Unternehmen zwischenzeitlich insolvent, sind diese Steuervorteile wertlos und vom Eigenkapital abzuziehen.

Für den Nenner der Kennzahl, die modifizierte Bilanzsumme, ergeben sich ähnliche Überlegungen wie für den Zähler.

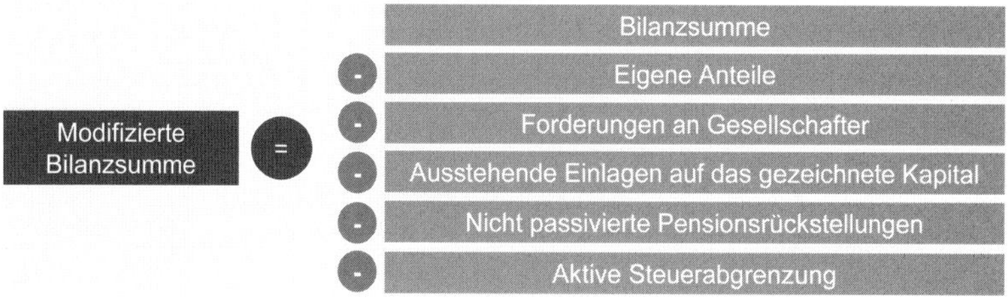

Abbildung 26: Modifizierte Bilanzsumme laut DVFA
Quelle: DVFA

Nicht nachvollziehbar ist, warum in der DVFA-Variante der Eigenkapitalquote die zum Teil erheblichen immateriellen Vermögenswerte – wie Goodwill, Markennamen oder Patente – unberücksichtigt bleiben. Nicht nur, dass sie aus Gründen der zwischenbetrieblichen Vergleichbarkeit eliminiert werden sollten, stehen sie zudem für eine Befriedigung von Gläubigeransprüchen nicht zur Verfügung.

Bei einem isolierten Blick auf die Finanzlage eines Unternehmens sind ein steigendes Risk Bearing Capital und ein sinkender Verschuldungsgrad uneingeschränkt positiv zu beurteilen. Bei einer ganzheitlichen Betrachtung, wobei die Finanzlage, die Vermögenslage und die Ertragslage analysiert werden, kann dieses absolute Urteil nicht aufrechterhalten werden. Einen vom Emittenten nicht zu unterschreitenden Minimalwert des Risk Bearing Capital kann es nicht geben, da aufgrund des Leverage-Effekts ein höherer Verschuldungsgrad durchaus positive Folgen für die Ertragslage und die Stabilität der Gesellschaft haben kann. Ein relatives Urteil ist jedoch möglich: Geschäftsmodelle mit höherem Risiko sollten ein höheres Risk Bearing Capital aufweisen als Geschäftsmodelle mit geringerem Risiko, bei denen die finanzielle Stabilität eines Unternehmens stärker gewährleistet ist.

Während mithilfe der statischen Kennzahlen zur Kapitalstruktur eine Risikobewertung vor dem Hintergrund der Finanzierungspolitik eines Unternehmens erfolgt, beantworten die DVFA-Kennzahlen zur Kapitaldienstdeckung, auch »dynamische Verschuldungsgrade« genannt, die Frage, wie lange es dauert, bis ein Unternehmen bei konstantem Kapitalfluss – auf historischer Basis oder prognostiziert – seine derzeitigen Finanzverbindlichkeiten zurückbezahlen kann. In diese Kennzahlengruppe fließen damit sowohl Strom- als auch Bestandsgrößen aus Gewinn- und Verlustrechnung, Cashflow-Statement und Bilanz mit ein. Die beiden von der DVFA favorisierten Kennzahlen beziehen sich entweder auf die Gesamtverschuldung eines Unternehmens:

$$\text{Total Debt EBITDA} = \frac{\text{Zinstragende Verbindlichkeiten}}{\text{EBITDA}}$$

oder auf die Nettoverschuldung:

$$\text{Total Net Debt EBITDA} = \frac{\text{Zinstragende Verbindlichkeiten} - \text{Liquide Mittel} - \text{Wertpapiere}}{\text{EBITDA}}$$

Zu den zinstragenden Verbindlichkeiten zählen Anleihen, Verbindlichkeiten gegenüber Kreditinstituten, Wechselverbindlichkeiten sowie diejenigen Anteile[17] der »Sonstigen Verbindlichkeiten«, die verzinslich sind.

Kennzahlen zur Kapitaldienstdeckung dienen als Indikator für die Schuldendeckungsfähigkeit eines Unternehmens. Sie geben den Zeitraum an, innerhalb dessen es einem Unternehmen unter sonst gleichbleibenden Bedingungen möglich ist, seine Gesamt- oder Nettoverbindlichkeiten aus dem laufenden Cashflow, hier repräsentiert durch das EBITDA, zu tilgen. Je kleiner die Kennzahl ist, desto schneller sollte ein Unternehmen seine zinstragenden Verbindlichkeiten abbauen können und desto unabhängiger ist es von seinen Gläubigern. In der praktischen Bilanzanalyse werden Grenzwerte für beide Kennzahlen diskutiert. In manchen Quellen soll die Gesamtverschuldung das 3,5-Fache des durchschnittlichen Cashflows nach Steuern der letzten drei Geschäftsjahre nicht überschreiten,[18] an anderer Stelle wird eine Entschuldungsdauer von höchstens sieben Jahren gefordert, allerdings bezogen auf eine alternative Berechnung des Gläubigerkapitals.[19] Zu beachten ist, dass es sich bei den Kennzahlen zur Kapitaldienstdeckung um rein vergangenheitsbezogene Kennzahlen handelt. Damit wird unterstellt, dass sich die Ertragslage der vergangenen Perioden in Zukunft nicht verändern wird.

Die auf dieser Basis ermittelten Kennzahlen setzen voraus, dass die übrigen Bestandteile des Fremdkapitals, insbesondere die nicht zinstragenden Verbindlichkeiten aus Lieferungen und Leistungen, aus den Forderungen und den Vorräten beglichen werden. Durch die Nichtberücksichtigung von Rückstellungen im Zähler werden zwar bilanzpolitische Spielräume bei deren Bildung beziehungsweise Auflösung neutralisiert, im selben Schritt wird jedoch vernachlässigt, dass Rückstellungen auf mittlere bis lange Sicht zu Zahlungsmittelabflüssen führen. Bei sehr langfristig laufenden Anleihen kann die DVFA-Definition der Kapitaldienstdeckung also zu einer Unterschätzung des Risikos führen.

Nicht Bestandteil des DVFA-Kanons, aber ebenfalls als Variante der Kapitaldienstdeckung vorstellbar, ist eine Kennzahl, die nicht auf dem EBITDA basiert, sondern auf dem freien Cashflow, also beispielsweise

$$\text{Durchschnittliche Rückzahlungsdauer} = \frac{\text{Zinstragende Verbindlichkeiten}}{\text{Free Operating Cashflow} - \text{Dividenden}}$$

Zur Prognose der Cashflows ist eine Analyse der Finanzkennzahlen aus Gewinn- und Verlustrechnung, Bilanz und Kapitalflussrechnung erforderlich. Im Idealfall betrachtet man sich die Jahresabschlüsse über einen vollständigen Konjunkturzyklus von fünf bis sieben Jahren. Stehen die historischen Daten hingegen nur für einen kürzeren Zeitraum zur Verfügung – so wie dies bei den meisten Emissionen von Mittelstandsanleihen bislang der Fall ist –, sind Abstriche hinsichtlich der Belastbarkeit der Daten und möglicher Trendaussagen erforderlich. Wie schwer der Verlust an Aussagekraft letztendlich wiegt, hängt vom jeweiligen Geschäftsmodell ab, aber auch davon, wie zyklisch ein Geschäftsmodell ist beziehungsweise in welcher Geschäftsphase sich ein Unternehmen zum beobachteten Zeitpunkt befindet. Besonders schwierig ist die Situation insbesondere bei jungen Unternehmen, in einer frühen Phase des Lebenszyklus, wenn noch keine Erfahrungen für die verschiedenen Branchen- und Konjunkturzyklen vorliegen.

Um in der Lage zu sein, die Zahlungsverpflichtungen aus einer Anleihe jederzeit und vollumfänglich zu erfüllen, muss ein Unternehmen Cashflows in mindestens derselben Höhe generieren. Primärziel der Finanzanalyse muss es daher sein, eine entsprechende Einschätzung der Ertragsentwicklung vorzunehmen, sie vor dem Hintergrund der Geschäftstätigkeit und Strategie eines Unternehmens, der Konjunktur- und Branchenentwicklung sowie der bisherigen finanziellen Performance zu begründen und die Default-Risiken eines Emittenten oder einer spezifischen Anleihe über deren Laufzeit zu identifizieren.

Zinsdeckungskennzahlen (englisch »Debt Service Coverage Ratios«) geben an, inwieweit der Cashflow für die ordnungsgemäße Bedienung der Verbindlichkeiten ausreicht. Sie werden als Quotient aus einer Ertragsgröße und den unbedingten Zahlungsverpflichtungen eines Unternehmens gebildet. Die mit am häufigsten verwendete Kapitaldienstdeckungskennzahl ist die ICR (Interest Coverage Ratio), deren Zähler wahlweise das EBIT oder das EBITDA bildet. Die Zahlungsverpflichtungen im Nenner beinhalten mindestens die Zinsanteile aus Finanzierung und Leasing,[20] wegen ihrer Langfristigkeit werden darüber hinaus oft auch Miet- und Capital-Lease-Verpflichtungen im Nenner berücksichtigt. Die Berücksichtigung von Tilgungsverpflichtungen unterbleibt, ganz im Gegensatz zu angelsächsischen Gewohnheiten. Neben den beiden von der DVFA bevorzugten Kapitaldienstdeckungskennzahlen

$$\text{EBIT Zins Coverage} = \frac{\text{EBIT}}{\text{Zinsen} + \text{Zinsanteil Leasing}}$$

und

$$\text{EBITDA Zins Coverage} = \frac{\text{EBITDA}}{\text{Zinsen} + \text{Zinsanteil Leasing}}$$

gibt es andere, beispielsweise auf den operativen Cashflow bezogene Varianten:

$$\text{Free Operating Cashflow Zins Coverage} =$$

$$\frac{\text{Free Operating Cashflow} + \text{Zinsen}}{\text{Zinsen} + \text{Tilgungsverpflichtungen}}$$

Für eine ordnungsgemäße Bedienung der zinstragenden Verbindlichkeiten müssen die Kennzahlen der Debt Service Coverage Ratio Werte von über eins einnehmen. Neben dieser Minimalanforderung wird im Allgemeinen unterstellt, dass ein Unternehmen umso sicherer ist, je höher seine Kapitaldienstdeckungskennzahlen sind. Diese verbreitete Feststellung steht und fällt jedoch mit der Volatilität eines Geschäftsmodells. Die betriebliche Profitabilität ist eine veränderliche Größe, die insbesondere bei Zyklikern während einer Rezession negative Werte annehmen kann. Zwei Unternehmen mit demselben Zinsdeckungsgrad können daher höchst unterschiedlich eingestuft werden, wenn es um eine Einschätzung ihrer Risiken geht.

DVFA-Kennzahlen Prime Level – die Kür

»This used to be a funhouse,
but it's now full of evil clowns.«

Pink, bürgerlich Alecia Beth Moore, US-amerikanische Sängerin

Unternehmen, die Anleihen im Prime Standard für Anleihen der Frankfurter Wertpapierbörse notiert haben, müssen neben den Kennzahlen des Entry Levels 18 weitere Kennzahlen berichten, und zwar:

- Umsatz
- EBITDA (Earnings before Interest, Tax, Depreciation and Amortization)
- EBIT (Earnings before Interest and Tax)
- Gesamte Bruttozinsaufwendungen des Jahres
- Gesamte erwartete Bruttozinsaufwendungen während der Laufzeit der Anleihe
- Gesamtverbindlichkeiten
- Gesamtverbindlichkeiten unterteilt nach Laufzeit, Senioritätsgrad und Instrument
- Nettoverschuldung
- Kapitalisierung
- Gewinnrücklagen
- Außerbilanzielle Verpflichtungen
- Cashflows aus der betrieblichen Tätigkeit des abgelaufenen Jahres
- Summe der Cashflows aus der betrieblichen Tätigkeit der vergangenen fünf Jahre
- Freie Cashflows an die Anleihegläubiger
- Freie Cashflows
- Funds from Operations (FFO)
- Funds from Operations zu Gesamtverbindlichkeiten
- Funds from Operations zu Nettoverbindlichkeiten

Diese Aufstellung besteht also aus fünf Kennzahlen zur Analyse der Erfolgslage, sechs Kennzahlen zur Analyse der Finanzlage und sieben Kennzahlen zur Analyse der Kapitalströme, wobei von Letzteren die drei FFO-Kennzahlen nur für Immobilienbestandshalter sowie für Projektgesellschaften im Bereich erneuerbarer Energien sinnvoll sind.

Zunächst sind mit dem Umsatz, dem EBITDA und dem EBIT drei Erfolgskennzahlen zu nennen, die direkt aus der Gewinn- und Verlustrechnung abzulesen sind. Unter dem **Umsatz** versteht die DVFA explizit die aus der gewöhnlichen Tätigkeit eines Unternehmens zufließenden Beträge, sofern sie auf eigene Rechnung eingezogen wurden. Umsatzsteuern werden daher nicht unter den Umsätzen subsummiert.

Der Umsatz mag als absolute Zahl durchaus ein Indikator für die Größe eines Unternehmens sein. In einem Kennzahlensystem, in dem Emittenten unterschiedlichster Branchenherkunft miteinander verglichen werden, kann eine absolute Größe jedoch kein vergleichender Performancemaßstab sein. Denn dann würden Handelsunternehmen, die vor allem Vorleistungen in Form von Handelswaren verkaufen, gleichgestellt mit Produktionsunternehmen, die einen wesentlich größeren Teil der Wertschöpfung selbst erbringen.

Noch nicht einmal die Wachstumsraten der Umsatzerlöse vermögen als Performancemaßstab herzuhalten. Ungewöhnlich hohe Wachstumsraten können nämlich auch ein Indiz für eine aggressive Politik des Managements sein. Um als Warnzeichen gedeutet zu werden, muss hohes Umsatzwachstum von einer sukzessiven Verschlechterung anderer Fundamentalzahlen begleitet werden. Zu diesen Verschlechterungen zählen unter anderem ein Anstieg der Anlagenintensität, rückläufige Profitabilitätskennzahlen, ein Anstieg des Leverage und ein überproportionaler Anstieg des Working Capital.

Während die Umsätze selbst kaum von gestalterischen Maßnahmen des Managements beeinflusst werden können, sind EBITDA und EBIT von wesentlichen einmaligen oder ungewöhnlichen Aufwendungen beziehungsweise Erträgen zu bereinigen. Diese Anpassungen sind erforderlich, da EBITDA und EBIT als Indikator für die nachhaltige Ertragskraft eines Unternehmens herangezogen werden sollen, sie jedoch dem Management erhebliche Gestaltungsspielräume offenlassen. Ob ertragsorientierte Absolutzahlen überhaupt eine hinreichende Indikation für die Ertragskraft und Stabilität eines Unternehmens geben können, ist allerdings fraglich. Vermutlich sind Rentabilitätskennzahlen, mit denen die Ergebnisse eines Emittenten mit den Ergebnissen anderer, unterschiedlich großer Vergleichsunternehmen oder mit anderen Anlagemöglichkeiten verglichen werden können, sinnvoller.

Neben den Ertragskennzahlen sind vom Emittenten auch die gesamten **Bruttozinsaufwendungen** der vergangenen Periode und über die Laufzeit der Anleihe zu nennen. »Brutto« bedeutet, dass Zinserträge nicht aufgerechnet werden. Auch diese Position erscheint isoliert betrachtet wenig hilfreich für die Analyse eines Emittenten. Zum einen muss geprüft werden, ob die laufenden Zinsaufwendungen durch unverzinsliche oder niedrig verzinsliche Verbindlichkeiten besser dargestellt wurden, als sie sind, da insbesondere nicht marktgerechte Konditionen in der Regel nicht dauerhaft genutzt werden können. Zum anderen ist zu prüfen, ob der Zinsanteil der Pensionsrückstellungen als Zinsaufwand oder als Personalaufwand verbucht wurde, um eine einheitliche Basis für einen Peergroup-Vergleich zu formen.

Neben der Haftungsmasse, die einem Unternehmen dauerhaft zur Verfügung gestellt wird, spielt das Fremdkapital die zentrale Rolle im Finanzierungsmix einer Gesellschaft. Fremdkapital besteht aus zwei Positionen: den Verbindlichkeiten und den Rückstellungen. Da das Fremdkapital dem Unternehmen nur für einen zeitlich begrenzten Zeitraum zur Verfügung steht, sind Aussagen über die Fristigkeit der Verbindlichkeiten, auch »Verbindlichkeitenspiegel« genannt, von besonderer Bedeutung für die Stabilität eines Unternehmens. Die Restlaufzeiten der zinstragenden Verbindlichkeiten sind – wenngleich höchst granular – aus dem Anhang des Jahresabschlusses ersichtlich. Dort müssen sie in Verbindlichkeiten mit einer Restlaufzeit von bis zu einem Jahr, zwischen einem und fünf Jahren und von mehr als fünf Jahren untergliedert werden. Im Verlauf des Börsengangs einer Anleihe veröffentlichen viele Unternehmen über die gesetzlich geforderten Angaben hinaus einen Verbindlichkeitenspiegel, in dem die Beträge der Verbindlichkeiten mit Restlaufzeiten zwischen einem und fünf Jahren aufgelistet sind.

Von der DVFA wird daher vorgeschlagen, die Gesamtverbindlichkeiten des Emittenten als Summe aus kurz- und langfristigen Verbindlichkeiten zu berechnen. Diese sind zudem nach ihrer Fristigkeit, dem Senioritätsgrad und dem Instrumententyp zu sortieren. Neben den Bruttoverbindlichkeiten ist auch die Nettoverschuldung als Differenz aus zinstragenden (kurz- und langfristigen) Verbindlichkeiten auf der einen Seite und den nicht betriebsnotwendigen liquiden Mitteln sowie kurzfristig liquidierbaren Finanzanlagen auf der anderen Seite zu berechnen.

Obschon die gesetzlich vorgegebene Unterteilung keine erschöpfende Auskunft über die zukünftigen Zahlungsverpflichtungen geben kann, hilft sie, aufzuzeigen, in welchem Ausmaß liquide Mittel aus dem Unternehmen zur Bedienung von Verbindlichkeiten abfließen werden. Für die Analyse einer Anleihe gilt damit, dass die Gefahr eines kurzfristigen Liquiditätsabflusses umso geringer ist, je höher der Anteil der langfristigen zinstragenden Verbindlichkeiten an den Gesamtverbindlichkeiten ist. Sind dagegen große Teile der Gesamtverbindlichkeiten bereits im laufenden Jahr fällig, ist das Unternehmen darauf angewiesen, sich durch Kreditprolongationen oder die Neuaufnahme von Krediten zu refinanzieren.

Die Kapitalisierung (Capitalization), definiert als die Summe aus Eigenkapital sowie kurz- und langfristigem Fremdkapital, ist eine auf Buchwerten basierende Kennzahl und stellt das Äquivalent zum Enterprise Value börsennotierter Unternehmen dar, der sich aus den Marktwerten des Eigen- und Fremdkapitals zusammensetzt. Die Kapitalisierung repräsentiert die historischen (nominalen) Anschaffungskosten sämtlicher von den Gesellschaftern und Gläubigern bislang finanzierten Vermögenswerte. Die Kapitalisierung ist damit ein Indikator für den Zerschlagungswert eines Unternehmens. Die Bewertung einer Anleihe mithilfe der Kapitalisierung kommt daher insbesondere für Unternehmen in Betracht, deren Vermögenswerte schnell und problemlos liquidiert werden können. Als fungibel werden im Allgemeinen kurzfristige Vermögenswerte eingestuft, also der Kassenbestand, marktgängige Wertpapiere, Vorräte und Forderungen aus Lieferungen und Leistungen – sofern sie fakturiert werden können. Unter den langfristigen Vermögenswerten zählen vor allem nicht zweckgebundene Immobilien in guten Lagen zu den fungiblen Vermögenswerten. Vor diesem Hintergrund ist die Kapitalisierung insbesondere für eine Einschätzung von Banken und Versicherungen, von Beteiligungsgesellschaften und Immobilienbestandshaltern sinnvoll. Als Finanzdienstleister sind Banken und Versicherungen hochgradig reguliert und müssen gesetzliche Eigenmittelvorschriften einhalten, die auf Buchwerten basieren. Eine Ausdehnung der Geschäftstätigkeit ist daher mit einem Anstieg der Buchwerte des Eigenkapitals verbunden.

Ebenfalls als Absolutzahl sind die Gewinnrücklagen anzugeben. Im Gegensatz zu den Kapitalrücklagen stammen die Gewinnrücklagen aus den Gewinnen, die innerhalb eines Unternehmens angesammelt wurden. Die Fähigkeit eines Emittenten, Gewinne zu thesaurieren und damit die Fähigkeit, die Haftmittel der Gesellschaft aus eigener Kraft zu erhöhen, ist ein klares Indiz für die finanzielle Stabilität eines Unternehmens in der Vergangenheit. Erforderlich wäre es allerdings, aus der Bilanzposition, die isoliert betrachtet nur wenig Informationsgehalt hat, eine Kennzahl zu definieren, die einen Vergleich mit anderen Emittenten zulässt. Denkbar wäre zum Beispiel der Selbstfinanzierungsgrad als Quotient aus Gewinnrücklagen und Eigenkapital:

$$\text{Selbstfinanzierungsgrad} = \frac{\text{Gewinnrücklagen}}{\text{Eigenkapital}}$$

Der Selbstfinanzierungsgrad misst die Fähigkeit – und auch die Bereitschaft – eines Unternehmens, Gewinne zu thesaurieren. Je höher der Selbstfinanzierungsgrad, desto besser war das Unternehmen in der Vergangenheit in der Lage, die Haftungsmasse durch die Einbehaltung von Gewinnen zu erhöhen. Damit ist der Selbstfinanzierungsgrad ein Indikator für die finanzielle Stabilität einer Gesellschaft. Allerdings kann die Kennzahl zu Fehlinterpretationen verleiten, wenn Kapitalerhöhungen aus Gesellschaftsmitteln, im Volksmund auch »Gratisaktien« genannt, nicht erkannt und damit nicht berücksichtigt werden. Da in diesem Fall Gewinnrücklagen in gezeichnetes Kapital umgewandelt werden, würde der Selbstfinanzierungsgrad schlechter dargestellt, als er tatsächlich ist.

Gefordert wird ferner die Veröffentlichung **außerbilanzieller Verpflichtungen**, insbesondere aus der bilanzunwirksamen Finanzierung. Genannt werden explizit Verpflichtungen aus Swaps, also außerbilanziellen Tauschvereinbarungen von Zahlungsströmen, oder Optionen, deren Verpflichtungen (oder auch Ansprüche) nicht bilanzierungspflichtig sind.

Die Cashflows aus der betrieblichen Tätigkeit sind für das abgelaufene Jahr zu nennen und über die vergangenen fünf Jahre zu summieren. Der operative Cashflow ist ein von bilanzpolitischen Wertansätzen relativ unabhängiges Maß für die Innenfinanzierungskraft eines Unternehmens und eine für die Bewertung des Unternehmenserfolgs wesentliche Kennzahl, ungleich bedeutender als beispielsweise das EBITDA, das EBIT oder das Nachsteuerergebnis. Im Gegensatz zum überarbeiteten Berechnungsschema der DVFA ergibt sich für die Emittenten von Anleihen der operative Cashflow aus dem EBITDA, von dem Zinsaufwendungen, die Steuern und der Aufbau des Working Capital abzuziehen (beziehungsweise der Abbau des Working Capital hinzuzuzählen) sind. Beim Working Capital wiederum handelt es sich um den Saldo aus kurzfristigen Vermögen wie Vorräten und Forderungen aus Lieferungen und Leistungen einerseits und kurzfristigen Verbindlichkeiten, zum Beispiel Verbindlichkeiten aus Lieferungen und Leistungen sowie Lieferantenkredite, andererseits. Zinstragende Verbindlichkeiten, egal ob kurz- oder langfristig, gehen grundsätzlich nicht in die Berechnung des Working Capital ein. In der betriebswirtschaftlichen Praxis kommt dem Working-Capital-Management eine besondere Bedeutung zu. Gelingt es einem Unternehmen, seine betriebsnotwendigen Bestände an Vorräten zu verringern und seine Außenstände schneller einzufordern, ist weniger Liquidität zur Aufrechterhaltung und für den Ausbau des operativen Geschäftsbetriebs notwendig. Doch leichter gesagt als getan, denn der Unterhalt von Vorräten erfüllt auch einen operativen Sinn, nämlich den jederzeitigen Absatz von Waren und Dienstleistungen. Fällt freilich das Working Capital unter ein kritisches Niveau, wird die Handlungsfähigkeit eines Unternehmens gefährdet und nicht kontrahierte Umsätze sind die Folge.

Auch für die Definition der Freien Cashflows (Free Cash Flow, FCF) weicht die DVFA von ihrem bisherigen Schema ab und berechnet diese als operativen Cashflow abzüglich Investitionen in Sachanlagevermögen und Ausschüttungen an die Gesellschafter (bei AGs: Dividendenzahlungen). Ist der Freie Cashflow negativ, spricht man von »Cashburn«, also vom »Verbrennen von Liquidität«. Solange die Kriegskasse gut gefüllt ist, spricht nichts gegen einen befristeten Cashburn. Daher wird der Cashburn auch häufig in Jahren angegeben, das heißt als Zeitraum, in dem die gesamte Liquidität bei einer Fortsetzung des negativen Cashflows aufgezehrt sein wird.

Zur Berechnung der Freien Cashflows für die Anleihegläubiger werden vom operativen Cashflow neben den Investitionen in Sachanlagen und Übernahmen (M&A) auch die Ausschüttungen an die Gesellschafter (bei AGs: Dividenden) subtrahiert. Diese Kennzahl soll den maximalen Betrag repräsentieren, der theoretisch für die Begleichung der Forderungen von Anleihegläubigern zur Verfügung steht. In der Praxis dürften Übernahmen allerdings nachrangig gegenüber den obligatorischen Zinszahlungen sein und im Krisenfall muss ein Unternehmen auch von Erweiterungs- und Erhaltungsinvestitionen absehen, was die Aussagekraft der Kennzahl einschränkt. Allerdings haben die Anleihegläubiger im Gegensatz zu den Eigentümern a priori kein Mitspracherecht bei unternehmerischen Entscheidungen, so dass diese Kennzahl die Risiken aus einer fehlenden Mitsprache widerspiegelt.

Schließlich schlägt die DVFA mit den Funds from Operations (FFO) eine branchenspezifische Kennzahl vor, die insbesondere für Immobilienbestandshalter und Projektgesellschaften im Bereich erneuerbarer Energien relevant ist. Sie setzt sich aus der Summe von Nachsteuerergebnis, Abschreibungen (auf Sachanlage- und immaterielle Vermögenswerte) und den Veränderungen der aktiven und passiven latenten Steuern zusammen. Aus den FFO sind vom Emittenten zwei Kennzahlen zu berechnen, zum einen das Verhältnis aus Funds from Operations zu Gesamtverbindlichkeiten und zum anderen das Verhältnis aus Funds from Operations zu Nettoverbindlichkeiten.

Weiterführende Kennzahlen

»Die Verwirrung der Verwirrungen«

Joseph de la Vega (1650–1692), Geschäftsmann und Verfasser des gleichnamigen Buches

Neben dem DVFA-Kanon gibt es in der wirtschaftswissenschaftlichen Literatur eine Vielzahl weiterer Kennzahlengruppen. Ein Beispiel hierfür sind **Liquiditätskennzahlen**, denn die zukünftige Entwicklung der Liquidität eines Unternehmens ist für die Einschätzung einer Anleihe mindestens so bedeutend wie Kapitalstruktur- und Profitabilitätskennzahlen. Liquidität ist für die Zahlungsbereitschaft und den Fortbestand einer Gesellschaft unabdingbar. Kurzfristige Liquiditäts- oder Solvenzkennzahlen sind statische Bilanzkennzahlen, die eine erste Einschätzung darüber ermöglichen, inwieweit die kurzfristigen Verbindlichkeiten eines Unternehmens durch kurzfristige Vermögenswerte gedeckt sind. Je höher Liquiditätskennzahlen sind, desto größer ist die Wahrscheinlichkeit, dass ein Unternehmen jederzeit seine kurzfristigen operativen Verpflichtungen erfüllen kann. In den meisten finanzwissenschaftlichen Büchern finden sich drei Liquiditätskennzahlen, die nach dem Gesichtspunkt der »Wiedergeldwerdung« sortiert werden: Die Cash Ratio, Barliquidität oder Liquidität ersten Grades setzt rasch verfügbare Geldmittel (flüssige Mittel zuzüglich Schecks, Bankguthaben und jederzeitig fungible Wertpapiere) ins Verhältnis zu den kurzfristigen Verbindlichkeiten, also

$$\text{Cash Ratio} = \frac{\text{Liquide Mittel}}{\text{Kurzfristige Verbindlichkeiten}}$$

Kurzfristige Verbindlichkeiten setzen sich dabei aus Verbindlichkeiten mit einer Restlaufzeit von unter einem Jahr zusammen. Der aufmerksame Leser wird bemerkt haben, dass von kurzfristigen Verbindlichkeiten die Rede ist und nicht von kurzfristigem Fremdkapital, in dem definitionsgemäß auch die kurzfristigen Rückstellungen enthalten sind. Die Aufnahme der Rückstellungen in die Definition der Liquiditätskennzahlen ist jedoch problematisch, da sie im Gegensatz zu den Verbindlichkeiten in der Bilanz nicht nach ihrer Fristigkeit untergliedert werden müssen.

Wenn ein Unternehmen in der Lage sein soll, seine kurzfristigen Verbindlichkeiten jederzeit durch liquide Mittel zu begleichen, sollte die Cash Ratio den Wert eins nicht unterschreiten. Doch auch Werte von unter eins müssen keine sofortige Illiquidität verursachen, sofern dem Unternehmen nur ausreichende Kontokorrentlinien zur Verfügung stehen.

Jedoch umfasst die Cash Ratio nicht alle Elemente der kurzfristigen Liquidität. Wertpapiere zum Beispiel können, sofern sie marktgängig sind, jederzeit und ohne Abschlag in Liquidität umgewandelt werden. Diese Kritik nimmt die Current Ratio oder Working Capital Ratio auf, auch »Liquidität zweiten Grades« genannt. Sie setzt das kurzfristige Vermögen ins Verhältnis zu den kurzfristigen Verbindlichkeiten, also

$$\text{Current Ratio} = \frac{\text{Umlaufvermögen}}{\text{Kurzfristige Verbindlichkeiten}}$$

Sowohl im Zähler als auch im Nenner stehen Positionen, die innerhalb eines Jahres in den operativen Kreislauf fließen. Analysten bevorzugen im Allgemeinen eine Current Ratio von über eins. Bei Werten unter eins bestehen tendenziell Liquiditätsrisiken, da das Unternehmen höhere Verpflichtungen hat, als durch den Verkauf von liquiden Vermögenswerten bedient werden können. Doch auch ein zu großer Wert kann ein Anzeichen für ein ungesundes Unternehmen sein, wenn es Schwierigkeiten hat, seine Vorratsbestände abzubauen.

In der Quick Ratio, auch als »Acid Test Ratio« bekannt, bleiben die Vorräte aus der Berechnung ausgeklammert. Damit verbleiben im Zähler die Liquidität, die marktgängigen Wertpapiere und die kurzfristig fälligen Forderungen, vor allem Forderungen aus Lieferungen und Leistungen, oder:

$$\text{Quick Ratio} = \frac{\text{Umlaufvermögen} - \text{Vorräte}}{\text{Kurzfristige Verbindlichkeiten}}$$

Die Quick Ratio sollte dann zur Anwendung kommen, wenn es aus industrietypischen Gründen nicht wahrscheinlich ist, dass Vorräte binnen eines Jahres vollständig veräußert werden können.

Kennzahlen zur Kapitalstruktur analysieren die Zusammensetzung der Passivseite einer Unternehmensbilanz. Sie beschreiben den finanziellen Leverage eines Unternehmens, das heißt, in welchem Umfang ein Unternehmen verzinsliches Fremdkapital in Anspruch genommen hat. Aus der Sicht eines Anleiheinvestors ist dabei vor allem die Fähigkeit eines Unternehmens relevant, die Folgen betrieblicher Verluste durch das Eigenkapital aufzufangen, so dass die Begleichung von Forderungen und die Erfüllung von Zahlungsansprüchen zu jedem Zeitpunkt gewährleistet ist.

Im Allgemeinen wird bei der Beurteilung der Zahlungsfähigkeit einer Gesellschaft anhand von Liquiditätskennzahlen unterstellt, dass diese umso positiver einzuschätzen ist, je höher die Liquiditätsgrade sind. In der finanzwissenschaftlichen Literatur zu Liquiditätskennzahlen finden sich zudem zahlreiche Schwellenwerte, die eine solide finanzierte Gesellschaft keinesfalls unterschreiten sollte. Zum Beispiel sollten nach der goldenen Finanzierungsregel mindestens 20 Prozent der kurzfristigen Verbindlichkeiten durch Barmittel abgedeckt sein. Allerdings dürfte dem Leser schon bei einer flüchtigen Einschätzung ob ihrer Sinnhaftigkeit deutlich werden, dass die absolute Höhe einer Liquiditätskennzahl ungeeignet ist, die finanzielle Stabilität eines Unternehmens auf kurz- oder mittelfristige Sicht zu beschreiben. Keine dieser Kennzahlen erfasst die zukünftig erwirtschafteten Einnahmen – wie zum Beispiel Umsätze –, keine die kurzfristig absehbaren Aufwendungen – etwa für Löhne, Gehälter oder Rohstoffe. Auch werden Finanzmittelpotenziale – wie beispielsweise Kreditlinien – ausgeblendet. Da zwischen dem Bilanzstichtag und dem Veröffentlichungstag des Jahresabschlusses in der Regel mehrere Monate vergehen, kann das Zahlenmaterial überdies veraltet sein und keineswegs die aktuelle Finanzlage widerspiegeln.

Darüber hinaus sind sämtliche Finanzierungsregeln davon abhängig, ob es dem Emittenten gelingt, neues Kapital bei Fälligkeit alter Verbindlichkeiten aufzunehmen. Besteht diese Substitutionsmöglichkeit, ist eine fristenkongruente Finanzierung nicht erforderlich. Besteht sie nicht, wird das Unternehmen auch bei fristenkongruenter Finanzierung früher oder später in einen Liquiditätsengpass geraten. Goldene Finanzierungsregeln sind damit weder fundiert noch zeitgemäß.

Noch aus einem weiteren Grund bedürfen Liquiditätskennzahlen einer eingehenden Analyse: Liegt zum Beispiel die Current Ratio über eins, würde ein in Absolutzahlen gleicher Anstieg von Zähler und Nenner zu einer Verringerung der Current Ratio und ein in Absolutzahlen gleicher Rückgang von Zähler und Nenner zu einem Anstieg der Current Ratio führen. Dies verleitet zum sogenannten Window Dressing, also zu Maßnahmen des Managements kurz vor dem Bilanzstichtag, die ausschließlich der optischen Gestaltung des Bilanzbildes dienen und nicht der dauerhaften Verbesserung der Bilanzstruktur. Würde nämlich ein Unternehmen kurz vor dem Bilanzstichtag ein kurzfristiges Darlehen aufnehmen, käme es infolge der Bilanzverlängerung bei einer Liquiditätskennzahl von über eins zu einem Anstieg und damit zu einer Verbesserung der Liquiditätskennzahlen. Ist davon auszugehen, dass das Management jedes Jahr ähnliche bilanzkosmetische Maßnahmen ergreift, ist für eine Einschätzung der Liquiditätskennzahlen weniger deren absolute Höhe als die Entwicklung im Zeitablauf entscheidend.

Erstaunlich ist, dass die Methodenkommission der DVFA keine Analyse der Vermögensstruktur durchführt, weder im Entry Level noch im Prime Level. Ist die Aktivseite der Bilanz für den Anleihegläubiger tatsächlich irrelevant? In jedem Fall sind die Mittelverwendung und die Dauer der Vermögensbindung und damit das Liquiditätspotenzial eines Unternehmens für den Anleihegläubiger interessant. So können aus der Vermögensstrukturanalyse Informationen über die künftige Entwicklung des Unternehmens gewonnen werden, zum Beispiel, wie flexibel ein Unternehmen auf Veränderungen etwa der Auftragslage im Zuge eines konjunkturellen Abschwungs reagieren kann – eine Situation, mit der ein Anleihegläubiger angesichts der durchschnittlichen Anleihelaufzeit von fünf Jahren schließlich zu rechnen hat. In dieser Zeitspanne kommt es naturgemäß zu einer rückläufigen Nachfrage nach den Produkten eines Unternehmens, was eine sinkende Auslastung der Produktionskapazitäten zur Folge hat. Ein dadurch ausgelöster Anstieg der Fixkosten pro hergestellter Einheit kann in der Regel nicht auf die Preise überwälzt werden, was rückläufige Gewinne zur Folge hat. Daher ist es für einen Anleihegläubiger wichtig zu wissen, wie hoch die Fixkosten des Unternehmens sind; eine Frage, die sich mithilfe von Vermögensstrukturkennzahlen beantworten lässt.

Dazu werfen wir einen kurzen Blick auf die Aktivseite der Bilanz: Anhand der Fristigkeit lässt sich diese in drei Gruppen untergliedern: Anlagevermögen, Umlaufvermögen und Rechnungsabgrenzungsposten. Im Anlagevermögen sind diejenigen Vermögenswerte auszuweisen, die dauerhaft dem Geschäftsbetrieb dienen. Typische Gegenstände des Anlagevermögens sind Sachanlagen, also Grundstücke, Gebäude und Anlagen. Zum Umlaufvermögen zählen Vermögensgegenstände, die im Rahmen des Produktionsprozesses veräußert, verbraucht und verarbeitet werden – insbesondere also Vorräte, Forderungen, Wertpapiere und liquide Mittel. Für Anleihegläubiger besonders wichtig: Das Umlaufvermögen ist liquider als das Anlagevermögen, es kann schneller zu »Geld« gemacht werden als das Anlagevermögen, für das es unter Umständen – man denke nur an Spezialmaschinen – überhaupt keinen Markt gibt, so dass im Fall der Fälle nur der Schrottwert anzusetzen ist. Rechnungsabgrenzungsposten schließlich, mengenmäßig die kleinste Position unter den drei Aktivwerten, entstehen bei der periodengerechten Erfolgsermittlung, wenn beispielsweise im Dezember bereits die Miete für den Januar bezahlt wurde.

Zu den bedeutendsten Vermögensstrukturkennzahlen zählt in Literatur und Praxis die Anlagenintensität, also

$$\text{Anlagenintensität} = \frac{\text{Anlagevermögen}}{\text{Gesamtvermögen}}$$

Diese Kennzahl zeigt an, wie hoch der Anteil des langfristig gebundenen Vermögens am Gesamtvermögen (also der Bilanzsumme) ist. Für die Zwecke des Anleihegläubigers ist auf den ersten Blick eine hohe Anlagenintensität von Nachteil, da diese eine hohe Fixkostenabhängigkeit impliziert. Allerdings ist zur Allgemeingültigkeit dieser Aussage auch die jeweilige Branche zu berücksichtigen und letztlich auch das Alter der Anlagen. In jedem Fall nachteilig ist eine im Zeitablauf steigende Anlagenintensität, da diese indiziert, dass ein bestimmtes Leistungsniveau nur mit einem im Zeitablauf steigenden Investitionsgrad möglich ist, was höhere CAPEX (Capital Expenditures, Investitionsausgaben) und damit sinkende Free Cashflows zur Folge hat.

10.

Die 20 Regeln des Value Investings für Anleihen

»Es ist nicht genug, zu wissen, man muss auch anwenden; es ist nicht genug, zu wollen, man muss auch tun.«

Johann Wolfgang von Goethe (1749–1832), deutscher Dichter

Literarische Ratgeber, die der Geldanlage gewidmet sind, befassen sich spätestens jetzt mit abstrakten Themen wie Anlagezielen, Investment-Horizonten und der optimalen Risikostreuung, die dann in dem magischen Dreieck der Geldanlage – Rentabilität, Liquidität und Sicherheit oder alternativ: Risikobereitschaft, Anlagehorizont und Kapitalbedarf während des Anlagezeitraums – zusammengefasst werden, das je nach Gusto auch zu einem Vier-, Fünf- oder Sechseck aufgebohrt werden kann und dann zusätzliche Komponenten wie Ethik, Nachhaltigkeit oder Bequemlichkeit enthält.

Von Vermögensverwaltern werden die Kunden zu diesem Zeitpunkt in unterschiedliche Anlegertypen eingeteilt, zum Beispiel in defensive Anleger, offensive Anleger und aggressive Anleger – als ob sich die Menschheit auf drei Kundentypen reduzieren ließe –, denen dann standardisierte Anlagestrategien verordnet werden können. Üblicherweise wird behauptet, dass bei jüngeren Anlegern die Kapitalvermehrung im Vordergrund stehe, während ältere Investoren die Regelmäßigkeit von Ausschüttungen bei Beibehaltung des Kapitals bevorzugten. Die sich daraus ableitende Vermögensaufteilung unterscheidet zwischen Aktien, Anleihen, Fonds, Immobilien, Gold, Silber und Bargeld, bei vermögenderen Investoren werden unter Umständen auch Assetklassen wie Kunst oder Oldtimer genannt. Zuletzt werden Begrifflichkeiten durch Börsen-Heuristiken wie »Sell in May and go away« oder empirische Untersuchungen untermauert, nur um den Titel des propagierten Buches oder Konzeptes – »Rasch/langfristig/überlegen Geld verdienen mit Aktien/Immobilien/Fondsprodukten« (Unzutreffendes bitte streichen) – zu unterstützen.

In diesen Product Placements im Druckformat werden 10- oder 20-Jahres-Charts aufgeführt, aus denen hervorgeht, dass Silber das bessere Gold ist (oder umgekehrt), dass ohne Immobilien gar nichts geht und Aktien eben doch Renten schlagen, ohne auch nur mit einer Silbe zu erwähnen, was jeder BWL-Student spätestens in der zweiten Vorlesung der Allgemeinen Betriebswirtschaftslehre lernt, nämlich dass die Performance einer Anlage aus zwei Komponenten besteht: Rendite und Risiko.

Da sich in Deutschland, nicht zuletzt nach den Erfahrungen des Neuen Marktes, eine wirkliche Aktienkultur nie richtig herausbilden konnte und weil Privatanleger letztlich den Aufwand der Geldanlage an sich scheuen, sind diese nach wie vor extrem risikoscheu und zinsgetrieben. Bundesschatzbriefe, -schatzanweisungen oder Pfandbriefe zählen seit jeher zu den von Privatanlegern bevorzugten Anlagen, und mit sinkenden Zinsen werden verstärkt auch Mittelstandsanleihen von Privatinvestoren nachgefragt, also strukturell vergleichsweise einfache Anlagetitel mit erhöhtem Rendite-Risiko-Profil. Damit unterscheidet sich das Anlageverhalten von Privatanlegern erheblich vom Anlagestil institutioneller Investoren. Während der institutionelle Investor die gesamte Bandbreite der Produkte nutzt, wünschen sich Privatanleger eine möglichst kursstabile Kapitalanlage mit stetiger und fester Verzinsung und endfälliger Tilgung, sogenannte Straight Bullet oder Plain Vanilla Bonds. Diese stellen die einfachste und am weitesten verbreitete Anleiheform dar. Damit stellt das Werterhaltungsmotiv das zentrale Element einer Geldanlage in Anleihen dar.

Noch einen weiteren Aspekt gilt es zu berücksichtigen: Während eine klassische High-Grade-Benchmark-Anleihe, emittiert beispielsweise von der Allianz oder der Deutschen Telekom, mit einem Emissionsvolumen von 500 Millionen Euro und mehr auf einem transparenten und liquiden Markt mit zahlreichen vergleichbaren Benchmark-Anleihen konkurriert, richtet sich der Emittent einer Mittelstandsanleihe auch an Privatanleger, die neben rationalen Anlageerwägungen auch emotionale Faktoren in die Anlageentscheidung einfließen lassen. Während institutionelle Anleger wie Vermögensverwalter, Fondsgesellschaften, Finanzinstitute, Family Offices, Versicherungen oder Pensionsfonds für die angebotene Benchmark-Anleihe klare Vorstellungen über die erwartete Rendite haben, muss der Emittent von Mittelstandsanleihen nicht den Gesamtmarkt überzeugen; es genügt, wenn er eine ausreichende Zahl von Anlegern findet, die die angebotenen Konditionen für risikogerecht halten und akzeptieren. Ob die Verzinsung richtig ist oder nicht, ist damit von weit mehr Faktoren abhängig als bei Emissionen von global tätigen Großkonzernen.

Regel Nummer 1: Unbedingt den Default vermeiden

»Die wichtigste Regel lautet: Niemals Geld verlieren. Und die zweitwichtigste: Niemals die wichtigste Regel vergessen.«

Warren Buffett, US-amerikanischer Großinvestor, Milliardär, Mäzen und Anlagelegende

Seit Benjamin Graham ist bekannt, dass die Vermeidung von Verlusten die erste Regel für erfolgreiches Investieren darstellt. Wer 90 Prozent seines Geldes verloren hat, muss mit dem verbleibenden Rest 1 000 Prozent gewinnen, nur um wieder an den Ausgangspunkt zurückzukehren. Was bei Aktien vielleicht noch denkbar sein mag, kommt bei Anleihen nicht vor. Kurse von Anleihen verzehnfachen sich nicht.

Starke Kursverluste wie bei Aktien finden bei Anleihen nur aus einem Grund statt: wenn Emittenten den Kapitaldienst nicht wie versprochen leisten können oder wollen. Das Ereignis des Zahlungsausfalls hat viele Namen: »Schuldnerverzug«, »Zahlungsunfähigkeit«, »Insolvenz«, »Default«. Gerade der angelsächsische Begriff des Default hat sich an den Kapitalmärkten durchgesetzt. Vom juristischen Standpunkt aus befindet sich ein Emittent im Default, wenn er seine Leistungshandlung, also Zahlung von Coupon oder Tilgung, zum Zeitpunkt des verzugsauslösenden Umstands nicht vorgenommen hat und diese Verzögerung zu vertreten hat.

Erstaunlicherweise gehen Emittenten selten geräuschlos in den Default. In den meisten Fällen kursieren schon vor dem Zahlungsausfall Gerüchte über Zahlungsschwierigkeiten und Anzeichen über die Verschlechterung der Bonität des Emittenten. Während dieser Phase bewegen sich die Anleihekurse langsam, aber stetig abwärts. Ursächlich hierfür können strafbewehrte Insiderverkäufe aus dem unternehmensnahen Umfeld sein, aber auch Gerüchte von Seiten der Rating-Agenturen oder der kreditgebenden Banken, die für gewöhnlich sehr gut informiert sind. Ebenfalls unter den frühen Verkäufern befinden sich meist gut informierte institutionelle Investoren, während Privatanleger, von den steigenden Effektivrenditen angelockt, zunächst noch zu den Käufern zählen. Im weiteren Verlauf verschlechtert sich die Nachrichtenlage und die Kurse bröckeln weiter. Langsam verkaufen auch jene Investoren, die unvermindert auf Besserung gehofft haben, was letztlich die Dynamik verstärkt. Zu diesem Zeitpunkt tritt häufig das Management vor die Presse und verspricht, Gegenmaßnahmen einzuleiten. Sind diese wirkungslos, kommt es zur Insolvenzmeldung und eine Phase beginnt, in der niemand präzise einschätzen kann, welchen Wert die Anleihe noch hat. Häufig kommt es zu Tagesbewegungen von 100 Prozent und mehr, weil bereits geringste Meldungen überinterpretiert werden.

Auch das Verhalten des Managements verändert sich während der Krise. Relativ unbemerkt wird oft die Abschreibungspolitik verändert, Rückstellungen werden nur noch zögerlich gebildet und laufende Ausgaben verlagert. Auch das Factoring, eine sehr teure Refinanzierungsform, wird zur Steigerung des kurzfristigen Cashflows eingeführt. In der zweiten Phase der Krise werden notwendige Erweiterungsinvestitionen gestrichen, in der dritten Phase unterbleiben auch Ersatzinvestitionen. Stattdessen werden nicht betriebsnotwendige Vermögenswerte – das Tafelsilber – verkauft.

Beispiel: Nachdem die SIAG Schaaf Industrie (WKN A1KRAS) im Juli 2011 eine Mittelstandsanleihe begeben hatte, musste sie bereits im März des darauffolgenden Jahres Insolvenz anmelden. Die Vorzeichen hierfür waren gegeben und zahlreich: Schon im Halbjahresbericht war zu lesen, dass die Eigenkapitalquote auf einen niedrigen einstelligen Prozentsatz gesunken sei, man jedoch beabsichtige, diesen Trend durch die Umstellung auf IFRS umzukehren. Neben Bilanzkosmetik wurden keine weiteren Maßnahmen zur Ertragsverbesserung genannt. Im Oktober 2011 wurde ein Nachtrag zum Prospekt veröffentlicht, in dem mitgeteilt wurde, dass die Rating-Agentur Standard & Poor's ihr Rating zurückgezogen habe. Als dann im Februar 2012 auch noch der Finanzvorstand mit sofortiger Wirkung abberufen wurde, standen die Alarmlampen bereits auf Rot.

Regel Nummer 2: Die Dokumentation lesen

»Lesen ohne Denken verwirrt den Geist,
und Denken ohne Lesen macht leichtsinnig.«

Konfuzius (551–479 v. Chr.), chinesischer Philosoph

Bevor wir einsteigen: Das Mindeste, das man von einem Anleiheinvestor erwarten kann, ist, dass er die Dokumentation der Anleihe gelesen hat. Die Dokumentation besteht aus dem Wertpapierprospekt, dem Rating-Bericht und, sofern vorhanden, dem Research-Report sowie dem Termsheet.

Schon das Lesen des Wertpapierprospekts ist allerdings den meisten Anlegern – überraschenderweise auch vielen institutionellen – zu mühevoll. Beim Anleiheprospekt handelt es sich um ein etwa 200-seitiges Dokument, das, von Juristen verfasst, gewiss kein vergnügungssteuerpflichtiges Leseerlebnis bietet. Doch den Prospekt nicht durchblättert zu haben, kann keine Ausrede sein, zumal die Anforderungen an den Prospekt für die Emittenten von Anleihen ungleich geringer sind als für Emittenten von Aktien, da Prospekte für Anleihen

- keine Management Discussion and Analysis (MD&A) beinhalten müssen, also eine Analyse der Entwicklung wesentlicher Kennzahlen des Jahresabschlusses durch das Management;
- nur zwei Jahresabschlüsse umfassen müssen, nicht drei wie beim Börsengang;
- bei Zwischenabschlüssen für die Bilanz keine Vergleichszahlen des entsprechenden Vorjahreszeitraums beinhalten müssen.

200 Seiten sind 200 Seiten, da sitzt man schon mal ein paar Stunden. Zwar sind diese grundsätzlich gut investiert, doch es geht auch schneller. Denn die relevanten Passagen des Wertpapierprospekts, also

- die Darstellung des Geschäftsmodells inklusive der strategischen Ausrichtung, der Alleinstellungsmerkmale und Wettbewerbsstärken (in der Regel fünf bis zehn Seiten),
- die Zusammenfassung der Risiken, bestehend aus den Risiken des Emittenten, des Marktumfelds und den spezifischen Risiken aus der Anleihe selbst (ebenfalls fünf bis zehn Seiten),
- das Angebot selbst, insbesondere die Covenants, Besicherungen sowie die Gründe für die Emission (zusammen etwa drei Seiten),
- den Finanzteil, die sogenannten F-Pages, die deswegen so heißen, weil sie meist mit einer eigenständigen Nummerierung (beginnend mit F-1) am Ende des Prospekts abgedruckt werden,

schafft ein geübter Leser locker in einer Stunde. In der Regel sind die Auslassungen zur Geschäftstätigkeit des Emittenten eher weniger hilfreich. Zwar sind die wichtigsten (Teil-)Märkte zu beschreiben, auf denen der Emittent tätig ist, die verfolgten Unternehmensstrategien sowie Wettbewerbsstärken, doch halten diese einer kritischen Analyse ohnehin oft nicht stand.

Regel Nummer 3: Den Unterschied zwischen Aktien und Anleihen verstehen

»Meistens belehrt erst der Verlust uns über den Wert der Dinge.«

Arthur Schopenhauer (1788–1860), deutscher Philosoph, Autor und Hochschullehrer

Hat eine Anleihe diese erste Hürde genommen, sollten Sie, bevor Sie das Wertpapier erwerben, die grundsätzlichen Unterschiede zwischen Aktien und Anleihen verstanden haben. Unternehmen stehen zur Finanzierung ihrer gewünschten Investitionsprojekte grundsätzlich zwei Arten von Kapital zur Verfügung: Eigen- und Fremdkapital, an den Kapitalmärkten durch Aktien und Anleihen repräsentiert. Fremdkapital ist durch eine vertragliche Fixierung von Verzinsung und Rückzahlung zu festgelegten Zeitpunkten charakterisiert. Demgegenüber wird Eigenkapital der Gesellschaft – zumindest theoretisch – unbefristet zur Verfügung gestellt, ist im Gegenzug jedoch mit vertraglichen Mitbestimmungs- und Kontrollrechten und einer Teilhabe am Unternehmenserfolg ausgestattet. Im Insolvenzfall wird das Eigenkapital als Letztes bedient, also erst nachdem sämtliche Forderungen der Fremdkapitalgeber beglichen wurden. Diese Nachrangigkeit des Eigenkapitals lässt sich der Gesellschafter entsprechend vergüten: Seine Verzinsungsansprüche sind naturgemäß deutlich höher als die der unbedingten Fremdkapitalfinanzierung.

Die Chancen und Risiken von Aktien und Anleihen sind demnach asymmetrisch verteilt. Der Aktionär ist am Gewinn des Unternehmens beteiligt. Steigende Gewinne sind in der Regel mit steigenden Aktienkursen und Dividendenausschüttungen verbunden. Seine Erwartungshaltung ist also weniger auf Stabilität als auf Wachstum ausgerichtet: Wachstum des Unternehmenswertes, Wachstum der Umsätze, der Marktanteile, der Cashflows und der Dividenden. Wachstum von Cashflows gibt es aber nicht umsonst. Wachstum ist grundsätzlich mit Risiken verbunden. Nur wenn durch Investitionen Renditen erzielt werden, die größer sind als die mit den Investitionen verbundenen Kosten, kann von einem wertsteigernden Wachstum gesprochen werden. Unternehmerische Risiken, die notwendige Voraussetzung für Wachstum, sind jedoch auch mit einem Scheitern verbunden. Dem Eigenkapitalinvestor sind die Risiken des Scheiterns von Anfang an bekannt. Er geht sie bewusst ein, weil er im Erfolgsfall durch steigende Aktienkurse entlohnt wird.

Dagegen ist der Anleihegläubiger an steigenden Gewinnen nicht interessiert und steigende Ausschüttungen sind für seine Positionierung sogar kontraproduktiv. Im Idealfall erhält er pünktlich seine Zinsen und am Ende der Laufzeit seinen Kapitaleinsatz in voller Höhe zurück. Die Erwartungshaltung des Gläubigers ist daher auf Stabilität ausgerichtet, Stabilität des Ratings, der Cashflow-Entwicklung, der Unternehmensfinanzierung und nicht zuletzt des Managements. Der Anleiheinvestor profitiert auch nicht von steigenden Aktienkursen. In der besten aller Welten erhält der Anleiheinvestor seine Zinsen und sein Anleihenominal zurück. An Wachstum ist der Anleiheinvestor nicht interessiert, da er davon nur im Misserfolgsfall Notiz nimmt: wenn das Unternehmen mit seinen Investitionen gescheitert ist und Insolvenz anmelden muss.

	Eigenkapital	Fremdkapital
Haftung	Ja, mindestens in Höhe der Einlage	Nein, da Gläubigerstellung
Form des Ertrags	Volle Teilhabe an Gewinn und Verlust	Gewinnunabhängig
Befristung	Nein, gewährtes Eigenkapital steht dem Unternehmen unendlich zur Verfügung	Ja, Fremdkapital ist im Normalfall nach Ablauf einer Frist zurückzuzahlen
Mitspracherechte	Ja, volles Kontrollrecht der Gesellschafter	Nein
Vermögensanspruch	Quotal nachrangig	Nominal in Höhe der Forderung, vorrangig
Steuerliche Belastung	Volle Belastung des Gewinns mit ESt und KÖSt	Zinszahlung als Aufwand absetzbar
Finanzierungskapazität	Begrenzung durch Vermögenslage des Eigentümers	Begrenzung durch Sicherheiten
Rechtsverhältnis	Beteiligungsverhältnis	Schuldverhältnis

Abbildung 27: Unterschied von Eigen- und Fremdkapital

Sie sollten sich also fragen, ob ein Emittent vielleicht nicht besser Aktien statt Anleihen begeben hätte. Denn der Risikoappetit von Aktieninvestoren unterscheidet sich wie gesehen deutlich von dem von Anleiheinvestoren: Erstere stellen dem Emittenten Risikokapital zur Verfügung, für das sie im Interesse einer möglichst hohen Verzinsung akzeptieren, dass das Management unternehmerische Risiken eingeht. Letztere erwarten vom Management größtmögliche Sicherheit: Werden Risiken eingegangen, sollen sie stets beherrschbar sein, und im Notfall sollte ein auskömmlicher Kapitalpuffer vorhanden sein. Stehen in der Bond Story aber die Chancen im Vordergrund, etwa weil durch den Mittelzufluss aus der Anleihe neue Produkte auf den Markt gebracht werden sollen oder ein Einstieg in neue Märkte geplant ist, handelt es sich um ein Geschäftsmodell, für das Aktien das geeignetere Finanzierungsinstrument sind.

Regel Nummer 4: Nicht nur auf den Coupon schielen

»Gier frisst Hirn.«

Volksmund

Jeder Student der Betriebswirtschaftslehre wird in der Frühphase seines Studiums darüber aufgeklärt, dass Wirtschaften nicht nur etwas mit Rendite zu tun hat, sondern auch mit Risiko. Allen anderen Menschen ist dies auch ohne Studium bewusst. Dennoch ist es bemerkenswert, dass in der öffentlichen Wahrnehmung, in den Medien und bei Investoren der Zins einer Anleihe regelmäßig das alleinige Anlagekriterium ist.

Tatsächlich ist Performance eine Funktion aus Rendite und Risiko (und im weiteren Sinne auch der Liquidität), also eine risikoadjustierte Rendite. Erst durch die Kombination aus Rendite und Risiko entsteht ein methodisches Werkzeug zur Leistungsbeurteilung. Aus einer Dimension werden zwei. Wann immer eine Anleihe erworben werden soll, muss sich der Anleger fragen, welches Risiko damit eingegangen wird.

Einer der wichtigsten Schritte eines Investors, der sich erst seit Kurzem mit Geldanlage beschäftigt, ist die Frage nach der eigenen Risikotoleranz. Zu viel Risiko zu akzeptieren kann bedeuten, dass Teile des Vermögens durch Kursschwankungen verloren gehen, während eine zu geringe Risikotoleranz dazu führt, dass die Ertragschancen höher verzinslicher Anleihen verpasst werden und durch die Kombination aus sicheren, aber kaum zinstragenden Staatsanleihen und Inflation das Vermögen ebenfalls sukzessive aufgezehrt wird.

Banken sind gesetzlich dazu verpflichtet, die Risikobereitschaft ihrer Kunden einzuschätzen. Ergebnis eines standardisierten Fragebogens ist, dass Anleger in Kategorien wie »Sicherheitsorientiert«, »Konservativ« oder »Risikobewusst« eingeordnet und mit vorkonfektionierten, doch für die Bank überaus lukrativen Dienstleistungen wie »Growth«, »Balanced« oder »Relax« zu überhöhten Preisen eingefangen werden. Ich bin der Meinung, dass Sie das auch selbst hinbekommen. Setzen Sie sich in klarer und unmissverständlicher Weise Grenzen für die zu erduldenden Risiken. Das bedeutet, dass Sie sich mit zwei Fragen beschäftigen: Ihrem Anlagehorizont und Ihrer Volatilitätsakzeptanz.

Der Faktor Zeit ist ein zentrales Element der Risiko-Rendite-Funktion. Während eine Anleihe auf kurze Sicht erheblichen Kursschwankungen ausgesetzt sein kann, werden sich diese auf längere Sicht glätten. Als Anleger mit einem langfristigen Anlagehorizont werden Sie sich von kurzfristigen Kursschwankungen nicht beeindrucken lassen, da Sie stets das langfristige Renditeziel vor Augen haben. Als Anleger, der nach kurzer Zeit auf den Anlagebetrag zurückgreifen muss, sollten Sie sich dagegen mit Anleihen begnügen, die mit geringeren Kursschwankungen und dafür mit geringeren Effektivverzinsungen ausgestattet sind. Die Erfahrung zeigt, dass es sinnvoll ist, sein Kapital auf Laufzeiten mit jährlichen Fälligkeiten zwischen zwei und zehn Jahren anzulegen; nur in sehr seltenen Fällen sind längere Laufzeiten sinnvoll. Diese Strategie hat zwei Vorteile: Zum einen beziehen Sie regelmäßig Zinsen und erhalten Ihr Anfangskapital in jährlichen Tranchen anteilsmäßig zurück.

Zum anderen gelingt es Ihnen, das Zinsänderungsrisiko zu glätten. Bei normal geneigten Zinsstrukturkurven erhöht sich durch die Anlage in Anleihen mit längeren Laufzeiten zudem die durchschnittliche Verzinsung des Portefeuilles.

Auch wie viel Volatilität ein Anleger akzeptiert, ist seine subjektive Angelegenheit. Wenn Sie auf heftige Kursschwankungen allergisch reagieren, sind Anleihen im Non-Investment-Grade oder spekulative Mittelstandsanleihen vermutlich nicht die adäquate Assetklasse für Sie.

Regel Nummer 5: Kaufe nur, was du verstehst!

»Der Trick ist, zu lernen, nicht dem Bauchgefühl zu vertrauen, sondern sich zu disziplinieren und es zu ignorieren.«

Peter Lynch, Legende des US-amerikanischen Portfoliomanagements

Von Benjamin Graham, dem Urvater des Value Investings, stammt der Begriff des intelligenten Investors. Für Graham steht Intelligenz nicht für eine höhere schulische Ausbildung, sondern für geduldig, diszipliniert und wissbegierig und für das Motto: »Kaufe nur, was du verstehst!«

Diese Forderung mag offensichtlich klingen. Doch ist es erstaunlich, wie häufig Anleger, vor allem nachdem sie einen Verlust erlitten haben, angeben, sie hätten nicht gewusst, was sie im Depot hatten, und dass sie von ihren Bankberatern in die Anlage quasi hineingedrängt worden seien. Um diese Erfahrung zu vermeiden, sollten Sie sich an eine erste Grundregel halten: Wenn Ihnen ein Wertpapier vorgestellt wird, dessen Credit Story Sie nicht verstehen, ist dieses mit an Sicherheit grenzender Wahrscheinlichkeit nicht für Sie geeignet.

An diese Regel hält sich stoisch Warren Buffett, der vermutlich erfolgreichste Investor der letzten Jahrzehnte. Buffett und sein Partner Charlie Munger investieren nur in Unternehmen, die einen andauernden Wettbewerbsvorteil – Buffett nennt ihn »Burggraben« (englisch

»Moat«) – aufweisen. Die Geschäftsmodelle sollten langfristig nicht von Wettbewerbern nachzumachen – und damit angreifbar – sein. Die Produkte und Dienstleistungen sollten gebraucht werden. Es sollte dem Unternehmen über einen möglichst langen Zeitraum gelingen, Versuche, das Geschäftsmodell zu kopieren, abzuwehren. Je unangreifbarer diese Wettbewerbsvorteile sind, desto länger kann ein Unternehmen Renditen erzielen, die höher sind als die Kapitalkosten zu ihrer Erzielung. Ökonomische Burggräben beruhen beispielsweise auf immateriellen Vermögensgegenständen wie Markennamen, Patenten und weiteren Schutzrechten sowie auf regulatorischen Eingriffen des Staates. Doch Vorsicht: Nicht jede Marke ist unangreifbar, auch wenn dies das jeweilige Management anders sieht. Nur wenn es einem Markenunternehmen gelingt, die Zahlungsbereitschaft der Kunden vollständig abzuschöpfen – wie dies zum Beispiel bei bestimmten Luxusgüterherstellern der Fall ist – oder die Suchkosten der Konsumenten zu minimieren – wie zum Beispiel bei Google oder Starbucks –, haben Marken die Eigenschaft von Burggräben. Viele Textilhersteller mit mächtigem Marketingbudget können sich demgegenüber nicht grundsätzlich von ihren Wettbewerbern abheben. Noch attraktiver als ein einzelner Wettbewerbsvorteil sind daher mehrdimensionale Wettbewerbsvorteile, in den Wirtschaftswissenschaften auch unter dem Begriff »kausale Ambiguität« bekannt;[21] hier besteht jede Dimension aus komplexen Bündeln organisatorischer Fähigkeiten, die für Außenstehende nur schwer zu durchschauen beziehungsweise zu kopieren sind.

Auch Patente können Burggräben sichern, allerdings nur über einen begrenzten Zeitraum. Regulatorische Eingriffe des Staates mögen zeitlich unbefristet sein, sind jedoch nicht markteffizient und können von politischen Entscheidungsträgern jederzeit gekippt werden – man denke nur an die desaströse Entwicklung in der deutschen Solarindustrie. Burggräben ergeben sich ferner aus dem First-Mover-Advantage, also aus dem Vorteil des Ersten in einer Nische: First Mover können sich aus naheliegenden Gründen nur in jungen Industrien etablieren, in denen allerdings die Nachhaltigkeit des Geschäftsmodells noch nicht bewiesen werden konnte.

Die tiefsten Burggräben ergeben sich jedoch aus kompetitiven Kostenvorteilen. Sie entstehen, wenn ein Unternehmen ein bestimmtes Gut zu geringeren Opportunitätskosten produzieren kann als seine Wettbewerber. Diese Unternehmen sind definitionsgemäß die letzten, denen es gelingt, in Krisenzeiten profitabel zu arbeiten.

In Anlehnung an Schopenhauers bekannten Spruch über die Gesundheit können wir feststellen, dass die Stabilität des Geschäftsmodells zwar nicht alles ist, aber ohne diese Stabilität alles nichts ist. Letzten Endes kann jedes Geschäftsmodell kopiert werden und wird vom technischen Wandel bedroht. Viele der heute bedeutenden Unternehmen und Branchen – IT, Software, Internet – haben vor 50 Jahren nicht existiert. Vor 50 Jahren war die Situation im Übrigen ganz ähnlich. So ist es nicht unrealistisch, dass auch die heute dominierenden Unternehmen in 50 Jahren vom Markt verschwunden sein werden. Selbst wenn wir unterstellen, dass sich Unternehmen über die Jahre neu ›erfinden‹ – man denke nur an den finnischen Nokia-Konzern, der sich vom Gummistiefelhersteller zum weltweit führenden Handyhersteller entwickelte –, werden doch neu auf den Markt drängende junge Unternehmen ein Stück des zu verteilenden Kuchens fordern – und auch bekommen: So hat Nokia den Einstieg in den Markt für Smartphones verpasst und musste seine Führungsposition abgeben.

Regel Nummer 6: Warum Langeweile das bessere Geschäftsmodell für Anleihen ist

»Investieren sollte sich anfühlen, wie wenn man Farbe beim Trocknen zuschaut. Wer Aufregung sucht, soll 800 Dollar nehmen und damit nach Las Vegas fahren.«

Paul A. Samuelson (1915–2009),
US-amerikanischer Wirtschaftswissenschaftler

Risiken entstehen an den Kapitalmärkten durch Abweichungen von den Erwartungen. Daher ist Risiko von der Prognostizierbarkeit des Geschäftsmodells abhängig. Die Genauigkeit, mit der Sie die zukünftige Umsatz- und Ertragsentwicklung prognostizieren können, ist (unter sonst gleichbleibenden Bedingungen) vom Anteil der wiederkehrenden Erlöse abhängig. Regelmäßig wiederkehrend sind Erlöse, wenn die Wiederholung in gewissen Zeitabständen von Anfang an feststeht. Dabei kommt es auf die zeitliche Wiederholung an, nicht auf die Höhe. Eine hohe Stabilität einer profitablen Erlösentwicklung ist zum Beispiel in Geschäftsmodellen zu finden, die dem täglichen Bedarf dienen.

Weitere Beispiele für zeitlich wiederkehrende Erlöse sind Miet- oder Versicherungseinnahmen oder Einnahmen aus regulierten Geschäftsmodellen, beispielsweise aus dem Erneuerbare-Energien-Gesetz (EEG). Auch abonnentenbasierte Geschäftsmodelle wie das Bezahl- oder Kabelfernsehen oder die mobile Telekommunikation sind von wiederkehrenden Erlösen gekennzeichnet. Das Hauptmerkmal dieser Erlösform ist die Optionalität der tatsächlichen Nutzung: Unabhängig davon, wie häufig der Abonnent das Medium nutzt, immer fällt der gleiche Pauschalbetrag an. Dabei kann unterstellt werden, dass Abonnenten untereinander sehr homogen sind und Kündigungsraten ebenso wie Neugewinnungsraten der Abonnenten sowie deren durchschnittliche Umsatzbeiträge (ARPU – Average Revenue per User) im Zyklus nur sehr behäbig reagieren.

Dies vorausgesetzt, scheint es, dass Anleihen umso attraktiver sind, je langweiliger das Geschäftsmodell des Emittenten ist. Gute Emittenten sind weder schick noch sexy, sondern einfach nur solide und werden von Managern geführt, die das geflügelte Wort »Schuster, bleib bei deinen Leisten!« verinnerlicht haben. Unternehmen, die ›sexy‹ sind, sind dies, weil sie neu sind und Sie mit verführerischen Zukunftserwartungen bezirzen, deren langfristige Entwicklung jedoch nur schwer zu prognostizieren ist.

Voraussetzung für die Anlageregel ist, dass das langweilige Geschäftsmodell zugleich profitabel ist. Ist es das nicht, ist von einer Anleihe in jedem Fall abzuraten, da das Geschäftsmodell nicht nachhaltig ist.

Beispiel: Im Jahr 2012 hat Singulus Technologies als erstes Unternehmen des TecDAX eine Mittelstandsanleihe (WKN A1MASJ) begeben. Das Unternehmen bezeichnet sich als weltweiten Marktführer für CD-, DVD- und Blu-Ray-Disk-Replikationsanlagen, einem auf den ersten Blick echten Wachstumsmarkt. Dass dort auch der Marktführer nicht automatisch reüssieren muss, verdeutlichen die Ertragszahlen: In den Jahren 2005 bis 2012 hat Singulus nicht weniger als 252,3 Millionen Euro an operativen Verlusten angehäuft. In durchschnittlich jedem zweiten Jahr rutschte das Unternehmen in die Verlustzone. Absolut mussten in den Verlustjahren zudem ungleich höhere Verluste vermeldet werden als Gewinne in den profitablen Jahren.

Regel Nummer 7: Diversifizieren, aber richtig!

»Von etwas zu viel zu haben kann einfach wunderbar sein.«

Mae West (1893–1980), US-amerikanische Schauspielerin

Seit den bahnbrechenden Erkenntnissen des Doktoranden Harry M. Markowitz hat sich in den Nebenhirnen aller Kapitalanleger fest eingenistet, dass Diversifikation sinnvoll ist. Aus einem streng finanzwissenschaftlichen Blickwinkel, in dem unter anderem heroische Annahmen über die Handlungsweisen der Marktteilnehmer unterstellt werden – darunter ein ausschließlich an Cashflows orientiertes, rationales und nutzenmaximierendes Verhalten bei strenger Risikoaversion und einperiodischem Zeithorizont –, und bei vollkommenen, also jederzeit informationseffizienten und transaktionskostenlosen Kapitalmärkten sowie beliebig teilbaren Wertpapieren verbessert Diversifikation die Performance eines Portefeuilles: Anleger mit einer bestimmten Risikotoleranz können durch Diversifikation bei gleichem Risiko eine höhere Rendite oder eine angestrebte Rendite unter Inkaufnahme eines geringeren Risikos erreichen. Nach Markowitz wurde Generationen von Wirtschaftswissenschaftlern gelehrt, dass Anleger in einer Welt, in der es ansonsten kein Free Lunch gibt, Arbitragegewinne durch Diversifikation erzielen können.

Plant ein Investor, einen Betrag von 100 000 Euro in Anleihen anzulegen, wäre es nach der Markowitz'schen Theorie ratsam, nicht den gesamten Betrag in eine Anleihe zu investieren, sondern auf – je nach Gusto – viele. Der Ausfall eines Emittenten kann dann durch die Zinseinnahmen der anderen wieder ausgeglichen werden. Investiert der Anleger dagegen nur in ein Wertpapier und stellt sich dieses als Problemfall heraus, besteht die Gefahr eines Totalverlusts des Vermögens.

Für das, was intuitiv naheliegend und seit Jahrhunderten[22] Bestandteil des Volkstums ist, nämlich nicht alles auf eine Karte zu setzen (auf Englisch für unsere Zwecke ungleich anschaulicher mit »Don't put all your eggs in one basket« formuliert), erhielt Markowitz 1990 gemeinsam mit seinen US-amerikanischen Landsleuten Merton Miller und William Sharpe den Wirtschaftsnobelpreis. Die Grundlagen von Markowitz erfreuen sich noch heute allgemeiner Beliebtheit. So soll auf eine ausgewogene Mischung verschiedener Branchen geachtet werden, damit branchenspezifische Risiken vermieden werden; länderspezifische Risiken sollen durch eine regionale Diversifizierung möglichst eliminiert und Laufzeitenrisiken durch eine breite Streuung der Restlaufzeiten vermieden werden.

Mit einer an Tautologie grenzenden Argumentation, dass Diversifikation das Risiko eines Portefeuilles reduzieren kann,[23] empfehlen denn auch Vermögensverwalter in der praktischen Umsetzung eine Aufteilung des Vermögens in kurz- und langlaufende Euro- sowie internationale Anleihen unterschiedlicher Bonitäten und Restlaufzeiten, in Rohstoffe und Edelmetalle, in Large-, Mid- und Small-Caps-Value- und Growth-Aktien aus der Eurozone, aus industrialisierten Ländern und Emerging Markets aus jeweils verschiedenen Sektoren, in Immobilien- und Sachwerte und sogar Weine, Oldtimer, Uhren oder Kunstwerke. Nur in einem solchermaßen diversifizierten Portfolio kann die Performance einer Anlage durch andere Anlagen ausgeglichen werden.

Es scheint, dass eine breite Diversifizierung häufig nichts mehr ist als der Versuch, die eigene Unwissenheit auf eine breitere Basis zu stellen. Allerdings gibt es keine Regel, die besagt, dass sich ein Portefeuille aus 50 Wertpapieren nicht auch halbieren kann. Denn das einzig Kalkulierbare an den Kapitalmärkten ist das Unkalkulierbare. Als der US-amerikanische Wirtschaftsnobelpreisträger Daniel Kahneman gebeten wurde, herauszufinden, warum eine bestimmte Staffel der israelischen Luftwaffe während eines Kampfeinsatzes mehrere Abschüsse zu beklagen hatte, während eine zweite keinerlei Opfer hatte, erwiderte dieser, dass er zwar die Ursachen analysieren und sicherlich auch zu einem Ergebnis kommen könne, dass aber die Antwort auf die Frage auch die sein könne, dass die eine Fliegerstaffel einfach sehr viel Pech und die andere sehr viel Glück gehabt hatte.

Häufig wird nämlich übersehen, dass es nicht darum geht, möglichst viele unterschiedliche Wertpapiere im Depot zu haben, sondern idealerweise Wertpapiere, die untereinander nicht oder sogar negativ miteinander korreliert sind, dass sie also auf Ereignisse unterschiedlich reagieren. In der Sprache des Kapitalmarktes werden diese Portefeuilles als »wohldiversifiziert« bezeichnet. Das Problem der meisten »wohldiversifizierten« Portefeuilles ist jedoch, dass sie genau das nicht sind. Ein Portefeuille aus deutschen Aktien, internationalen Aktien, Immobilien, Anleihen und Bargeld ist kein diversifiziertes Portefeuille: Drei der fünf Assetklassen benötigen ein bullishes Marktsentiment, während sich Bargeld und Anleihen gegenseitig neutralisieren. Derartige Portefeuilles benötigen keinen »schwarzen Schwan«, um in Wirtschaftskrisen gleichermaßen zu implodieren.

Wenn negative Korrelation an den Kapitalmärkten immer weniger anzutreffen ist, bedarf es eines alternativen Konzepts, wie Assetklassen zu definieren sind. Infolge der hohen und weiter steigenden Korrelation unterschiedlicher Assetklassen reicht es völlig aus, nur noch drei Arten von Assetklassen zu unterscheiden:

- Assetklassen, bei denen das Verlustrisiko Teil der Konstruktion ist: Aktien, Aktienfonds, Optionen, Optionsscheine, Futures, Discount- und Bonuszertifikate oder Gold,
- Assetklassen, bei denen Verlustrisiken nicht Teil der Konstruktion sind, aber auftreten können: Unternehmensanleihen oder geschlossene Fonds,
- Assetklassen ohne Verlustrisiken: Sparbücher, Tages-, Termin- und Festgelder bei bonitätsstarken Banken (zumindest bis zu einem Betrag von 100 000 Euro), Rentensparverträge, Bundesanleihen, besicherte Hypothekenpfandbriefe und Kommunalobligationen.

Die erste Gruppe besteht im Wesentlichen aus Aktien. Den meisten Investoren ist bewusst, dass Aktien fallen können, den wenigsten Investoren jedoch, dass dies auch für Wertpapiere der zweiten Kategorie zutreffen kann, die Anleihen. Die meisten Privatanleger halten sie für sicher. Das sind jedoch nur Assetklassen der dritten Gruppe, da sie – zumindest für die breite Schicht der Privatanleger – durch den Einlagensicherungsfonds des Bundesverbands deutscher Banken (BDB) abgedeckt sind und nur in einer sehr theoretischen Konstruktion ausfallen können.

Natürlich ist Diversifikation innerhalb der beiden riskanten Assetklassen sinnvoll, da sie neben der Verringerung des Portefeuillerisikos keine Nachteile in Form einer verringerten Rendite mit sich bringt. Genau dies ist aber in einem Portefeuille der dritten Assetklasse der Fall:

Hier wird Diversifikation mit einem Opfer verbunden sein und die erwartete Gesamtrendite des Portefeuilles belasten.

Die Entscheidung, wie stark ein Portefeuille innerhalb der Assetklassen diversifiziert wird, sollte daher – abhängig davon, wie gut die persönlichen Fähigkeiten eingeschätzt werden, Anleihen zu bewerten – auf drei Ebenen getroffen werden:

- Auf der Ebene der Bonität des Emittenten: Je größer der Anteil bonitätsstarker Emittenten am Gesamtportefeuille sein soll, desto niedriger kann der angestrebte Diversifikationsgrad sein. Im Extremfall eines Portefeuilles aus AAA- oder AA-Anleihen mit niedrigem Ausfallrisiko kann das Portefeuille auch aus nur einer oder zwei Anleihen bestehen. Besteht das Portefeuille jedoch aus High-Yield-Anleihen im Sub-Investment-Grade mit höherer Ausfallwahrscheinlichkeit, sollte es stärker diversifiziert sein.
- Auf der Ebene der Anlagestrategie: Passive Anleger, die eine Hold-to-Maturity-Strategie verfolgen, sollten stärker diversifiziert sein als Anleger, die eine aktive Anlagestrategie verfolgen und die Kursentwicklung ihrer Depotwerte regelmäßig verfolgen.
- Auf der Ebene des Fälligkeitenprofils: In jedem Fall sollten Anleger die Fälligkeiten ihrer Anlagen diversifizieren, um das Risiko der Wiederanlage zu verringern.

Zusammengefasst gilt, dass nichts gegen ein wenig diversifiziertes Portefeuille spricht, sofern es aus Anleihen global tätiger Unternehmen bester Bonität besteht und von aktiven Anlegern gehalten wird, die sich regelmäßig über die operative Entwicklung ihrer Depotwerte informieren. Auf der anderen Seite ist es höchst sinnvoll, in verschiedene Anleihen zu diversifizieren, wenn der Anlageschwerpunkt auf bonitätsschwache High-Yield-Anleihen ausgerichtet ist. Selbst dann aber sollte, wenn wir uns an Warren Buffett orientieren, ein Portefeuille aus nicht mehr als zehn bis zwölf Titeln bestehen, da durch eine stärkere Diversifikation der Blick auf das einzelne Wertpapier getrübt wird.

Regel Nummer 8: Kursziele setzen

»Wichtig ist, dass Sie öfter recht haben, als sich zu irren. Wenn Sie recht haben, sollten Sie sehr recht haben, wenigstens von Zeit zu Zeit. Und wenn Sie sich irren, dann sollten Sie das erkennen, bevor Sie sich sehr irren.«

Sir John Marks Templeton (1912–2008),
Gründer des nach ihm benannten Investmentfonds

Neben der Portfolio-Diversifikation wird in den Medien häufig auch eine zweite Form der Diversifikation propagiert: die Time-Diversifikation. Unter diesem Begriff wird die an Masochismus grenzende Bereitschaft von Anlegern verstanden, Buchverluste auszusitzen. Nach diesem Credo hat ein Investor, der sich einem langfristigen Buy-and-Hold-Ansatz verschrieben hat, diesen stoisch beizubehalten, selbst wenn sich die Ausgangssituation, die zum Erwerb eines Wertpapiers verführt hat, fundamental geändert hat. Bisweilen wird diese ›Strategie‹ sogar empirisch untermauert, indem behauptet wird, dass die anfangs erwartete Wertpapierrendite umso wahrscheinlicher eintritt, je länger der Anleger wartet.

Ein Anleger wird niemals in der Lage sein, Verlust-Trades völlig auszuschließen. Erfolgreiche Anleger sind jedoch in der Lage, Verluste zu verarbeiten, und vor allem, sie zu begrenzen. Eine stringente Verkaufsdisziplin ist einer der wichtigsten Erfolgsfaktoren an der Börse. Sie ist vermutlich wichtiger als die Auswahl der Wertpapiere selbst. Denn nicht umsonst lautet die am häufigsten in Ratgebern gebetsmühlenartig wiederholte Börsenweisheit, dass man Gewinne laufen lassen sollte, während Verluste zu begrenzen sind. An diese Börsenweisheit sollten Sie sich halten. Denn die meisten Menschen können Verluste nicht akzeptieren. Die Hoffnung, dass ein Wertpapier früher oder später wieder das Einstandsniveau erreicht, dominiert jede Argumentation, insbesondere dann, wenn Anleger sich im Recht fühlen und das Verhalten der anderen Marktteilnehmer als falsch einstufen.

Natürlich ist jeder Kapitalverlust für den Anleger problematisch. Dies aber nicht nur aus den naheliegenden Gründen, weil seine persönlichen Verwendungsziele – das neue Auto, die Reise in die Karibik, die eigene Wohnung – gefährdet sind, sondern auch, weil Verluste von Menschen psychologisch nur schwer verdaut werden können, ja sie sich in Entscheidungssituationen sogar irrational verhalten. Angenommen, Ihnen wird eine Wette präsentiert. Fällt die Münze auf Kopf, haben Sie verloren und müssen dem Wettpartner 100 Euro bezahlen. Wird dagegen Zahl geworfen, haben Sie gewonnen. Wie hoch müsste der Gewinn sein, damit Sie bereit wären, mitzuspielen? Die Wahrscheinlichkeitstheorie lehrt uns, dass der Erwartungswert des Spiels bei einem Gewinn von 100 Euro gleich null ist, Sie also für diesen Betrag indifferent und damit bereit sein sollten, mitzuspielen. Tatsächlich zeigen Versuche, dass Menschen erst ab einem viel höheren Betrag von bis zu 250 Euro auf die Wette eingehen. Die Zahl 2,5 (als Quotient aus 250 und 100) beschreibt also den Faktor für die Verlustaversion. Der Verlust von 100 Euro wird von Menschen subjektiv wie der Verlust von 250 Euro wahrgenommen.

Diese asymmetrische Risikopräferenz des Menschen hindert uns leider daran, Wertpapiere, bei denen wir einen Verlust erlitten haben, zu verkaufen. Kursverluste werden so lange nicht als solche wahrgenommen, wie sie unrealisiert bleiben. Das sollten Sie besser unterlassen. Anleihekurse sind ein Spiegelbild der Zukunft. Sollten Sie Anleihen im Depot haben, deren Kurse ohne Unternehmensmeldungen stetig sinken, sollten Sie rechtzeitig den Schlussstrich ziehen.

Doch Vorsicht: Von automatisierten Stop-Loss-Aufträgen ist abzuraten. Gerade bei kleinen Anleihen kann ein automatisierter Stop-Loss-Auftrag selbst eines Privatkundendepots erratische Kursschwankungen auslösen, die ebenso schnell wieder aufgelöst werden. Besser ist es, ein persönliches Kurslimit zu verankern, das nicht unterschritten werden darf und gegebenenfalls durch einen Anruf beim Bankberater ausgeführt wird. Doch letztlich ist es für den langfristigen Anlageerfolg sekundär, ob zur Verlustbegrenzung Stop-Loss-Kurse gesetzt werden oder ob man die Kurse beobachtet und spontan entscheidet. Wichtig ist, dass die Verlustbegrenzung überhaupt eingehalten wird, denn das Bewusstsein des Anlegers, einen Stop Loss formuliert zu haben, ist das Sicherheitsnetz für das Depot.

Wo der Stop gesetzt wird, ist von der Risikoeinstellung des Anlegers abhängig. Sinnvoll ist, eine bestimmte Regel zu befolgen, zum Beispiel, dass pro Engagement nicht mehr als 1 Prozent des gesamten Depotvolumens aufgezehrt werden darf. Besteht das Depot aus 100 000 Euro, darf der Kurs einer Anleihe, die 20 Prozent des Depots umfasst, nicht mehr als 5 Prozent fallen. Dieser Stop-Kurs sollte bereits beim Anleihekauf festgelegt werden.

Regel Nummer 9: Einfach mal nichts tun

»Unterschätze niemals den Wert des Nichtstuns!«

Pu der Bär (alias Winnie-the-Pooh),
in eigenen Worten ein Bär von sehr geringem Verstand

Fußballer, die einen Elfmeter schießen müssen, zielen in einem Drittel der Fälle in die Mitte nach links, in einem Drittel nach rechts und in einem Drittel auf die Mitte des Tores.[24] Dagegen entscheiden sich Torhüter in 94 Prozent der Fälle, nach links oder rechts zu hechten, und bleiben nur selten in der Mitte stehen. Noch erstaunlicher erscheint dieses Verhalten, wenn die Quote der abgewehrten Strafstöße berücksichtigt wird: Angenommen, der Torwart konnte antizipieren, für welche Ecke sich der Schütze entscheiden wird, so hat er den Elfer noch lange nicht gehalten: Nur rund 30 Prozent der Strafstöße werden gehalten, wenn der Torwart sich für die richtige (linke oder rechte) Ecke entschieden hat. Bleibt der Torwart dagegen stehen, liegt die Abwehrwahrscheinlichkeit bei erstaunlichen 60 Prozent. Danach befragt, warum sie nicht häufiger einfach stehen bleiben, antworteten Torhüter, dass es bei den Fans einen aktiveren Eindruck mache, wenn sie sich für eine Ecke entscheiden, anstatt passiv in der Mitte zu verharren und nicht ins Geschehen einzugreifen.

Psychologen sprechen in diesem Zusammenhang von einem »Action Bias«, dessen Wurzeln in frühmenschlichen Verhaltensweisen vermutet werden, als es in Bedrohungssituationen vor allem auf die Schnelligkeit der Reaktion ankam. Nicht nur im Fußball, auch bei der Geldanlage sind jedoch bewusste und damit langsamere Entscheidungen bis hin zum Nichtstun erfolgreicher.

In der Realität jedoch scheinen viele Investoren von einem chronischen Hyperaktivitätssyndrom geplagt zu werden. Die durchschnittliche Halteperiode einer Anlage ist in den letzten 20 Jahren stetig gesunken und liegt inzwischen bei weniger als sechs Monaten; in den 1960er-Jahren lag sie noch bei fünf bis sechs Jahren. Investoren scheinen Wertpapiere eher aus Langeweile zu handeln, anstatt auf die richtige Gelegenheit zu warten. So meint denn auch Warren Buffett: »Wall Street verdient Geld mit Aktionismus. Sie verdienen Geld besser durch Nichtstun.«

Regel Nummer 10: Warum Größe doch wichtig ist

»Es gibt keine Abkürzung in der Evolution.«

Louis Dembitz Brandeis (1856–1941), US-amerikanischer Richter

Fakt ist: Kleine Unternehmen sind größeren Risiken ausgesetzt als große Unternehmen. Sie sind stärker von Einzelpersonen abhängig (sogenanntes Key Man Risk), von einzelnen Kunden oder Lieferanten. Nicht selten besteht das Geschäftsmodell kleinerer Unternehmen aus der Herstellung und dem Verkauf nur eines einzigen Produkts, das, betrachtet man Apple, durchaus zu Weltgeltung verhelfen kann. Doch das sind Ausnahmen.

Nur verständlich ist, dass kleine Unternehmen an den Börsen weniger Aufmerksamkeit zuteil wird als den Großen des Kurszettels. Auch Analysten bevorzugen die Schwergewichte gegenüber den Small Caps. Neue Informationen, die etwas an der Einschätzung eines Unternehmens ändern können, gelangen so viel schneller in die Medien, die ebenfalls viel häufiger über große Unternehmen als über kleine berichten.

Dies hat zur Folge, dass Trends bei Small Caps ausgeprägter verlaufen als bei Large Caps. Leider gilt diese Aussage für Aufwärtstrends wie für Abwärtstrends. Gerade schlechte Nachrichten bleiben bei kleinen, mittelständischen Unternehmen länger im Verborgenen als bei Großkonzernen, die täglich in den Medien auftauchen. Verschlechtern sich dann die relevanten Ertragskennziffern von Quartal zu Quartal, sollten Anleger vorsichtig werden, denn eine Trendumkehr der Ertragsentwicklung ist bei kleineren Emittenten seltener zu beobachten als bei Large Caps.

Regel Nummer 11: Währungen lassen sich nicht vorhersagen

»Wenn du alle Fakten zusammen hast, kann deine Entscheidung richtig sein; wenn du nicht alle Fakten zusammen hast, kann sie nicht richtig sein.«

Bernard Mannes Baruch (1870–1965), US-amerikanischer Investor und Präsidentenberater

Wenn eine Anleihe in einer fremden Währung begeben wird, handelt es sich aus Schuldnersicht um eine Fremdwährungsanleihe. Seit der Einführung des Euro entfällt für Schuldner der Eurozone und für ihre Anleihen zwar das Währungsrisiko, nicht jedoch für Anleihen in US-Dollar oder Schweizer Franken. Hierdurch kommt zum Dreigestirn Rendite, Risiko und Liquidität noch ein viertes Performance-Element hinzu: die Entwicklung der Wechselkurse. Eine ungünstige Entwicklung der Wechselkurse kann Zinserträge vermindern, aufzehren oder sogar in Verluste drehen. Umgekehrt kann auch eine niedrig verzinsliche Anleihe eine auskömmliche Performance bieten, wenn sich die Wechselkurse in die richtige Richtung bewegen.

Das Problem ist nur: Währungspaare lassen sich nicht prognostizieren, zumindest nicht in dem Maße, dass sie einer nachvollziehbaren Anlagepolitik genügen. Natürlich könnte der Anleger das Währungsrisiko durch ein Devisentermingeschäft vermeiden. Doch kommt hier die Effizienz der Kapitalmärkte zum Tragen, nach der die zusätzlichen Kosten der Währungsabsicherung den Zinsvorteil übersteigen. Sollte dies einmal nicht der Fall sein, werden derartige Arbitragemöglichkeiten schneller von Devisenhändlern erkannt als von Privatinvestoren.

Wenn aber Glück und Zufall die Wertentwicklung einer Anleihe in diesem Maße determinieren, wenn sich Währungen nicht vorhersagen lassen und eine Anlage in Fremdwährungsanleihen besonderen, unüberschaubaren Risiken ausgesetzt ist, sollten Anleger in der Regel besser davon Abstand nehmen.

Regel Nummer 12: Der gefährlichste Satz der Finanzgeschichte

»Skepsis ist die Keuschheit des Intellekts.«

George Santayana (1863–1952), spanischer Philosoph, Schriftsteller und Literaturkritiker

Der große Investor Sir John Templeton meinte einmal, »This time is different« (auf Deutsch also: »Dieses Mal ist alles anders«) seien die vier gefährlichsten Worte in der Geschichte der Geldanlage. Vereinzelt wird sogar von einem Syndrom gesprochen,[25] wenn Anleger und Finanzaufsichtsbehörden keine Lehren aus den sich stetig wiederholenden Blasen-Mustern der Finanzgeschichte ziehen.

Im Grunde handelt es sich um eine Art pessimistischer Ungläubigkeit: Wenn sich die Fundamentaldaten nach dem Zyklushoch zu verschlechtern beginnen, wenn sie noch nicht richtig schlecht waren, sondern nur einen Tick unter den Erwartungen lagen, pflegen Investoren zu antworten: »Ja, schon, aber das ist nur ein einmaliger Rückgang, dieses Mal ist es anders.« Ein Quartal oder Halbjahr später lautet die Antwort: »Ja, schon, aber das Umfeld ist doch fantastisch, dieses Mal ist es anders.« In dieser Phase sind nur die wenigsten bereit, die negativen Zeichen zu deuten. Schließlich kommt der Kollaps, die Rezession einer Volkswirtschaft oder die harte Gewinnwarnung eines einzelnen Unternehmens. Denn die Beobachtung lehrt uns, dass Krisen stets länger dauern als erwartet und schmerzhafter sind als erwartet.

Ursächlich für die menschliche Eigenschaft des Verdrängens ist der sogenannte Conservatism Bias.[26] Demzufolge tendieren Menschen dazu, nur langsam auf Ereignisse zu reagieren, die eigentlich einen Meinungswechsel hervorrufen sollten. Ein Beispiel soll dies erläutern: Angenommen, Sie sind Geschäftsführer eines Pharmaunternehmens und entscheiden, für die Erforschung eines neuen Medikaments 100 Millionen Euro bereitzustellen. Sie erwarten sich bessere Heilungschancen bei geringeren Nebenwirkungen zu niedrigeren Kosten. Nachdem Sie 90 Millionen Euro in die Entwicklung investiert haben, bringt Ihr Hauptwettbewerber ein vergleichbares Präparat auf den Markt, das Ihr Medikament in allen Kategorien schlägt. Werden Sie die Entwicklung beenden oder fortführen?

Mehr als 80 Prozent der Befragten entscheiden sich dafür, das Forschungsprojekt zu Ende zu bringen.

Stellen wir uns nun ein alternatives Szenario vor: Einer Ihrer Mitarbeiter schlägt Ihnen vor, ein neues Medikament mit besseren Heilungschancen, geringeren Nebenwirkungen und günstigeren Kosten für 10 Millionen Euro entwickeln zu wollen. Kurz zuvor haben Sie erfahren, dass ein Wettbewerber ein vergleichbares Produkt mit wesentlich besseren Spezifikationen bereits auf den Markt gebracht hat. Werden Sie dem Vorschlag Ihres Mitarbeiters folgen?

In diesem Fall entschieden sich mehr als 80 Prozent der Befragten gegen den Vorschlag des Mitarbeiters.

Beide Fälle unterschieden sich nur durch die sogenannten Sunk Costs, am besten übersetzt mit »versunkene Kosten«. Darunter verstehen wir Kosten, die bereits entstanden sind und nicht rückgängig gemacht werden können. Sunk Costs, die in der Geldanlage von Kaufkursen repräsentiert werden, können einen erheblichen Einfluss auf unsere Anlageentscheidungen haben. Dabei gibt es eine relativ einfache Methode, sich vor dem Phänomen zu schützen: Nehmen Sie sich ein Stück Papier und beantworten Sie die Frage, ob Sie mit dem aktuell vorliegenden Sachstand eine fragliche Anleihe kaufen würden oder nicht. Ergeben sich mehr Contra- als Pro-Argumente, sollten Sie sich von Ihrer Anleihe trennen, egal wie hoch der aktuelle Kurs und die aufgelaufenen Verluste sind.

Regel Nummer 13: Vertraue nicht den Tipps von Fremden …

»Wenn das Herz euch warnt, folgt seinem Triebe!«

Friedrich Schiller (1759–1805), deutscher Schriftsteller, aus: Wallensteins Tod

… und auch nicht denen von Freunden! Zumindest nicht, wenn sie nicht begründet sind. Gerade Anlagetipps wie »Man muss die Anleihe kaufen, denn sie ist unterbewertet« sind für den Adressaten ohne Inhalt, da sie zum Zeitpunkt der Prognose weder bestätigt noch falsifiziert werden können. Hinzu kommt, dass auf Fundamentaldaten basierende langfristige Kursprognosen nicht möglich sind. Denn Kapitalmärkte sind komplexe Systeme, in denen schon kleine Änderungen der Prämissen große Auswirkungen haben können (»Schmetterlingseffekt«). Überdies ändern sich die Grundstrukturen der Systeme im Zeitablauf, so dass eine mathematische Modellierung des Systems nur durch eine umfangreiche Kalibrierung der Ausgangsdaten möglich ist – was selbst in Zeiten nahezu unlimitierter Rechnerkapazitäten nicht möglich ist. Und selbst wenn es einmal gelungen sein sollte, die Kursentwicklung eines Wertpapiers ohne ökonomische Begründung vorherzusagen, kann dies nicht die Basis für ein strategisches Investieren sein. Doch die Erfolgsbilanz der meisten Tippgeber ist ohnehin enttäuschend.

Dies soll jedoch nicht bedeuten, dass eine auf Fundamentaldaten basierende Wertpapieranalyse nicht sinnvoll ist. Hätte kein Investor mehr die Möglichkeit, aus seinen Kenntnissen eine Überrendite zu erzielen, würde ein Dartpfeile werfender Affe dieselbe Performance erzielen wie der erfahrenste Fondsmanager und der bestbezahlte Finanzanalyst. Da diese Theorie seit Jahrzehnten immer wieder strapaziert wird, haben sich tatsächlich nicht wenige institutionelle Investoren von der Unternehmensanalyse völlig verabschiedet. Wofür wiederum Warren Buffett äußerst dankbar war, der 1985 in seinem Aktionärsbrief meinte: »Was könnte in einem Intelligenztest vorteilhafter sein als Wettbewerber, die glauben, dass Nachdenken eine Form der Zeitverschwendung wäre?«[27]

Regel Nummer 14: Was uns das Rating wirklich lehrt

»Das Rad vorherzusagen heißt, es zu erfinden.«

Sir Karl Raimund Popper (1902–1994),
österreichisch-britischer Philosoph

Der Rating-Prozess basiert auf der Auswertung quantitativer und qualitativer Informationen. Zu den quantitativen Informationen zählt die Auswertung von Jahresabschlüssen, aktuellen Monatsabschlüssen, Planungsrechnungen, Bankenspiegeln, von Organigrammen, Segmentberichten, Unternehmensdarstellungen oder Managementpräsentationen. Der Zweck eines Ratings ist, Verbindlichkeiten entsprechend ihrer Kreditqualität einzustufen. Daher sollte das Rating niemals die alleinige Grundlage für eine Anlageentscheidung bilden. Ratings sind keine Indikatoren dafür, in welche Richtung sich Anleihekurse bewegen werden. Eine Anleihe mit gutem Investment-Grade-Rating kann während ihrer Laufzeit volatil schwanken, ohne dass die Rating-Note verändert wurde. Insofern sind Ratings keine Empfehlungen über die Attraktivität einer Anleihe. Die von einer Rating-Agentur erstellte Rating-Note gibt einzig eine Meinung bezüglich der relativen Kreditqualität einer Anleihe im Vergleich zu anderen Anleihen wieder.

Diese kann schnell veralten: Die Aktualisierung eines Ratings ist für die Rating-Agenturen zeit- und kostenaufwendig und kann häufig nicht die sich in immer rascherer Abfolge verändernden Marktgegebenheiten wiedergeben. Die Gefahr mangelnder Aktualität des Ratings, die durch den begrenzten Ressourceneinsatz seitens der Rating-Agentur hervorgerufen wird, ist offensichtlich. Damit gelingt der unsichtbaren Hand des Kapitalmarktes die Verarbeitung neuer Informationen ungleich schneller als den Rating-Agenturen. Die am Markt beobachtbaren Kurse passen nicht mehr zu den Ratings.

Seine Bedeutung für die Investitionsentscheidung von Fondsmanagern erhält das Rating aufgrund der Einschätzung der zukünftigen Zins- und Tilgungsfähigkeit eines Emittenten. Vorherrschende Meinung ist, dass das Rating der entscheidende Indikator für die zukünftige Kursentwicklung einer Anleihe ist. Im Idealfall sollte ein Rating proaktiv sein, also neue Erkenntnisse in Bezug auf den Emittenten benennen und eine Signalwirkung für den Markt haben. Entfernt sich nach dieser Logik der Kurs einer Anleihe aufgrund überwiegend irrationaler Verhaltensweisen der Investoren vorübergehend von seinem fundamentalen Wert, etwa weil er während einer allgemeinen Anleihebaisse von der negativen Entwicklung anderer Anleihen mitgerissen wird, wächst die Erkenntnis der Investoren, dass diese Entwicklung nicht angemessen ist; in einem effizienten Kapitalmarkt werden Anpassungsreaktionen ausgelöst, die die Credit Spreads wieder in Richtung des dem Rating zugrunde liegenden fairen Wertes zurückführen (Effekt der Mean Reversion).

In der Realität ist jedoch häufig das genaue Gegenteil der Fall, nämlich dass der Börsenkurs die Führgröße darstellt und sich das Rating ex post der Kursentwicklung anpasst. Nicht selten kann beobachtet werden, dass eine Herabstufung der Rating-Note einem bereits vorausgegangenen Kursrückgang der Anleihe nachfolgt. Würde das Rating-Event für den Kapitalmarkt eine Überraschung darstellen, wie etwa im Falle einer Gewinnwarnung bei Aktien, hätte ein Downgrade massive Auswirkungen auf die Kursperformance unmittelbar nach dem Rating-Event. Häufig jedoch kann diese These nicht bestätigt werden, im Gegenteil. Anleger scheinen durch das Rating gar nicht mit neuen Informationen versorgt zu werden, da die Preise am Kapitalmarkt auf tatsächlichen Transaktionen basieren und damit dem Rating sachlich und in der Geschwindigkeit der Anpassung an veränderte Bedingungen überlegen sind.

Wie aber kann ein Rating trotzdem im Investitionsprozess behilflich sein? Wie soll ein Privatanleger auf Rating-Veränderungen reagieren, der, sofern er nicht über ein Finanzinformationssystem wie Reuters oder Bloomberg verfügt, von diesen viel zu spät erfährt, nämlich nachdem institutionelle Anleger längst reagiert und sich entsprechend neu positioniert haben? Ein echter Nutzen ergibt sich für den Anleger aus Rating-Downgrades, wenn zum Beispiel eine ganze Industrie abgewertet wird. Werden, wie in den letzten Jahren geschehen, alle europäischen Kreditinstitute drastisch abgewertet, dann kann eine Bank, deren Rating sich lediglich um einen Notch verschlechtert, trotz des absolut schlechteren Ratings auf ihre verbesserte relative Risikoeinstufung verweisen. In diesem Umfeld ist also weniger die absolute Performance entscheidend als vielmehr die relative.

Regel Nummer 15: Vorsicht vor Modethemen

*»Jede Generation lacht über Moden,
folgt aber den neuen treu.«*

Henry David Thoreau (1817–1862),
US-amerikanischer Schriftsteller und Philosoph

Betrachtet man die Liste der Anleiheemittenten, so fällt auf, dass diese keinen Querschnitt der deutschen Wirtschaft repräsentieren. Vielmehr gibt es Modethemen, die für einen gewissen Zeitraum ›in‹ sind, dann aber Nachahmer anlocken, die eben ungleich weniger erfolgreich sind als die zuerst notierten First Mover. Schon der gesunde Menschenverstand spricht gegen eine Teilnahme an solchen Modethemen. Zum einen sind die meisten Modetrends irgendwann vorbei, zum anderen wissen nicht einmal Experten, wann der Zeitpunkt für den Ausstieg gekommen ist. Ohne einen bestimmten Berufsstand diskreditieren zu wollen, ist jeder Trend im Zweifel dann vorbei, wenn der Taxifahrer Anlagetipps gibt, ein Phänomen, das früher auch als »Dienstmädchenhausse« bekannt war.

Bekanntheitsgrad, Branche und Wiedererkennung eines Emittenten sind wichtige Elemente bei der Beurteilung einer Anleihe. Daher erfreuen sich Corporate Brand Names besonderer Beliebtheit an der Börse. Ist dem Investor der Emittent bekannt, zum Beispiel aus der Werbung oder von einem früheren Kauf her, und assoziiert er mit diesem bestimmte positive Eigenschaften, ergibt sich für ihn ein Mehrwert aus dem Versprechen des Markeninhabers, alles unternommen zu haben, damit der Brand Name neben den gattungsüblichen Eigenschaften auch die besonderen, vom Markeninhaber kommunizierten Nutzenversprechungen der Marke erfüllt. Dies gilt umso mehr, wenn es vom Emittenten keine gelisteten Aktien an der Börse gibt und die Anleihe das einzige ausstehende Kapitalmarktprodukt des Emittenten ist, an dem sich ein Anleger beteiligen kann. In einer Welt der Unsicherheit wird die aus der dauerhaften Verlässlichkeit resultierende Nachhaltigkeit zu einer an den Anleihemärkten gefragten Eigenschaft.

Von einem psychologischen Standpunkt aus betrachtet ist es zwar nachvollziehbar, dass die Anleihe eines Unternehmens, dessen Produkte ein Anleger aus seinem Alltag kennt und dessen Erfolg er ›einschätzen‹ kann, attraktiver erscheint als die Anleihe eines unbekannten Unternehmens mit gleicher Ausfallwahrscheinlichkeit. Dennoch stellt sich die Frage, ob die für Corporate Brands geforderten Risikoprämien angemessen sind oder ob die hohe Bekanntheit nicht operative Schwächen des Emittenten verschleiert.

Beispiel: Mit großer Medienresonanz hat im Juni 2011 die Katjes International GmbH & Co. KG eine Unternehmensanleihe (WKN A1KRBM) im mittelstandsmarkt der Börse Düsseldorf begeben. Die Emission verlief überaus erfolgreich. Bereits 30 Minuten nach Beginn der Zeichnungsfrist wurde diese aufgrund einer 2,5-fachen Überzeichnung vorzeitig beendet. Angesichts eines überschaubaren Ratings von BB+ (Creditreform) ist dieser Platzierungserfolg überwiegend auf die hohe Markenbekanntheit von Katjes und die damit verbundenen positiven Assoziationen zurückzuführen. Allerdings hat der Emittent mit der hierzulande bekannten Marke nur wenig gemeinsam. Denn Katjes International hält, verwaltet und finanziert die ausländischen Beteiligungen der Katjes-Gruppe. Das Unternehmen ist im Grunde eine reine Holding ohne Immobilien und ohne eigenes operatives Geschäft. Einkünfte werden nur aus den Ausschüttungen der Lamy-Lutti-Gruppe und der Festivaldi B.V. generiert. An den Erlösen von Katjes Deutschland partizipiert Katjes International nicht. Ob das allen Investoren bewusst war, als sie die Anleihe gezeichnet haben?

Auch wenn der Staat mit steuerlichen Vorteilen oder Subventionen lockt, sollten Anleger vorsichtig werden. Diese Eingriffe in die marktwirtschaftliche Preisgestaltung führen immer zu einer fehlerhaften Allokation der Ressourcen. Die dadurch geschaffene künstliche Nachfrage verursacht Blasen. Platzen diese – und jede Blase platzt früher oder später, das ist eine Naturgesetzmäßigkeit[28] –, hat dies die massive Vernichtung von Anlagegeldern zur Folge, vor allem von privaten Ersparnissen.

Unternehmen in regulierten Märkten unterliegen im Besonderen den Entscheidungen der Politik und der industriespezifischen Gesetze. Veränderungen der Gesetzgebung haben – mit zeitlicher Verzögerung – Auswirkungen auf das Geschäftsmodell. So ist zu hinterfragen, ob Anleihen aus dem Bereich der erneuerbaren Energien ebenso erfolgreich platziert worden wären, wenn in der öffentlichen Diskussion um die Zukunft der Energieversorgung nicht eine deutlich positive Grundströmung für die Abkehr von fossilen und nuklearen Energiequellen und eine Hinwendung zu alternativen Versorgungsformen zu spüren gewesen wäre. Gleiches gilt für Schiffsfonds und die Tonnagesteuer sowie für Filmfonds und die Möglichkeit der steuerlichen Verlustzuweisung im ersten Jahr der Investition.

Beispiel: Wie abhängig der Investor von Gesetzesänderungen ist, wurde in keiner Branche so deutlich wie in der Solarindustrie. Die Rena GmbH, die sich noch 2011 als »weltweit führender Anbieter von Anlagen für nasschemische Prozesse wie Ätzen, Reinigen und Beschichten von Substraten, schwerpunktmäßig im Solarbereich« und damit in einem der am »stärksten wachsenden Zukunftsmärkte« positioniert sah, versteht sich nur ein Jahr später als »The Wet Processing Company«, die »Wasser, Abwasser oder Chemikalien aufbereitet und Oberflächen, wie z. B. von Solarzellen, Leiterplatten oder Zahnimplantaten, mit Nasschemie oder Wasser behandelt«. Das Risikoprofil der 2010 begebenen Anleihe (WKN A1E8W9) hat sich damit substanziell verändert, womit die spätere Insolvenz dennoch nicht abgewendet werden konnte.

Regel Nummer 16: Die Aufstockung einer Anleihe – Kauf- oder Verkaufsgelegenheit?

»Die erste Regel im Geschäft lautet: Unterdrücke deine Emotionen, sonst verlierst du den Kopf.«

Gordon Gekko, fiktiver Finanzinvestor in dem Film Wall Street (1987)

Seit 2012 hat sich ein Trend am Markt für Mittelstandsanleihen etabliert: die Aufstockung bestehender Emissionen durch die Ausgabe zusätzlicher Anleihen zu denselben Anleihebedingungen.

Beispiel: Mit der Dürr-Anleihe (WKN A1EWGX) wurde im Grunde bereits eine der ersten am Stuttgarter bondm begebenen Mittelstandsanleihen aufgestockt. Die Platzierung der ersten Tranche von 150,0 Millionen Euro erfolgte zu 100 Prozent, die Aufstockungstranche wurde zu 104,9 Prozent begeben. Für beide Tranchen zusammen ergab sich somit für den Emittenten eine durchschnittliche Verzinsung von 6,8 Prozent.

Anders als Zweitanleihen desselben Emittenten, die unter einer separaten Wertpapierkennnummer notiert und an der Börse getrennt vom ersten Papier gehandelt werden, wird bei einer Aufstockung lediglich der Nominalbetrag der ursprünglichen Anleihe erhöht. Während der Emittent bei einer Begebung einer Zweitanleihe von einer größeren Flexibilität bezüglich Laufzeit und Ausgestaltung der Anleihebedingungen profitiert, wird das Fälligkeitenprofil des Emittenten noch stärker auf das Tilgungsdatum der Erstanleihe konzentriert.

Für den Emittenten hat die Aufstockung einer Emission über ein Private Placement den Vorteil, dass die Transaktion ohne Erstellung eines neuen Wertpapierprospekts erfolgen kann. Da nach der Aufstockung lediglich mehr Anleihen derselben Gattung im Umlauf sind, wird überdies die Liquidität im Sekundärmarkt positiv beeinflusst. Überschreitet das Anleihevolumen bestimmte Schwellenwerte wie 50, 100 oder 200 Millionen Euro, kann eine Anleihe auch für breitere Investorenschichten interessant werden, was die Diversifikation der Investorenbasis zusätzlich begünstigt.

Schwierigkeiten ergeben sich allerdings in der Bepreisung der Aufstockung. Es ist nämlich ein Emissionspreis zu bestimmen, der für Neuinvestoren einen gerade so hohen Zeichnungsanreiz setzt, dass die Anleihe vollständig platziert werden kann. Die Preisfestlegung erfordert nicht nur eine umfangreiche Befragung des Kapitalmarktes (Pre-Sounding), sondern auch ein perfektes Timing, da andernfalls Arbitragemöglichkeiten ausgenutzt werden. Obwohl die Stabilität des Anleihekurses während der Aufstockungsplatzierung absolut erfolgskritisch ist, konnte bei vielen Aufstockungen beobachtet werden, dass die Anleihekurse bereits kurz vor der Ankündigung der Maßnahme unter erheblichen Druck gerieten. Die Aufstockung einer Anleihe ist daher für den Anleger zunächst ein Verkaufshinweis.

Es gibt dafür auch noch ein zweites Argument: Der Investor hat sich ursprünglich darauf verlassen, dass alle im Prospekt angegebenen Gründe für die Emission aus den Mitteln der Anleihe finanziert werden können. Die Aufstockung einer Anleihe ist indes ein Indiz dafür, dass die ursprünglich geplanten Mittel nicht ausgereicht haben. Darüber hinaus besteht die Gefahr, dass sich die Kennzahlen zur Kapitalstruktur und zur Kapitaldienstdeckung durch die Aufstockung so stark verschlechtern, dass ein Investor, hätte er von Anfang an von der Aufstockung gewusst, unter Umständen nicht gezeichnet hätte.

Regel Nummer 17: Warum wird eigentlich die Anleihe begeben?

»Wenn du im Himmel Schlösser erbaut hast,
Lass deine Träume nicht untergehen.
Erbaue ein Fundament unter ihnen.«

Henry David Thoreau (1817–1862),
US-amerikanischer Schriftsteller und Philosoph

Was ist Ihnen lieber? Wenn ein Emittent die eingeworbenen Mittel zur Finanzierung des zukünftigen Wachstums verwendet oder wenn er bestehende Verbindlichkeiten refinanziert?

Werden die Mittel einer Anleihe zur Um- beziehungsweise Refinanzierung der Passivseite eingesetzt, ist dies tendenziell mit höheren Risiken für den Anleger verbunden, als wenn mit ihnen internes Wachstum finanziert wird. De facto wird mit diesen Anleihen nämlich nicht die Zukunft, sondern die Vergangenheit eines Unternehmens finanziert. Getrieben von einem günstigen Zinsniveau und von geringeren Covenants-Anforderungen gehen immer mehr Emittenten von Mittelstandsanleihen dazu über, bestehende Bankverbindlichkeiten durch Anleihen abzulösen. Die Ablösung von Bankkrediten kann insbesondere am Ende der Laufzeit einer Anleihe problematisch werden, wenn der Nominalbetrag zurückgezahlt werden muss, aber unter Umständen keine ausreichenden Banklinien zur Anschlussfinanzierung zur Verfügung stehen.

Was ist Ihnen lieber? Wenn ein Emittent die eingeworbenen Mittel zur Finanzierung des internen oder des externen Wachstums verwendet?

Unter Risikogesichtspunkten ist die Antwort eindeutig: Internes Wachstum ist zu bevorzugen. Denn was nützt es, wenn die bisherigen Erlöse zwar gut prognostizierbar sind, das Management sich aber vom angestammten Geschäft ab- und neuen Bereichen oder Märkten zuwendet, in denen es bislang keine Erfahrungen vorweisen kann? Da

Anleihen für eine Krisenfinanzierung denkbar ungeeignet sind, ist die Voraussetzung für ein Unternehmen, eine Anleihe zu begeben, ein tragfähiges und dauerhaftes Konzept zur Verwendung der eingeworbenen Anleihemittel. Entscheidend ist daher, dass die durch die Begebung der Anleihe eingeworbenen Mittel die Bond Story nicht konterkarieren, denn Anleihegläubiger partizipieren primär an der Stabilität eines Geschäftsmodells.

In nachstehender Abbildung sind die am häufigsten in Wertpapierprospekten genannten Mittelverwendungen dargestellt und kategorisiert.

Gut geeignet	Geeignet	Ungeeignet
Aufstockung von Betriebsmitteln	Externes Wachstum in angestammten Geschäftsfeldern	Begleichung von Lieferantenkrediten
Finanzierung von Investitionen	Tilgung von Bankdarlehen	Ausschüttung von Dividenden
	Refinanzierung von Anleihen	Externes Wachstum in fremden Geschäftsfeldern

Abbildung 28: Mittelverwendung von Anleihen

Regel Nummer 18: Zeichnen macht Sinn

»Es gibt nichts Praktischeres als eine gute Theorie.«

Kurt Lewin (1890–1947), deutsch-amerikanischer Psychologe

Macht es Sinn, eine Anleihe zu zeichnen, oder sollte man eine Anleihe erst im Sekundärmarkt kaufen? Aktionären ist die Thematik schon länger bekannt. In der Wirtschaftswissenschaft gibt es bergeweise Literatur über das sogenannte Underpricing am Aktienmarkt, also die Möglichkeit, durch die Zeichnung einer Aktie dauerhaft positive Renditen zu erwirtschaften. Während die Zeichnungsgewinne an den Aktienmärkten hinreichend dokumentiert wurden, waren die Zeichnungsrenditen von Anleihen bislang nicht Gegenstand der akademischen Forschung.

Bei Aktien lässt sich das Underpricing auf mehrere Ursachen zurückführen. Es kann erstens aus einer ungewollt fehlerhaften Ansetzung des Emissionskurses durch die Emissionsbanken entstehen, zweitens aus einer bewusst fehlerhaften Ansetzung des Emissionskurses durch die Emissionsbanken und drittens aus einer zu positiven Einschätzung der zukünftigen Entwicklung des Unternehmens durch die Anleger.

Von guten Emittenten wird ein Underpricing bewusst in Kauf genommen, etwa um einen positiven Eindruck am Kapitalmarkt zu hinterlassen. Für sie ist das Ziel der Emission nicht die Maximierung des Erlöses, sondern die Optimierung der Kursperformance an der Börse. Diese Strategie muss für den Emittenten nicht per se irrational sein: Den Kapitalmarkt erneut ›anzuzapfen‹, etwa durch die Begebung einer Zweitanleihe oder die Aufstockung der Erstanleihe, ist für den Emittenten nur möglich, wenn die Wertpapiere an der Börse eine ansprechende Kursentwicklung gezeigt haben.

Grundsätzlich könnte man annehmen, dass das Underpricing an den Aktienmärkten ausgeprägter ist als an den Anleihemärkten. Denn nur die Cashflows, die für die Bewertung von Aktien die entscheidende Rolle spielen, sind unsicher – insbesondere wenn man die Unendlichkeit der Cashflow-Ströme berücksichtigt –, nicht aber die Couponzahlungen, die ja von Anbeginn feststehen und zudem nur über eine begrenzte Laufzeit gezahlt werden. Die Bewertung einer Anleihe ist also einfacher als die Bewertung einer Aktie. Dennoch sollten auch bei Anleihen Zeichnungsgewinne erwartet werden, beispielsweise bei Emittenten schlechter Bonität. Ein schwächeres Rating indiziert die höhere Unsicherheit über die zukünftige Zahlungsfähigkeit des Emittenten, was die Anleihe zu einem aktiennahen Produkt macht – wodurch wiederum die Argumentation für das bewusste Underpricing von Aktien herangezogen werden kann.

In dieselbe Richtung zielt das Argument, dass gerade kleine Emissionen unter 50 Millionen Euro, vor allem also Mittelstandsanleihen, mit größerer Unsicherheit belegt sind und damit Zeichnungsgewinne ermöglichen sollten. Bei diesen Anleihen sind tendenziell weniger professionelle Kapitalmarktteilnehmer beteiligt als bei Benchmark-Anleihen, zumal kleine Anleihen auch durch eine geringere Marktliquidität charakterisiert sind.

Mit Unsicherheit ist auch die Laufzeit einer Anleihe verbunden. Das heißt, dass die Zeichnungsgewinne umso höher ausfallen sollten, je länger die Laufzeit einer Anleihe ist. Und auch bei Erstemittenten, die den Kapitalmarkt bislang nicht genutzt haben, ist die Unsicherheit größer als bei Frequent Issuers, was ebenfalls für ein tendenzielles Underpricing der Emissionen spricht.

Schließlich kann auch die Zusammensetzung des Emissionskonsortiums ein Indiz für ein Underpricing sein: Ein unerfahrenes Bankenkonsortium, das nur wenige Kontakte zu Schlüsselinvestoren hat, wird im Zuge des Pre-Sounding tendenziell schlechtere Informationen über die richtige Bepreisung der zu begebenden Anleihe einsammeln als ein marktführendes Institut. Je höher aber die Informationsbeschaffungskosten für den Emittenten sind, desto größer ist die Wahrscheinlichkeit einer Fehlbepreisung der Anleihe.

Regel Nummer 19: Unter pari ist besser als über pari

»Wenn Gott dir eine Tür zuschlägt, öffnet er dir ein Fenster.«

Russisches Sprichwort

In einem perfekten oder vollkommenen Kapitalmarkt treffen alle Marktteilnehmer ihre Entscheidungen aufgrund der gleichen, allgemein bekannten Erwartungen. Jedes Individuum handelt zu jedem Zeitpunkt vollkommen rational. Transaktionskosten etwa in Form von Steuern oder zur Informationsbeschaffung fallen nicht an. Auf den Markt für Schuldverschreibungen bezogen hieße dies, dass alle Anleihen jederzeit marktgerechte Preise haben. Für alle Laufzeiten, für alle Zinsen und für alle Risiken gäbe es den einen jeweils gültigen Kurs. Insofern würde es für den Anleger keine Rolle spielen, ob er von einem bestimmten Emittenten die höher oder die niedriger verzinsliche Anleihe erwirbt. Zwar bekäme der Anleger für die höher verzinsliche einen höheren Coupon, müsste aber für den Rest der Laufzeit Kursverluste hinnehmen, da sich der Kurs der Anleihe aufgrund des sogenannten Pull-to-Par-Effekts seinem Nominalwert annähert. Entscheidet sich der Anleger dagegen für das niedriger verzinsliche Papier, würde er über die Laufzeit zwar geringere Zinsen als im Ausgangsfall vereinnahmen, jedoch von Kurssteigerungen profitieren. Bezüglich der Effektivverzinsung wären beide Anleihen identisch. Theoretisch zumindest.

So die Argumentation in der Theorie. In der Praxis sind die Kapitalmärkte jedoch nicht vollkommen. Werden Einkommensteuern auf Zinserträge erhoben, nicht dagegen auf Kursgewinne, ist es für Privatanleger sinnvoll, Anleihen zu bevorzugen, die unter pari notieren. Institutionelle Anleger wiederum müssen ihre Anlageentscheidungen gegenüber ihren Kapitalgebern verantworten. Kursverluste tauchen in den Rechenschaftsberichten als Abschreibungen auf, unabhängig davon, ob sie gewollt waren oder nicht. Auch institutionelle Anleger werden daher Anleihen bevorzugen, die unter pari notieren. Damit sollten Anleger, private wie auch institutionelle – bei sonst gleichen Bedingungen –, Unter-pari-Anleihen gegenüber Über-pari-Anleihen bevorzugen.

Regel Nummer 20: An Kursgewinnen ist noch keiner gestorben

Dieses Zitat schließlich ist der Börsengröße André Kostolany zuzuschreiben. Nichts liegt dem Autor ferner, als ein ›Zocken‹ in Anleihen zu propagieren, ein häufig zu beobachtendes heftiges Kaufen und Verkaufen mit Minimalgewinnen. Wohl aber will er propagieren, dass sich der Anleger Kursziele für seine Anleihen setzt, bei deren Erreichen er Gewinne realisiert. Ebenso wie beim maximal tolerierten Verlust sollte er frühzeitig Überlegungen anstellen, bei welchem Kursziel er seinen Depotwert wieder verkaufen wird. Gerade Nachrang- oder Mittelstandsanleihen konnten in kurzer Zeit erhebliche Kursgewinne erzielen, in deren Folge die Effektivverzinsungen und Risiken der Anleihen erheblich auseinanderklafften.

Fazit

»Wer den Verlust fürchtet, kann keine Gewinne machen.«

George Soros, US-amerikanischer Investor, Betreuer des Quantum-Fonds

Karl Marx analysierte die kapitalistischen Marktbeziehungen einst in zwei Formeln. Der Austauschprozess Ware-Geld-Ware (W-G-W) beschreibt den Austausch von Waren gleichen Wertes, jedoch unterschiedlichen Gebrauchswertes. In diesem Kreislauf übernimmt Geld eine reine Vermittlerfunktion. Wird Geld hingegen zum Kapital, ändert sich der Geldkreislauf zu G-W-G', also Geld-Ware-mehr Geld. Damit der Kapitalist Freude am Wirtschaften hat, ist die Vergrößerung der ursprünglichen Geldsumme, der Mehrwert, vonnöten.

Die Bewegung zu G' kann schnell gehen oder langsam, kurvig oder direkt. Marx hat drei voluminöse Bände über das Bestreben des Kapitalisten verfasst, G' zu erreichen – ohne dass das Erreichen von G' überhaupt sicher wäre. Kapitalisten, die ihren Mehrwert in der Finanzanlage suchen, sind größeren Unsicherheiten ausgesetzt als jene, die ihr Kapital in die Realwirtschaft investieren. Denn stets sind sie von anderen Finanzinvestoren abhängig, die gleichfalls den dunklen Kräften des Kapitalmarktes ausgesetzt sind.

Unabhängig davon, ob der Anleger einen längeren Anlagehorizont hat und eine Buy-and-Hold-Strategie verfolgt oder eher Trading-orientiert agiert und kurzfristige Kursgewinne realisieren möchte, ist es schwer, besser zu sein als der Gesamtmarkt, selbst wenn Börsenratgeber gelesen und ausgefeilte Anlagestrategien angewendet werden. Neben den fundamentalen Einflussfaktoren auf Anleihekurse, also insbesondere dem Coupon, der Laufzeit und dem Rating, sind Anleger grundlegenden psychologischen und soziologischen Verhaltensmustern unterworfen, die in streng rationalen Modellen nicht abgebildet werden können. Typische Beispiele sind Euphorie und Gier, Niedergeschlagenheit und Pessimismus – und vor allem Angst. Gerade wenn Anleger nicht geschult sind darin, welches Wertpapier sie warum wann kaufen oder verkaufen sollen, wenn sie dem *Wert*papier also keinen *Wert* zuordnen können, verbleiben ihnen als Entscheidungsgrundlage nur noch ihre Emotionen und Irrationalitäten. Wenn es ums Geldanlegen geht, sind Gefühle jedoch fehl am Platz.

Wer mit professionellen Fondsmanagern spricht, wird erfahren, dass sie versuchen, leidenschaftslos zu handeln. Jüngere Untersuchungen zeigen jedoch, dass sie in der Realität ihre Gefühle genauso wenig abschalten können wie unerfahrene Privatanleger.[29] Als ein Rad von vielen im institutionellen Investitionsprozess sind sie sogar einem besonderen Performancedruck ausgesetzt: Zwar wird ein Rentenfondsmanager oder Vermögensverwalter im Idealfall sämtliche verfügbaren Informationen einsammeln, auswerten sowie interpretieren und anschließend eine sorgfältige Bewertung der Anleihe durchführen. Aber selbst wenn die Einschätzung über eine Anleihe auf einem vermeintlich objektiven Fundament erstellt wurde, ist sie doch immer auch abhängig von den Neigungen des Investors und damit von seiner individuellen Sozialisation: So wird ein älterer Anleger eine Social-Media-Plattform anders einschätzen als ein junger, ein weiblicher Anleger einen Modeanbieter mit anderen Augen betrachten als ein männlicher und ein bayerischer Investor eher zu einem lokalen Bierhersteller tendieren als zu einem friesischen.

Diese Beispiele zeigen: Persönliche Befindlichkeiten und Befangenheiten haben weit größeren Einfluss auf die Performance, als dies im Konzept des Homo oeconomicus unterstellt wird. Doch noch größere Abgründe tun sich auf: So interpretieren Investoren Unternehmensnachrichten anders als Kapitalmarktteilnehmer, die nicht in dieses Wertpapier investiert sind: Insbesondere nehmen sie aus den zur Verfügung stehenden Informationen vorzugsweise jene wahr, die mit ihrer vorgefertigten Meinung übereinstimmen. Diese unangenehme Eigenschaft des Menschen, in der Psychologie auch als »Confirmation Bias« bekannt, ist ein Grund dafür, dass Finanzanalysten oder Fondsmanager keine privaten Börsengeschäfte in den von ihnen analysierten beziehungsweise gehaltenen Wertpapieren tätigen dürfen.

Den größten Einfluss auf den Anlageerfolg jedoch dürfte die Gier haben. Zu dieser Erkenntnis kam schon Sir Isaac Newton, der nach beträchtlichen Spekulationsverlusten an der Börse meinte, »vielleicht die Bewegungen von Himmelskörpern berechnen [zu] können, nicht aber den Wahnsinn der Menschheit«.[30] Teile seines Vermögens verlor Sir Newton, weil er davon überzeugt war, überbewertete Wertpapiere morgen zu einem noch höheren Preis verkaufen zu können. Wer glaubt, dass sich der menschliche Geist in den letzten drei Jahrhunderten weiterentwickelt hat, befindet sich im Irrtum: So hat eine Befragung von mehr als 1 000 institutionellen Investoren ergeben, dass zwar mehr als 90 Prozent derjenigen, die vor dem Schwarzen Montag am 19. Oktober 1987 Aktien gehalten haben, die Aktienmärkte für grundsätzlich überbewertet hielten, sie aber gehofft hatten, ihre Bestände noch rechtzeitig vor einem unausweichlichen Kursrückgang verkaufen zu können.[31]

Dies zeigt: Wenn Vorurteile und Voreingenommenheiten ein zentraler Baustein im Anlageverhalten selbst professioneller Kapitalmarktteilnehmer sind, können bestimmte rationale Prozesse nicht funktionieren. Nicht nur im Sport oder im Hobby, auch an der Börse sind Engagement und Disziplin nur langfristig wirksam. Deutlich wird aber auch, dass Anleger psychologische Aspekte der Anleiheselektion niemals unterschätzen sollten. Diese können einem erfolgreichen Portfolioaufbau entgegenstehen. Wer nachmittags die Anleihe eines Waffenproduzenten erwirbt, die er für unterbewertet ansieht, wird sich beim Abendessen mit Freunden unter Umständen rechtfertigen müssen, wie er eine Industrie unterstützen kann, die für das Töten – im Krieg oder durch Amokläufer – ›mitverantwortlich‹ ist. Je nach Freundes- oder Bekanntenkreis können derartige Vorverurteilungen auch durch den Kauf der Anleihe eines Sportwagenherstellers (»Unterstützung von CO_2-Schleudern«) oder eines Atomkraftwerkbetreibers ausgelöst werden.

Mein abschließender Rat also: Handeln Sie nicht gegen Ihre inneren Überzeugungen.

Und nun viel Erfolg beim Anlegen!

Literaturhinweise

Bald, Ernst-Joachim & Bedler, Arnulf & Determann, Michael & Hien, Heinz M. (2000): *Leitfaden für die Vergabe von Unternehmenskrediten: Schuldscheindarlehen – Kreditleitfaden*, 3. Auflage, Verlag Versicherungswirtschaft, Karlsruhe.

Bar-eli, Michael et al. (2007): »Action Bias Among Elite Soccer Goalkeepers: The Case of Penalty Kicks«, in: *Journal of Economic Psychology*, Bd. 28, S. 606–621.

Bernstein, Peter L. (1998): *Against the Gods: The Remarkable Story of Risk*, John Wiley & Sons, New York.

Biggs, Barton (2008): *Hedgehogging*, John Wiley & Sons, Hoboken.

Bösl, Konrad & Hasler, Peter Thilo (2012): *Mittelstandsanleihen: Ein Leitfaden für die Praxis*, Springer Gabler, Wiesbaden.

Buffett, Warren E. (1997): *The Essays Of Warren Buffett: Lessons For Corporate America*, hrsg. von Lawrence A. Cunningham, The Cunningham Group, New York.

Busse von Colbe, Walther et al. (Hrsg., 2000): *Ergebnis je Aktie nach DVFA/SG – DVFA/ SG Earnings per Share*, 3. Auflage, Schäffer-Poeschel Verlag, Stuttgart.

Çelik, Serdar; Demirtaş, Gül & Isaksson, Mats (2020): *Corporate Bond Market Trends, Emerging Risks and Monetary Policy*, OECD Capital Market Series, Paris.

Deutsche Vereinigung für Finanzanalyse und Asset Management (DVFA, 2011): *Standards für Bondkommunikation inkl. Entwurf der Bestandteile einer Executive Summary, die Bondemittenten Investoren im Rahmen von Emissionen zur Verfügung stellen*, Frankfurt am Main.

Edwards, Ward (1982): »Conservatism in Human Information Processing«, in: Kahneman, Daniel; Slovic, Paul & Tversky, Amos (Hrsg.): *Judgement under uncertainty: Heuristics and biases*, Cambridge University Press, Cambridge.

Eschbach, Andreas (2001): *Eine Billion Dollar*, Lübbe, Köln.

ESMA European Securities and Markets Authority (2019): *Report on CRA Market Share Calculation*, o. O.

Everling, Oliver & Goedeckemeyer, Karl-Heinz (Hrsg., 2004): *Bankenrating: Kreditinstitute auf dem Prüfstand*, Gabler-Verlag, Wiesbaden.

Gantenbein, Pascal & Spremann, Klaus (2007): *Zinsen, Anleihen, Kredite*, 4. Auflage, Oldenbourg Verlag, München.

Gilovich, Thomas (1991): *How We Know What Isn't So: The Fallability of Human Reason in Everyday Life*, The Free Press, New York.

Goldschmidt, Lazarus (Übers., 2002): *Der Babylonische Talmud*, 12 Bände, 2. Auflage, Jüdischer Verlag im Suhrkamp Verlag, Frankfurt am Main.

Hasler, Peter Thilo; Launer, Markus A. & Wilhelm, Martin K. (Hrsg., 2013): *Praxishandbuch Debt Relations*, Springer Gabler, Wiesbaden.

Knoop, Todd A. (2010): *Recessions and Depressions: Understanding Business Cycles*, Praeger/ABC CLIO, Santa Barbara.

Kostolany, André (2000): *Die Kunst, über Geld nachzudenken*, Econ Verlag, Berlin.

Lewis, Michael (2010): *The Big Short: Wie eine Handvoll Trader die Welt verzockte*, Campus-Verlag, Frankfurt am Main.

Lippman, Steven A. & Rumelt, Richard P. (1982): »Uncertain Imitability: An Analysis of Interfirm Differences in Efficiency under Competition«, in: *Bell Journal of Economics*, Bd. 13, S. 413– 438.

Montier, James (2010): *The Little Book of Behavioral Investing: How Not to Be Your Own Worst Enemy*, John Wiley & Sons, Hoboken.

Preißler, Peter R. (2008): *Betriebswirtschaftliche Kennzahlen: Formeln, Aussagekraft, Sollwerte, Ermittlungsintervalle*, Oldenbourg-Wissenschaftsverlag, München.

Price, Richard (2019): *Observations on Reversionary Payments, on Schemes for Providing Annuities for Widows, and for Persons in Old Age, on the Method of Calculating the Values of Assurances on Lives, and on the National Debt: To Which Are Added Four Essays* (Nachdruck der Ausgabe von 1771), Hansebooks, Norderstedt.

Reinhart, Carmen M. & Rogoff, Kenneth S. (2009): *This Time is Different: Eight Centuries of Financial Folly*, Princeton University Press, Princeton.

Riebell, Claus (1999): *Die Praxis der Bilanzauswertung*, 8. Auflage, Deutscher Sparkassenverlag, Stuttgart.

Schroeder, Alice (2010): *Warren Buffett: Das Leben ist wie ein Schneeball*, FinanzBuch Verlag, München.

Shiller, Robert J. (1987): *Investor Behavior in the October 1987 Stock Market Crash: Survey Evidence*, Working Paper No. 2446, National Bureau of Economic Research.

Silber, William L. (1991): »Discounts on Restricted Stock: The Impact of Illiquidity on Stock Prices«, in: *Financial Analysts Journal*, Bd. 47, S. 60–64.

Tietze, Jürgen (2011): *Einführung in die Finanzmathematik: Klassische Verfahren und neuere Entwicklungen: Effektivzins- und Renditeberechnung, Investitionsrechnung, Derivative Finanzinstrumente*, 11. Auflage, Vieweg+Teubner Verlag, Wiesbaden.

Tuckett, David & Taffler, Richard J. (2012): *Fund Management: An Emotional Finance Perspective*, Research Foundation of CFA Institute, Charlottesville.

Uhlig, Hans (1999): *Finanzmarktanalyse: Neue Ansätze aus der Chaosforschung*, Verlag Franz Vahlen, München.

Utt, Pierre Dos (1949): *Tanstaafl: A Plan for a New Economic World Order*, Cairo Publications, o. O.

Yarger, Harry R. (2006): *Strategic Theory for the 21st Century: The Little Book on Big Strategy*, Strategic Studies Institute, o. O.

Über den Autor

Peter Thilo Hasler ist Gründer und Analyst der Sphene Capital GmbH, eines bankenunabhängigen Research-Hauses, das seit 2010 den betreuten Unternehmen vollumfängliche Dienstleistungen in der Unternehmensanalyse und -bewertung anbietet. Mit der Gründung der sphaia advisory GmbH im Jahr 2015 bietet Hasler auch einen breiten Katalog an Dienstleistungen zu Corporate-Finance- und Kapitalmarktkommunikationsthemen an.

Nach seinem Studium der Wirtschaftswissenschaften an der Universität Passau begann Hasler seine Karriere als Finanzanalyst für Technologiewerte bei der Bayerischen Vereinsbank in München. Mitte der 1990er-Jahre wurde er zum stellvertretenden Leiter des Company Research befördert und war seither für sämtliche Börsengänge der Bank verantwortlich. Ende der 1990er-Jahre wurde Hasler Leiter des Neuer Markt Research der HypoVereinsbank und später Leiter des Small Caps Research der UniCredit. 2006 wechselte Hasler zur Viscardi AG, einer in München ansässigen Investmentbank. Von 2010 bis 2013 war er Partner und Mitglied des Vorstands der Blättchen & Partner AG, einer führenden deutschen IPO-Beratungsgesellschaft.

Hasler ist CEFA-Analyst und Mitglied des Vorstands der Deutschen Vereinigung für Finanzanalyse und Asset Management (DVFA). Darüber hinaus ist Hasler Dozent an der DVFA und an mehreren Münchner Privathochschulen, wo er Unternehmensbewertung und Kapitalmarkttheorie unterrichtet. Hasler ist Autor zahlreicher Artikel und Bücher über Unternehmensbewertung, Fußballfinanzierung sowie Unternehmensanleihen und schreibt regelmäßig Kolumnen in der Finanzpresse. Peter Thilo Hasler ist verheiratet und hat zwei Söhne.

Anmerkungen

1 Kostolany, André (2000), S. 153.

2 Wobei die angesprochenen Staatsanleihen mit Negativverzinsung ehrlicherweise als renditefreie Risikoprodukte bezeichnet werden sollten.

3 Vgl. dazu Çelik, Serdar; Demirtaş, Gül & Isaksson, Mats (2020).

4 Die vollständige Liste aller in Europa registrierten Rating-Agenturen ist auf den Internetseiten der European Securities and Markets Authority (ESMA) unter www.esma.europa.eu zu finden.

5 Der Film basiert auf der 2010 erschienenen Buchvorlage von Michael Lewis: *The Big Short: Inside the Doomsday Machine*, deutsche Übersetzung: *The Big Short: Wie eine Handvoll Trader die Welt verzockte* (Lewis, Michael (2010)).

6 Berechnet werden die iTraxx-Indizes von der International Index Company, einer 100-prozentigen Tochter von Markit, auf deren Website www.markit.com sie auch kostenlos abgefragt werden können.

7 Die Hypothese »There ain't no such thing as a free lunch« wird häufig Milton Friedman zugeschrieben, der 1975 ein Buch danach benannt hat. In Wirklichkeit ist die Phrase deutlich älter und tauchte erstmals 1949 als Akronym »TANSTAAFL« in einem Buchtitel von Pierre Dos Utt auf (Utt, Pierre Dos (1949)).

8 Vgl. Gantenbein, Pascal & Spremann, Klaus (2007), S. 254.

9 Ein gelungenes Beispiel für die Folgen des Zinseszinseffekts bietet der wunderbare Roman *Eine Billion Dollar* von Andreas Eschbach (Eschbach, Andreas (2001)).

10 Vgl. dessen auch heute noch lesenswertes Werk *Observations on reversionary payments*.

11 Vgl. das Interview mit dem Vorstandsvorsitzenden der Börse Düsseldorf, Dirk Elberskirch, in der FAZ vom 10.12.2014.

12 Zu den angegebenen Kennzahlen des Scale siehe Kapitel 7.

13 Az.: BGH XI ZR 200/03 und XI ZR 49/04 vom 30.11.2004.

14 Zitiert nach Knoop, Todd A. (2010), S. 161.

15 Verkauft ein Unternehmen seine kreditfinanzierten Grundstücke und Gebäude, um mit den Verkaufserlösen Verbindlichkeiten zurückzuführen, und mietet diese Immobilien anschließend zurück, ist die Nettoverschuldung geringer als bei einem Unternehmen, das die betriebsnotwendigen Gebäude weiterhin im Eigentum behält.

16 Vgl. z. B. Preißler, Peter R. (2008), S. 126.

17 Diese sind dem Anhang des Abschlusses zu entnehmen. Fehlt eine Angabe, bleiben sie bei der Berechnung unberücksichtigt.

18 Vgl. Riebell, Claus (1999), S. 643.

19 Vgl. Bald, Ernst-Joachim & Bedler, Arnulf & Determann, Michael & Hien, Heinz M. (2000), S. 537.

20 Zur Definition der Kennzahlen zur Kapitaldienstdeckung vgl. Deutsche Vereinigung für Finanzanalyse und Asset Management (DVFA, 2011), S. 9.

21 Vgl. Lippman, Steven A. & Rumelt, Richard P. (1982).

22 Bereits im Babylonischen Talmud steht, dass der Mensch sein Geld in drei Teile aufteilen möge, und zwar ein Drittel in Grundbesitz, ein Drittel in Waren und ein Drittel in seiner Hand. Vgl. dazu die Übersetzung von Goldschmidt, Lazarus (2002), Der Babylonische Talmud: 12 Bände, Bd. VII, S. 575.

23 Vgl. zum Beispiel Goldman Sachs Asset Management (2009), Inside-Out-Investoren: Erfolgreich investieren: *Sieben Regeln, die man kennen sollte*, o. O., S. 6.

24 Vgl. Bar-eli, Michael et al. (2007).

25 Vgl. Reinhart, Carmen M. & Rogoff, Kenneth S. (2009).

26 Vgl. dazu Edwards, Ward (1982).

27 Buffett, Warren E. (1997), S. 91 (Im Original: »What could be more advantageous in an intellectual contest … than to have opponents who have been taught thinking is a waste of energy?«

28 Vgl. auch Uhlig, Hans (1999).

29 Vgl. Tuckett, David & Taffler, Richard J. (2012), die mehr als 50 erfahrene Fondsmanager befragt haben und akute Angstzustände und emotionale Konflikte entdeckten.

30 Zitiert nach Biggs, Barton (2006), S. 181, eigene Übersetzung.

31 Vgl. Shiller, Robert J. (1987).

Index